嫌われ者リーダーの栄光

鹿島 茂

日経ビジネス人文庫

はじめに　リーダーの要件は「決断」にある

国だろうと企業だろうと、トップに立つ人間のなすべきことは決まっている。

「決断」である。これ以外にはない。

「決断」こそがトップに委ねられた唯一の仕事なのであり、ほかの仕事など、実はどうでもいいとさえ言える。

だが、決断というのは、常に**「苦渋の決断」**というかたちを取る。

すなわち、さまざまな選択肢を検討し、それぞれの選択肢のプラスとマイナスを秤《はかり》にかけ、その選択肢を選んだ場合の国内外（社内外）の反応を予想し、さらに遠い未来における影響まで考慮に入れてもなお簡単には結論が出ないような、そんなときにこそトップは「決断」を下さなければならないのだ。

言い換えれば、トップが決断を迫られるような状況というのは、どの選択肢を選んでも、必ずや選ばれなかった一方から激しいブーイングが浴びせられ、下手をすれば革命や反乱が起きかねない危機的状況と決まっているのだ。

いや、一方だけからの反発だけならまだいい。ときとしては、国民（社員）全員から猛烈に反対され、売国奴扱いされて、ソッポを向かれるようなことさえある。たとえば、マスコミに煽られた国民が戦争に向かって熱狂しているようなとき、トップが非戦を選ぶとしたら、国論の分裂どころか、暗殺の危険さえ出てくる。

さらに厄介なのは、なすべき「正しい選択」が自分の支持基盤の利益に反しているような場合が少なくないことだ。支持基盤の利益代表としてトップの座に上りながら、その支持基盤の利益をストレートに反映した決定を行えないようなケースはざらにある。

私的利害と公的利害、地域の利害と国の利害、国の利害と国際社会の利害、現在の利害と将来の利害、これらが常に矛盾するような構造になっているからだ。個人にとって良きものが共同体にとって良きものとは限らない。現在に良いことが未来にも良いこととは言えない。極端に言えば、同じ利害を共有している共同体だとしても、そのトップに立つ人間が共同体の利害とは反する選択を行わなければならないようなことも十分にありうるのだ。

つまるところ、**個と集団は宿命的な対立構造にある**ということなのだ。

したがって、集団のトップに立つということは、この宿命的な対立構造を引き受けるということを意味する。その対立構造は、いくら議論を尽くしたとしても解消される類いのものではなく、人類が人類として生存しはじめたときから存在する、一種の宿命であり、民主主義という「合議制」ではどうあっても解決不可能な問題なのである。

ゆえに、決断とは、表面的には、どうしても一方の利害集団に味方して、もう一方の利害集団を切り捨てるかたちを取らざるをえない。

当然、切り捨てられた一方は激しくいきり立ち、分裂が可能な場合は分裂行動を選び、分裂が不可能な場合は暴力的な抗議行動に出る。

血を見ることもあろうし、死人が出ることもあるだろう。そして、そうなったら最後、対立は固定され、後々に禍根を残す。ことほどさように、決断とは、例外なく、ある種の「悪」を引き起こさずにはいないものなのである。


問題は、トップが決断したことで引き起こされるその「悪」が、

- 長期間続くか、
- それとも短期間で終息するか、
- それを事前に予想できるか否か、

にかかっていることだ。

ただ、いずれにしても、「悪」が伴わない決断というのは存在しないのであり、「悪」をなすことを嫌っている限り、決断など絶対にできないのである。言い換えれば、トップに立って決断を下す者は必然的に「悪」をなす「嫌われ者」となる運命なのである。

だが、そうなると、トップに上りつめるために築いてきた名声は一気に地に落ちることになる。敵から憎まれるのは当たり前としても、味方からも「失望した」「こんな人ではなかったはず」と離反される。ようするに、決断を行ったがために、誰からも鼻つまみにされ、憎悪される「嫌われ者」となるのだ。

したがって、**決断するとは、「嫌われ者」となること**と同義なのである。

マキャヴェリは、この点について極めて明快にこう述べる。

「一つの悪徳を行使しなくては、政権の存亡にかかわる容易ならざるばあいには、悪徳の評判など、かまわず受けるがよい。というのは、よくよく考えてみれば、たとえ美徳と見えても、これをやっていくと身の破滅に通じることがあり、たほう、表向き悪徳のようにみえても、それを行うことで、みずからの安全と繁栄がもたらされるばあいがあるからだ」

（マキアヴェリ『君主論』池田廉訳、中公クラシックス）

とはいえ、通常の神経の人間にとって「悪」をなし、「嫌われ者」になるということはできれば避けたいことである。よって、普通の人間がトップの座に立った場合には、たいていが**「先送り」**という選択がなされる。優柔不断だからというのではないし、思慮が足りないからというのでもない。むしろ、良心的で、まっとうな神経の人間であるからこそ、決断の引き起こす「悪」の影響が予想でき、それゆえに「嫌われ者」にはなりたくないという心理が働いて、決断が先送りされるのだ。

しかし、歴史が証明するところでは、先送りすればするほど、決断は困難になるという法則がある。この時点で決断していれば、まだ引き返せたのに、結論を先送りしたために、次の時点ではより大きな「悪」を生み出すことになり、その大きすぎる「悪」ゆえにまた決断が遅れるという**悪循環**に陥る。

だが、永遠に先送りすることはできない。いつかは誰かが決断をしなければならない。決断をしないでいたら、**集団そのものが自己崩壊する**ことは目に見えているからだ。

ゆえに、**決断するなら早い方がいい。**

みんなの意見を聞いてからなどと悠長なことを言ってはいられない。

各人、立場によって利害が異なっている以上、みんなで議論を重ねるうちに意見が一つの方向に収斂してくるなどということはありえないのだ。

それに、**早期の決断と果断な実行があれば、「悪」も必要最小限で済ませられる**かもしれないのである。

マキャヴェリは言う。

「残酷さがりっぱに使われた――悪についても、りっぱに、などのことば遣いが許されれば――、というのは、自分の立場を守る必要上、残酷さをいっきょに用いて、そののちそれに固執せず、できるかぎり臣下の利益になる方法に転換するばあいをいう」（同前）

決断に「悪」は不可欠である以上、その悪は「りっぱに」、「残酷さをいっきょに用いて」行われなければならないのである。早期に正しく「悪」を用いることこそが「決断」なのである。

だが、「言うは易く、行うは難し」で、日本のような根回しによる全員一致を最善の美徳とする風土にあっては、「悪」を伴う決断が実行されたケースは非常に稀《まれ》である。その反対に、決断すべきときに決断しなかったために、国家存廃への道を歩んだ「十五年戦争」のような例の方が多く目につく。

そこで本書では、国内外の歴史に目を転じて、**「悪とセットになった決断」**を「立派に」行い、その結果、ひどい**「嫌われ者」**にはなったが、後に、**歴史がその決断の正しさを証明するに至った「真の偉人」**を探してみようと思う。

探索の軸を縦軸（歴史軸）と横軸（地理軸）に動かせば、こうした**「本当は偉大だった嫌われ者」**というのも発見できなくはないのである。

目次

第3章 リシュリュー

第4章 蔣経国

「台湾人」のための「台湾」を築いた中華民国総統

第5章 徳川慶喜

朝廷を尊重し、内戦を回避した最後の将軍

イラストレーション 岸リューリ

写真 amanaimages

ド・ゴール：©UIG/amanaimages ジョルジュ=ウージェーヌ・オスマン：©Roger-Viollet/amanaimages リシュリュー：©Musee du Louvre, Dist. RMN-Grand Palais/Martine Beck-Coppola/AMF/amanaimages 蔣経国：©Alamy Stock Photo/amanzimages 徳川慶喜：©MNAAG, Paris, Dist. RMN-Grand Palais/image musee Guimet/AMF/amanaimages

第1章

フランスを戦勝国に導いた大統領

シャルル・ド・ゴール

二〇世紀に時間を限定して「本当は偉大だった嫌われ者」ナンバー・ワンを決める投票を、イデオロギーにとらわれていない真摯な歴史学者の間で行ったとしたら、いったいどんな人物がベスト・テン入りを果たすだろうか？

リチャード・ニクソン？　朴正熙《パクチョンヒ》？　鄧小平《とうしょうへい》？

ともかく、一般の人が偉人と信じている人物とはまったく異なった顔触れが並ぶことだけはまちがいない。だが、「本当は偉大だった嫌われ者」をさらに「決断」という面に限って絞り込んだらほとんどの歴史家は真っ先にこの人物の名を挙げるはずである。

シャルル・ド・ゴール。

「決断」ということだったら、やはりこの人が断然トップなのである。

では、ド・ゴールはいったいどのような歴史に残る「決断」を行って、「嫌われ者」となりながらも、最終的に、歴史という仮借なき審判者から「合格」の一声をもらうことになったのだろうか？

ナチス・ドイツとの徹底抗戦を呼びかける「ひとり政府」

ド・ゴールの行った究極の「決断」は二つある。

一つは第二次世界大戦におけるロンドンからの徹底抗戦の呼びかけ。もう一つは戦後のアルジェリア独立の承認である。

第一番目から見ていこう。第二次世界大戦（一九三九～四五年）においてフランスがナチス・ドイツに蹂躙《じゅうりん》され、ポール・レイノー内閣に代わって誕生したペタン政権が休戦協定の調印を進めようとしていたまさにそのときのことである。ペタン内閣成立から二日後の一九四〇年六月一八日に、ド・ゴールはポール・レイノー内閣の国防省付き閣外相補に過ぎなかったにもかかわらず、ロンドンBBCのマイクを通して、フランス国民に向けてあの有名な「呼びかけ」を行ったのだ。

すなわち「フランスはたしかに一つの戦いには敗北した。だが、戦争そのものにはまだ負けてはいない」という内容の徹底抗戦のアピールである。

この「呼びかけ」の歴史的意義がいかに大きかったかについては、日本一のフランス通である元産経新聞パリ支局長の山口昌子《しょうこ》氏が、次のように明言している。

「歴史に『もし』は禁句だが、もし、ドゴールが『呼びかけ』を行わなかったら、フランスはユダヤ人大量殺戮のナチスに占領、協力した敗戦国として、屈辱のうちに第二次世界大戦を終えたはずだ。戦後の戦勝四ヵ国を基準に創設された国連の五常任理事国の座を手に入れることは、当然できなかったであろう。日本などがこの座に御執心なのは国際上の重要な決定事項に関して、『拒否権』という伝家の宝刀をいつでも抜ける特権的な地位だからだ。フランスが冷戦時代の米ソに対して、また冷戦終了後、超大国になった米国に対して、大きな顔で『ノン』と言えるのは、ひとえにこの地位のおかげである」（エリック・ルーセル『ド・ゴール〈ガリマール新評伝シリーズ　世界の傑物7〉』山口俊章・山口俊洋訳、祥伝社、「解説」より）

つまり、ド・ゴールは、前政府の末端に属する政治家、将軍中でも最下位の二つ星の准将であったにもかかわらず、「自分こそがフランスを代表していて、フランスという国家の主権は自分のいるこのロンドンにある」という、ある意味、これ以上はないという傲慢な信念によってフランスの亡命政権を名乗るという「決断」を行い、最終的にこの賭けに勝ったのである。

この賭けがいかに無謀なものであったかは、アメリカ大統領フランクリン・ルーズヴェルトがヤルタ会談の後でさえ、ド・ゴールをフランスの代表として認めようとせず、パリ解放後もド・ゴール外しに奔走した事実からも明らかだろう。

実際、それは客観的状況から見れば、無理のないところだった。少なくとも六月一八日の「呼びかけ」の時点では、ド・ゴールは「劇団ひとり」ならぬ「フランスひとり」だったからである。

しかしながら、この「呼びかけ」という決断は、ド・ゴールがアルジェリア戦争の収拾に際して行ったもう一つの「決断」、すなわち一九世紀以来フランスの植民地だったアルジエリアの独立を承認したときの「決断」に比べたら、何ほどのものでもない。

それぐらいに、このアルジェリア独立承認の「決断」の意義は巨大なのである。

だが、そう言ったとしてもフランス史に疎い日本人には、このときの「決断」の重みというものが理解できないだろうから、ここで一つ歴史のｉｆを使って、日本史にこれを当てはめてみよう。

すなわち、一九四一年一二月、アメリカの突き付けた最後通牒《つうちょう》であるハル・ノートを東条英機率いる日本政府が丸呑みしたと仮定する。その場合、どういう事態が起こったのかと考えてみると、類推が一番働きやすい。

仏印（フランス領インドシナ）からの全面撤兵。これは別に問題はないだろう。

中国からの撤兵。これも問題はない。むしろ、日本の望むところだったはずだ。

だが、その中国に満州国が含まれるとしたら、これは大変な「決断」とならざるをえない。事実、東郷茂徳外務大臣をはじめとする政府全員が「中国」には満州国が含まれると解釈し、ハル・ノートは絶対呑めないと絶望した挙句に開戦を決意したのである。

もっとも、近年の研究では、ハル・ノートの「中国　ＣＨＩＮＡ」には満州国が含まれていなかったとする説があるが、どうだろう。ルーズヴェルトという男は歴史家が想像するよりははるかに凡庸な人間で、平均的アメリカ人のレベルで思考し、「とうてい日本が呑み込めないような条件」を突き付けて「日本から先に銃を抜かせる」のがベストと考えていたにちがいないからだ。とすると、ルーズヴェルトの意図では「中国」に満州国は含まれていたことになる。したがって、ハル・ノートを呑むということはやはり満州国を放棄することを意味したのである!

日米開戦時、満州事変からまだ一〇年しかたっていないが、日本は満州国に巨額の投資を行い、満蒙開拓団を大量に送り込んでいた。また、対ソ戦に備えて関東軍を充実していた。

その満州国を放棄しろというのである。もし、そんなことを東条英機首相が「決断」したら、どういうことになっていたか?

まず、関東軍が黙ってはいまい。満州国は独立国であるという建前を利用して、撤兵を断固拒否するだろう。また、満州国に移民し、粒々辛苦の挙句に財産を築いてきた移民たちもまた撤収を拒否し、むしろ、アメリカが本国イギリスに独立宣言を発したように、日本と決別して満州国国民として生きる道を選んだだろう。

つまり、ハル・ノートを丸呑みして、日米開戦を回避するという「決断」を行ったときに日本を襲うのは、第一に満州国における関東軍と植民者たちの反乱であり、第二に満州国の完全独立であったはずなのだ。

そして、そうなれば、さらに二つの可能性が出てきたと思われる。

一つは、関東軍の蜂起に呼応して、日本国内の軍部強硬派が反乱を起こし、東条内閣を倒して日米開戦論の臨時政府を樹立するというシナリオ。

もう一つは、幸いにも国内反乱には至らなかったものの、蜂起した関東軍鎮圧のため日本から軍隊が送られて、満州国で「皇軍相撃つ」という悲惨な事態が生じるというシナリオ。

いずれにしても、「ハル・ノートの受諾↓満州国の独立」というシナリオからは、血なまぐさい内戦しか生まれてこないことになる。

では、それ以外のシナリオはまったく考えられないのか?

たとえば、ハル・ノートの受諾と開戦回避が「天皇の玉音放送」というかたちで行われた結果、関東軍も植民者も東条内閣の意向を受け入れざるをえなくなり、満州国から全面的引き揚げとなったが、それまでの粒々辛苦の苦労がすべて水泡に帰した植民者たちの間には強い遺恨が生まれ、東条首相の暗殺を狙う陰謀があい次ぐようになるというシナリオである。

可能性がゼロというわけではないが、当時の日本の状況を考えれば、まず実現することはなかっただろう。一九四五年八月とは状況が違うのだ。

というように、「ハル・ノート受諾↓日米開戦回避」というオプションの後に待っていたのは、どっちに転んでも国家衰亡の原因になりかねない「内戦」という事態であったはずなのだ。

さて、歴史のifはこれぐらいにして、一九五八年六月のフランスに再び目を転じるとどうなるのか？

アルジェリア独立戦争に対して「フランスのアルジェリア」を主張する植民者や現地軍の支持を受けて政権に復帰したド・ゴールを待っていたのは、「ハル・ノート受諾↓満州国放棄」に匹敵する、いやそれ以上に困難を極めた「決断」であったのである。

だが、それを語るには、ド・ゴールの生涯とフランス近代史をもう一度復習するところから始めなければならない。

最初から「大元帥」と渾名《あだな》された傲岸な若者

シャルル・ド・ゴール（シャルル・アンドレ・ジョゼフ・ピエール＝マリ・ド・ゴール）は一八九〇年に北フランスの工業都市リールのプランセス通りで、アンリ・ド・ゴールの次男として生まれた。リールがド・ゴールの生地となったのは母親が実家に戻ってお産をしたからで、父方はアンシャン・レジーム期にはパリ高等法院に勤務していた高級官僚の家柄だから、ド・ゴール自身も自分はパリジャンであると思っていたようである。

そんなド・ゴール一族の運命が下り坂になったのは、大革命によってアンシャン・レジームの特権がすべて失われたからである。祖父のジュリアン＝フィリップ・ド・ゴールとその妻ジョゼフィーヌは筆一本で生計を立てる操觚《そうこ》者稼業に身を落とさなければならなくなった。といっても、二人がいわゆる三文文士だったわけではない。ジュリアン・ド・ゴールはシャルル・ノディエの序文つきの『パリの歴史』という浩瀚《こうかん》な研究書を書き上げているし、妻のジョゼフィーヌも児童文学読物を執筆するかたわら、子供向け新聞を編集していた。ド・ゴール家の血筋には、読書と思索を愛し、己の信念に忠実に生きる者の血が脈々と流れているのだ。

ド・ゴールの父親のアンリ・ド・ゴールもこの血筋を受け継ぐ人だった。理工系のエリート校エコール・ポリテクニークを卒業し、内務省官吏となったものの、己のカトリック信仰に忠実だったことから共和国に忠誠を誓うことができず、カトリック系教育機関の文学・哲学教員として一生を送る道を選んだ人物だったからである。

では、われらがド・ゴール家三代目のシャルルはどうだったのだろうか？

文学や歴史を愛する「信念の人」の血は確実に受け継がれていた。だが、突然変異的な要素も現れている。ド・ゴールは物心つくとすぐに軍職を志したからである。

伝記作者は、ド・ゴールの歴史好き、とくに歴史上の英雄に自らをなぞらえる自尊心の強さを取り上げて、彼が軍隊こそ栄光への近道と信じたからだとしているが、どうだろう。

私には、むしろ、フランス中が対独報復の執念に憑《つ》かれていた当時の世相の影響が大きかったのではないかと想像する。

ド・ゴールもまた時代の子であったのだ。

「彼はとりわけ自分が必要とされていると思う崇高な運命に対する強い自意識で際立っていた。彼が一五歳で書いた作文は、一九三〇年代にフランスとドイツのあいだに突発する架空の紛争の物語であるが、『ドイツの戦場』と題するこの作品の中で、危機に陥った祖国はドゴール将軍なる人物によって救われるのである！」（同前）

一九〇九年、かくして、ド・ゴールは自分の敷いた運命の道を辿《たど》るべくサン＝シール陸軍士官学校に入学する。当時、フランス陸軍には「服従した経験をもたぬ者には統率はできない」という原則があり、士官学校生徒は一年間、どこかの部隊で兵卒として勤務する義務があったので、ド・ゴールはアラスの歩兵連隊で二等兵から修業することとなった。連隊で一緒だった兵士たちはド・ゴールの教養に尊敬を抱くと同時に高慢さに呆れ返って「大元帥」という渾名をつけた。じっさい、連隊におけるド・ゴールの自負心は誰をも唖然とさせたようで、中隊長だったチュイニ大尉は、「なぜあの非凡な新兵をすぐに昇進させないのか」と尋ねられて、「総司令官にでもならなきゃ、満足できないような男を、わたしが軍曹に任命してみたってどうなるものでもないさ」（同前）と答えたという。

ド・ゴールは二〇歳を前にしてすでに「大元帥」の片鱗を示していたのだ。

一九一〇年、士官学校に戻ったド・ゴールは二年後、一三番の成績で卒業する。配属を希望したのはアラス歩兵連隊だった。しかし、このアラス歩兵連隊への配属が、その後の自分の運命を決定づけるとはド・ゴール自身も気づいてはいなかっただろう。

というのも、連隊長は、なんとフィリップ・ペタン大佐だったからである。

後の宿敵・ペタン将軍との運命的な出会い

そう、二年後に勃発する第一次世界大戦で救国の英雄となり、第二次世界大戦ではヴィシー政府首班としてド・ゴール率いるロンドンの「自由フランス」政府と激しく敵対することになるあのフィリップ・ペタン元帥がまだ無名の一連隊長として未来の仇敵を迎えたのだ。

では、運命の二人は最初から反目しあったのだろうか？　歴史の皮肉と言おうか、まさにその反対であったのだ。

「二人の人物は非常に強い絆で結ばれる。ドゴールにとっては、ペタンはすでに偉大な人物である。たとえその経歴がさして煌《きら》びやかなものではないとしても。他方、第三三歩兵連隊司令官の大佐の目には、『大元帥』は優等生である。『きわめて知的で、自分の職業を

情熱的に愛し……あらゆる称賛に値する』と彼を評している」（同前）

第一次世界大戦が勃発すると、二四歳のド・ゴールは中尉として出陣し、一九一六年にはヴェルダン戦を指揮したが、ヴェルダンのドゥオーモンの激戦で負傷してドイツ軍の捕虜となる。ド・ゴールが戦死したものと思いこんだペタンはその死を惜しんで「あらゆる点においてならぶ者なき士官なり」と記したが、実際、ド・ゴールは捕虜となった後も敵と戦い続け、数度脱出を試みて失敗したあと、インゴルシュタットにある捕虜収容所に送られた。

この収容所には後の赤軍最高司令官ミハイル・トゥハチェフスキーがいたと、伝記作家ジャン・ラクーチュールは未来の二人の将軍の劇的交錯を描いているが、それよりも重要なのは、収容所生活の間にド・ゴールがドイツ語をマスターし、敵の新聞を熟読して情況を分析していたことだろう。さらに彼は虜囚の無聊《ぶりょう》を癒やすために、歴史書と文学書を広く渉猟して歴史感覚を養い、収容所を「私の学校」へと変えた。

やがて、彼のこうした歴史感覚は陸軍サイドでも高く評価されるに至り、戦争が終わった後の一九二一年二月、ド・ゴールはサン＝シール陸軍士官学校の戦史担当教官に任命される。次いで翌年には、陸軍のエリートコースを順調に進んで陸軍大学校に入学し、戦略について思索を巡らすことになるが、やがて、その独特の思想が陸軍大学校の教官たちとの確執を引き起こす。

「陸軍大学の教官たちは過去の戦闘には特に注意を払い、一九一四年から一八年の戦争から教訓をひき出したのである。すなわち、守備側の優位、火器の支配、移動の危険性である。だがシャルル・ドゴールは反対だった。こちらが馬鹿でなければ、敵もまた馬鹿ではない。だから敵も有利な地域を探すだろう」（ジャン・ラクーチュール『ドゴール』持田坦訳、河出書房新社）

こうした教官との相克は、陸軍大学校の卒業試験としての模擬戦闘の判定に大きな影響を及ぼすことになる。ド・ゴールの評点は「良」で、次のような判定理由がつけられていた。

「聡明、教養ある真面目な士官なり。才気と能力あり。素質十分。惜しむらくは、過度の自信、他人の意見に対する厳しさ、また、その追放中の国王の如き態度により、比類なき資性を損う」（同前）

そう、ド・ゴールの「流謫《るたく》の王」（エリック・ルーセル、前掲書）の如き自尊心という評価は、もうこの時点で決定的なものとなっていたのである。

だから、このままド・ゴールが何の庇護もなく軍隊に取り残されていたら、中佐になったとたんに予備役に編入されてしまう「不過な軍人」として一生を終えていたことだろう。

だが、運命はド・ゴールを見放さなかった。第一次世界大戦の軍功により元帥となったペタンが彼を副官として取り立てたのである。そして以後も、ド・ゴールはペタンの引きで陸軍中枢へと歩を進めることになるのだ。

だが、それにもかかわらず、ド・ゴールの立場は微妙だった。大戦におけるペタンの戦略、すなわち、強固な陣地に立てこもって火器で敵を圧倒するという要塞中心戦略を表向きでは擁護しながら、実際には、かねてからの持論であった機甲化部隊による攻撃中心主義を打ち出したい誘惑に抗しきれなかったからだ。

ド・ゴールはペタン元帥が用意してくれた陸軍の三回の講演会で、その思想を漠然としたテーマの中に潜りこませた。このとき、ペタン元帥は秘蔵っ子のひそやかな反乱を理解していなかったらしく、ド・ゴールを会衆に紹介しながら、こう言ったと伝えられる。

「諸君、聞き給え、ド・ゴール大尉の言葉を……注意深く聞き給え。なぜならフランスが感謝して彼に出馬を求める日が来るだろうから……」（ジャン・ラクーチュール、前掲書）

ペタン元帥は予言者だったのだろうか？

少なくとも、ド・ゴールのキャリアの途中までは、ペタンがこの「フランスが感謝して出馬を求める」英雄の導き手であったことは確かだ。というのも、ド・ゴールはルール、ベイルートへの赴任の後、一九三〇年にペタンの推輓《すいばん》によって国防最高会議の書記官に任命されたからである。

機動性こそ勝利への道、機甲部隊の創設を主張

この国防最高会議は国として戦争に備えることを目的に設立された機関だが、実際、国際情勢はかなり緊迫したものになりつつあった。アメリカ・ウォール街発の大恐慌の影響で経済が疲弊していたドイツで盲目的愛国主義が高まり、ナチ党が政権に近づきつつあったからだ。

同じように、フランスでも反ユダヤ主義とアクション・フランセーズの国粋主義が国民の支持を得て大きな流れとなっていた。

ド・ゴールはこうした潮流の中で二冊の本を上梓する。『剣の刃』（一九三二年刊）と『職業軍隊のために』（一九三四年刊）である。

前者はド・ゴール流に解釈されたマキャヴェリの『君主論』であり、後者は差し迫る脅威ナチス・ドイツと戦うために一〇万人の機甲部隊の創設を呼びかける警告の書であった。とくに重要なのは後者で、ジャン・ラクーチュールはこの本の骨子を次のように要約している。

「フランス国境の北東部が敵の侵攻に広範囲に晒されていることを思えば、ただ機動だけが、しかも迅速な機動だけが、敵の侵入路を防ぎうるのである。この迅速さは、機械のみのよく為しうるところであり、機械は高度に専門化された技術者を要求している。また、迅速さは、常に警戒態勢にある武装兵力によってしか保証されえないし、そのことは、機

械に慣れた専業の兵員にしか、求めることができないのである」(同前)

機械化部隊戦略は今日では完全な常識だが、しかし、一九三四年の時点では、極めて異端的な思想としか映らなかった。事実、『職業軍隊のために』は、独仏国境に強力な要塞ラインを敷くべしというフランス陸軍主流からは無視されるどころか、激しい攻撃の対象となった。

その急先鋒に立つ格好になったのが、ド・ゴールの恩人ペタン元帥であった。というのも、比較的ド・ゴールの考えに近いジョゼフ・ジョッフル元帥が独仏国境には一定の間隔を空けて要塞線を構築すべきだと主張したのに対し、ペタンは独仏国境に連続した要塞線を設けるべきだと主張したからである。このペタンの考えはそれから二年後にマジノ線として実現の運びになる。

一方、ド・ゴールは、要塞というのは軍が土地に釘づけにされて動けなくなる「兵力のゲットー」にほかならず、むしろ機動性を持った機甲部隊による迅速な対応こそが、近代的軍隊の最優先事項だと言い張ったが、所詮、多勢に無勢だった。国防最高会議の議長を務める陸軍大臣モーランは、

「われわれが要塞地帯を構築し終ったあかつきに、一体どんな冒険をもとめて、柵の向う側までのこのこ出てゆく馬鹿があるだろうか?」(同前)として、

「ド・ゴール、君はもう用なしだ。わしはここに居るんだから、ここにはもう君の席はな

い」（同前）と言い放ったという。

この忠告に従ったのか、ド・ゴールは「国防最高会議という要塞」に見切りをつけ、外に出てゆく決心を固める。すなわち、国会議員へのロビー活動を開始し、標的を前大蔵大臣である実力者ポール・レイノーに絞って接近を試みたのだ。

成果は限定的にではあるがすぐに現れた。レイノーは議会で演説し、ド・ゴールの著作を無断引用しながら、職業軍人からなる機甲師団の創設を目的とする法律を兵役二年間制とからめて可決させようと努めたのである。だが、政府にも陸軍首脳にその意思がなかったため、レイノーの法案は否決された。ド・ゴールは焦りながら各方面への働きかけを続けるしかなかった。

ヒトラーの機甲部隊の採用、猛進するドイツ軍

一方、国外では『職業軍隊のために』は一部にではあるが、強い反応を引き起こしていた。イギリスの戦略理論家リデル・ハート、ドイツのハインツ・グーデリアン将軍といった機械化理論の専門家がド・ゴールの支持者だったが、実は、歴史を大きく動かしたのは、鋭い透察力を持った一人の権力者だった。グーデリアンを介してド・ゴールのアイデアに興味を示したその権力者は、フランスがためらっている間に、陸軍の機械化を成し遂げてしまったのだ。

その権力者とは言わずとしれたアドルフ・ヒトラーである。

ヒトラーは機甲部隊ならヴェルサイユ条約に違反しないと判断するや、この機甲部隊を中心に強力な軍隊をつくりあげ、ラインラント占領に始まる一連の侵略策を開始したのである。

だが、あい変わらずマジノ線の不可侵性を信じているフランス政府と陸軍は、こうした危機を前にしてもまったく動こうとはしなかった。ようやく尻に火がつくのは、ナチス・ドイツのポーランド侵攻の後、それも宣戦布告後に八カ月以上も続いた「奇妙な戦争」最中の一九四〇年の一月であった。レオン・ブルム内閣瓦解を受けて三月に誕生したポール・レイノー内閣によって機甲師団の創立が決定され、ド・ゴールが五月一五日発足予定のこの機甲師団の師団長に任命されたのである。

だが、時すでに遅かった。五月一〇日の払暁、グーデリアン将軍麾下《きか》の機甲師団を中核とするドイツ国防軍はベルギー国境を突破して、スダン要塞に襲いかからんとアルデンヌの森を疾駆していたのだ。これを迎え撃ったのが即席編成されたド・ゴールの機甲師団だった。

「ドゴール大佐の率いる第四装甲師団の主力部隊は、五月一七日に、セーヌ川のほとりで、グーデリアン将軍の第一九軍団と衝突する。『職業軍隊のために』の著者と『戦車を警戒せよ』の著者との対決である。ドゴールはこの時、中世の馬上試合のごときもの、一種

の神の裁きを想い浮かべていたにちがいない」（同前）

では、この「神々の戦い」で勝利を収めたのは、どちらの「神」であったのか？

さまざまな戦史を閲する限り、戦車の操縦法も知らぬ将兵の寄せ集め部隊を率いていたド・ゴールが、一五年も前から装甲部隊を鍛えあげていたグーデリアンの敵でなかったのは明らかである。ジャン・ラクーチュールは「砲火に晒されて逃げ出さなかった数すくない隊長のひとりであった」（同前）と庇《かば》っているが、同時に「〈動力大佐〉はよく戦ったけれども、彼が独創性を立証し、力量のほどを示しうるのは、明らかに別の分野においてであると思われた」（同前）として、「政治家ド・ゴール」の方を高く評価している。

英国チャーチル首相との邂逅、フランスの救世主を自覚

そう、ド・ゴールはポール・レイノー内閣発足により、准将昇格と同時に陸軍次官（正しくは国防省付き閣外相補）に任命されたのである。この人事こそがフランスを救ったのだ。

実際のところ、もし、このときド・ゴールがレイノー内閣に入閣していなかったら、フランスの運命はまったく違うものになっていたはずなのだ。ロンドンに「自由フランス」政府は確立されず、フランスは第二次世界大戦が終了しても戦勝国の列に加えられず、したがって、国連の常任理事国の椅子も与えられなかったはずである。

また、陸軍次官という地位も歴史の振るった采配の妙と言わねばならない。ド・ゴール

はこの職務を遂行すべく、ドイツ軍が入城を果たしたパリからロンドンに飛び、グレート・ブリテンを防衛の最後の砦とするためにあえてフランスを見捨てるというウィンストン・チャーチルの決断を覆そうと努めたのだが、この過程で、互いに相手の人間としての器量の大きさを認め合うという奇跡が起こったからだ。

「いずれにせよ、これら二人の特別な人物のあいだには意思の疎通があった。『両者は明らかに互いに愛着を覚えていた』と、会談に同席したローラン・ド・マルグリー（ポール・レイノーの協力者）は証言する」（エリック・ルーセル、前掲書）

すなわち、二人の偉人の出会いがあったからこそ、一九四〇年六月一八日のBBC放送が実現したのだ。たとえ、最初のうち、前政権の末席にいた男にBBCのマイクを渡すことはできないとチャーチルが考えていたにしろ、最終的に同意を与えたのは、堅忍不抜《けんにんふばつ》のド・ゴールの信念、すなわち「フランスは、敗北を口実として休戦工作を始めた政府とともにあるのではなく、むしろ、徹底抗戦を叫ぶ自分とともにある」という誇大妄想的ともいえる強い信念に心動かされたからにほかならない。

ではいったい、ド・ゴールのこうした信念はどこから生まれたのだろうか？

山口昌子氏は『ドゴールのいるフランス——危機の時代のリーダーの条件』（河出書房新社）

の中で『ドゴール大戦回顧録』を引用しながらこう指摘している。

「ドゴール自身はこう記している。《全面的なあきらめの恐ろしい空虚を前にして、私の使命は突如、明確になり、事態は凄惨《せいさん》なものに思われてきた。このとき、われわれの歴史上最悪の日に、自らフランスをもって任じるのは、私の責任だった》と。つまり、この完全な孤独、完全な空虚が、かえって、フランス救済という使命に駆り立てたことになる」

そうなのである。**完全な孤独の中でこそ、世紀の決断はなされるのだ。**

すなわち、決断は完全な孤独に耐えられる者にしか下せないのである。

今の日本にこうした孤独に耐えられる政治家が果たしているのだろうか？

疑問である。

ひとりぼっちの亡命政府「自由フランス宣言」

一九四〇年六月一八日、ド・ゴールはチャーチルの支持を得てロンドンのBBCから歴史的な「呼びかけ」を行ったが、当のチャーチルでさえ、まさかド・ゴールが本気で「自由フランス」を立ち上げるとは思ってもみなかったのである。

なぜか？

「自由フランス」は本当にド・ゴールひとりだけの「フランスひとり」だったからである。

ちなみにレイノー内閣は六月一八日に辞職し、フランスにはペタン新内閣、いわゆるヴィシー政府が誕生していたのである。

よく歴史の解説書にド・ゴールはロンドンに「亡命政府」を打ち立てたとあるが、これは誤りである。亡命政府というのは正統性を持った政府ないしはその一部が革命や戦争で別の国に移動して樹立した政府を指すが、ド・ゴールは「前政府」の末席にいた前陸軍次官にすぎない。だから、「自由フランス」は「亡命政府」の要件を満たしておらず、むしろ「自称政府」と呼ぶべきである。それでも、せめて後ろにド・ゴールを支持する軍隊や官僚が控えていれば、それなりに大義名分が立つが、当初はそれもなかった。あるのは「私がいるところにフランスはある」というド・ゴールの「フランスについてのある種の考え」だけである。これではチャーチルとてド・ゴールをフランス政府代表と認めるわけにはいかなかったのである。

それに、この時点ではイギリスはまだペタン政権と完全に決別することを望んではおらず、「自由フランス」に肩入れしすぎてペタン政権をドイツの側に追いやってしまうことを恐れていた。アメリカに至ってはペタン政権成立後、ヴィシーに大使館を置き、正常な外交関係を維持していた。

では、ド・ゴールに「フランスひとり」の「自由フランス」を実質的な「フランス」に変えるための心当てがあったのだろうか？
ないわけではなかった。

植民地軍を味方につけヴィシー政府に反撃

フランスは本土の半分をドイツに占領されたとはいえ、広大な海外領土を保持していたからである。ド・ゴールの目論見では、徹底抗戦の政府が樹立されたら、中立を決め込んでいる植民地軍と官僚は雪崩を打ったように「自由フランス」に加わってくるはずであった。

とりわけ、北アフリカ植民地には、ダルラン提督率いる世界四位のフランス艦隊が無傷で残っていたから、これが味方に加われば、「自由フランス」は大きな武器を手にすることになる。

ところが、ここで思わぬ事件が起きる。BBCでの呼びかけから幾日もたっていない一九四〇年七月三日、アルジェリアのメル・エル・ケビル軍港に停泊中だったフランス艦隊をイギリス艦隊が急襲し、フランス兵一五〇〇人が戦死するという悲劇が起こったのである。イギリスの考えでは、フランス艦隊がドイツの手に渡る前に撃沈しておけということだったのだが、結果は完全に裏目に出た。フランス海軍では一気に反イギリス感情が高まり、艦隊総司令官のダルラン提督は完全にヴィシー派となってしまったのだ。北アフリカや中東のフランス陸軍もヴィシー政府に忠誠を誓った。

かくして、植民地軍全てを傘下に収めて強力な「自由フランス」軍を創設し、ペタン政権と戦うというド・ゴールの野望はあえなく潰《つい》えた。

ここから、ヴィシー派の植民地軍を一個一個撃破していくというド・ゴールの困難な戦いが始まるのである。だが、ド・ゴールは堅忍不抜の意志でこの戦いを勝ち抜いた。

「見事なのは、ドゴールは一瞬たりともくじけないことである。あらゆる障害にもかかわらず、彼は自分の運命の星を信じようとし、いかなるつまずきをも避けることに努めた」（エリック・ルーセル、前掲書）

実際、その強烈な意志に魅せられたのか、ロンドンに軍人や民間人が集まりはじめていた。急進社会党系の法律家ルネ・カサン、伝説の士官アンドレ・ドワヴラン（後の「自由フランス」諜報機関の責任者パッシー大佐）、エミール・ミュズリエ提督、ド・ゴールの片腕となるジャック・スーステル、前インドシナ総督カトルー将軍。後にパリ解放の先陣を切るルクレール将軍。そして、フランス最強の外人部隊も馳せ参じた。

こうして手駒はそろったが、戦力的にはまだ貧弱である。兵力を一点に集中し、敵の最も弱い部分を攻略しなければならない。ド・ゴールはサハラ以南のブラック・アフリカに狙いを定め、一九四〇年八月にまずカメルーンのヴィシー軍を攻撃し、ここを「自由フランス」の領土とすることに成功する。九月にイギリス軍の援助を得て敢行したセネガルの首都ダカール攻略は失敗に終わったが、赤道アフリカではチャド、コンゴと歩みを進めて一〇月にはブラザヴィルで声明を発し、ヴィシー政府の正統性を否定して「植民地防衛評議会」の設立を宣言する。こうしてフランス領ブラック・アフリカのほぼすべてを手中に収めた「自由フランス」は戦線を北アフリカにまで拡大し、精鋭のルクレール戦車部隊がチャドからサハラ砂漠を越えてリビアに入り、一九四一年の初めにイタリア軍を降伏させた。

勢いに乗った「自由フランス」軍はこの年の六月からヴィシー軍三万が固めるシリアを窺ったが、このときには友軍のはずのイギリス軍が思惑通りに動いてはくれず、ド・ゴールはイギリスの出方に不信感を抱くことになる。

チャーチルとルーズヴェルトが画策した「ド・ゴール外し」

では、こうしたイギリスとの齟齬《そご》はどこから生まれてきたのか？

それは、ド・ゴールが「自由フランス」を主権国家として扱うようイギリスに要求し、それはいくらなんでも傲慢だとするチャーチルと論争になったからだ。ド・ゴールの傲慢さにチャーチル以上の不快感を覚えていたのがアメリカのルーズヴェルトで、ルーズヴェルトは結局、第二次世界大戦の最後までド・ゴールを僭主《せんしゅ》扱いすることになる。

こうしたルーズヴェルトのド・ゴールへの不信がもろに噴き出したのが、英米が共同で作戦を練った北アフリカのトーチ作戦だった。この作戦は一九四一年一二月の日米開戦を契機にドイツに宣戦布告したアメリカが北アフリカからロンメル将軍率いるドイツ軍を追い払うために立案したものだが、眼目は四〇万もの兵力を擁するヴィシー軍を中立状態に置くことにあった。しかし、そのためにはヴィシー軍に抑えのきく大物の将軍を味方に引き入れなければならないが、タイミングの良いことに格好の人物が現れた。アンリ・ジローー将軍である。

ドイツ軍の捕虜になっていたジロー将軍は収容所から脱走し、ヴィシー政府が支配する自由地帯に潜伏していた。この情報を摑んだアメリカ軍はジロー将軍を「自由フランス」の代表に据えるべく画策を開始したのだが、そんなとき、別の大物がアメリカ軍の情報網に引っ掛かってきた。息子の病気見舞いのためにアルジェに来ていたダルラン提督である。たしかにジローとダルランを比較すれば、断然、ダルランの方が格上である。

そこで、アメリカ軍は一本釣りの対象をダルランに変更して交渉を開始した。ところが交渉が難航しているうちに、情報がドイツ軍に漏れ、ヴィシー政府の自由地帯はドイツ軍に占領されてしまった。これをきっかけに、ヴィシー軍も英米軍と戦闘状態に入った。一一月八日のことである。

一一月一〇日になってようやくダルランが説得に応じ、北アフリカ・フランス国家元首兼陸海空三軍の総司令官に収まることで話がまとまって、戦闘も終わった。ジローの処遇については地上軍と空軍の司令官というかたちにして曖昧に処理しておいた。この人事には、大軍を送り込んできたアメリカの意向、とりわけド・ゴールを毛嫌いするルーズヴェルトの意志が強く働いていた。

しかし、こうなると収まらないのがド・ゴールである。トーチ作戦に関して完全に蚊帳の外に置かれ、挙句の果てにダルランに国家元首格の地位と権力が与えられるというのだから、ド・ゴールが怒り狂ってチャーチルに詰め寄ったのは当然である。これに対して、チャーチルは次のように答えたという。

「ダルランに未来はない。ジローは政治的にけりがついている。あなたは誇りです。正しい道をたどっている。あなただけが残るでしょう。アメリカと正面衝突しないことです。それは無意味だし、あなたはそれで何も得ることはないでしょう。辛抱強くお待ちなさい、そうすれば彼らはあなたのところにやって来ます。なぜなら彼らには代案はないからです」

（同前）

チャーチルには予言能力があったのだろうか？　まさにこの通りに歴史は運ばれていくのだから。もっとも、チャーチルの言葉をよく読めば、老獪《ろうかい》なイギリス首相がこの一件に介入する意志をまったく持っていなかったことがすぐにわかる。ド・ゴールにチャンスの到来を待て、と諭すと言えば聞こえはいいが、つまるところ、とりあえずはアメリカの言いなりになっておけと言っているに等しい。

思えば、ド・ゴールと「自由フランス」にとってここが正念場であった。たったひとりから始めた「自由フランス」もいまや七万人の兵力を誇る立派な軍隊に成長し、アメリカの参戦でドイツに勝てる見込みも出てきたと思ったその矢先、アメリカはド・ゴールから権力を取り上げ、功績もなにもないダルランに与えようとしているのである。しかも、ルーズヴェルトはド・ゴールの抗議にも馬耳東風で、チャーチルも頼りにはならない。

ライバルの暗殺とルーズヴェルトとの対決

幸運児ド・ゴールの運命ももはやこれまでかと思われたが、ここで予想だにしないアクシデントが起きる。一九四二年一二月二四日、ダルランがフランス王党派の青年フェルナン・ボニエ・ド・ラ・シャペルに暗殺されてしまったのである。暗殺については、その効果から逆算して「自由フランス」が裏で手を引いていたのではないかとする見方があるが、確かな証拠はない。暗殺犯は軍法会議で即決処刑されたので、あるいは、ダルランを見限ったアメリカの思惑が働いていたのかもしれない。

果たせるかな、アメリカはダルラン亡き後はジローで行こうと言い出した。政治的野心の薄いジローならド・ゴールのようにフランスの主権を主張してフランスを「戦勝国」の側に置こうなどという大それた考えは抱かないはずだからである。戦後のヨーロッパをアメリカの主導によって再建するためにも、フランスには敗戦国にとどまってもらった方が都合がいいのだ。

そこで、ルーズヴェルトとチャーチルは一九四三年一月に開かれたカサブランカ会談の席にド・ゴールとジローを呼び寄せ、ジローにはフランス軍総司令官、ド・ゴールには補佐役という役割を割り振ろうとしたが、ド・ゴールはこうした屈辱的な提案は一顧だにしなかった。カサブランカ会談は最後にド・ゴールがルーズヴェルトとカメラマンを喜ばすためにジローと握手するふりをしただけで、双方、物別れに終わったのである。このときにルーズヴェルトがチャーチル宛てに送った手紙には、ド・ゴールを糞味噌に罵倒する言葉で満ちている。しかし、結論から言えば、ド・ゴールがここで意地を通してジローの風下に立たなかったことは大正解だった。

「これ以後のアルジェでは、シーソーの板はジロー支持からドゴール支持へとゆっくり傾いて行ったにすぎない。政治生活の再発足のあらゆるメカニズムが、ジロー将軍の新ヴィシー主義とは反対に働いたのである。（中略）

だが、いまや全土をドイツ軍に占領されたフランスにおいて、とりわけ情勢の進展は決定的なものとなった。ドイツ国防軍とゲシュタポの活動は抵抗運動をより尖鋭化し、さまざまな組織が努力を結集するように促し、民衆の参加はドゴールに有利に作用した」（ジャ

ン・ラクーチュール、前掲書）

要するに、ペタン主義者だったジローが、〝自由地帯〟占領以降、人気を落としたのに対し、終始一貫してペタン政権と戦ってきたド・ゴールの評価は急上昇したのである。

この意味から言うと、ダルラン提督をトーチ作戦に引き入れようとするあまり、ドイツの自由地帯占領の引き金を引いてしまったアメリカこそがド・ゴール人気の立役者ということになる。ルーズヴェルトのド・ゴール嫌いがド・ゴールを助けた格好になったのだ。

ことほどさように歴史は皮肉に満ちている。

敵の敵・ソ連を味方につけて、正式政府を目指すド・ゴール

実際、フランス本土ではド・ゴールに帰依した元社会党員の県知事ジャン・ムーランが逮捕される前に組織した「自由フランス」派のレジスタンス組織が勢力を拡大し、はっきりとド・ゴール支持を打ち出していたし、またアルジェリアでもジロー配下の「北アフリカ・フランス軍」から「自由フランス」に乗り換えようとする将軍や高級官僚が後を絶たなかった。いまや、歴史の風は完全にド・ゴールに向かって吹いていたのである。

そうした流れをしっかりと見据えたうえで、ド・ゴールは一九四三年五月末、アルジェのジローのもとを訪れ、二人で「国民解放フランス委員会」の設立を提案する。声明には「こうして構成される当委員会こそがフランスの正式な政府である」と堂々と謳われていた

が、表面上、ド・ゴールとジローの双頭体制とされていた。

このときは、さすがのド・ゴールも名より実を取ったのだ。

以後、自由フランス軍とジロー配下の北アフリカ・フランス軍が「フランス軍」として統一され、ジローの軍が「第一歩兵師団」、ド・ゴール派のルクレール将軍の部隊が「第二機甲師団」となったのである。


次いで、ド・ゴールはアメリカの後押しするジローの排除にかかる。

ジローが軍の指揮権を要求したのを口実に、シビリアン・コントロールの原則を掲げて委員会から彼を除外し、一元的支配体制を完成させたのである。一介の軍人であるジローは極め付きのマキャヴェリストであるド・ゴールの敵ではなかった。

だが、本土を除くフランスの事実上の支配者となったド・ゴールにさらなる試練が待っていた。「国民解放フランス委員会」を連合国に正式政府として承認させるという問題である。とりわけ、強硬姿勢を崩していないルーズヴェルトをどうやって陥落させるのか？

ド・ゴールが目を向けたのはなんとソ連のスターリンだったのである。

「そこでドゴールは再び、ソ連、アメリカ、イギリスとの白熱したゲームを展開する。これら三者のうち、ロシア人が最も認知を望む方向に傾いていた。彼らは、ドゴールの奥底にある意図についてはこれっぽっちの幻想をいだくことなく、彼が当面は自分たちに気を配り、またフランスの共産主義者に対しても同様に振る舞っていることを見ている。将軍のほうもソ連側の魂胆にだまされてはいないが、しかし彼はもちろんアングロサクソン側に圧力をかけるために、ロシア人のご機嫌をとるのである」（エリック・ルーセル、前掲書）

効果はてきめんに表れた。一九四三年八月、アメリカ・イギリス・ソ連が「国民解放フランス委員会」をそれぞれ承認に踏み切り、「フランスひとり」「フランス軍ひとり」から出発したド・ゴールの「自由フランス」は「フランス政府」扱いとなったのである。

ノルマンディー上陸作戦と「戦勝国フランス」になるための戦い

だが、それでもド・ゴールと英米の確執は終わらなかった。一九四四年六月六日に決行されるノルマンディー上陸作戦にド・ゴールの軍隊が加わることにルーズヴェルトが強硬に反対し、上陸作戦の準備からド・ゴールを外してしまったのである。

一方、ド・ゴールはというとDデイ直前の六月三日に「国民解放フランス委員会」を「フランス共和国臨時政府」とすることを決定し、華々しく故国に凱旋《がいせん》するつもりでいたから、ルーズヴェルトの措置には心底憤慨した。両者の間で板挟みになったチャーチルは迷った挙句、臨時の総司令部が置かれたポーツマス近郊の列車にド・ゴールを招いて会談を持った。この席で、チャーチルが解放後のフランスでは連合軍が軍政を敷く予定であると発言すると、ド・ゴールは激怒して、それでは、もし私が共和国大統領に立候補するとしたら、ルーズヴェルトかあなたに対して許可願いを届け出ねばならないのかと質《ただ》し、「フランス政府は存在しつづけているのですよ！」と言ってから、続けて、上陸待機中の部隊は連合軍の軍票を持っているようだが、そんなものはフランス共和国政府が絶対に認めない贋札《にせさつ》だと叫んだ。

すると、チャーチルは次のような有名な言葉を吐いたのである。

「われわれがヨーロッパと海［アメリカ＝引用者注］との間で選択を迫られる度ごとに、われわれは海を選ぶのです……あなたとルーズヴェルトとでは、わたしはいつでもルーズヴェルトを選ぶでしょう！」（ジャン・ラクーチュール、前掲書）

こうして会談は決裂し、ド・ゴールは完全に作戦から排除されそうになったが、寸前で連合軍総司令官のアイゼンハワーがとりなしに入り、作戦についてド・ゴールに意見を求めるという口実で状況を説明した。それでも気持ちの収まらないド・ゴールは上陸開始後に予定されていたBBCでの呼びかけを拒否する姿勢を見せた。これに怒ったチャーチルはド・ゴールにイギリスから退去するよう促す手紙をしたためたが、幸いなことにこの手紙はド・ゴールに同情的なイギリス外相イーデンが握りつぶしたので、ド・ゴールは翌日、翻意して、歴史に残るフランス国民への呼びかけを行ったのである。

そして、六月一四日にポーツマス軍港から駆逐艦コンバッタン号に乗り組み、カーン近郊の浜辺に上陸すると、すかさずフランソワ・クーレを解放地区のフランス共和国弁務官に任命した。

「ドゴールの目的は――彼は隠しもしないが――、連合国を既成事実の前に立たせることである。この戦術は功を奏することになる。たとえそれが、とくにアメリカの陸軍長官スティムソンをはじめとして、多くの要人らに衝撃を与えたとしてもである」（エリック・ルーセル、前掲書）

かくて、ド・ゴールは、ドイツとの戦いよりもはるかに苛酷なルーズヴェルトとの戦いに勝利した。そして、フランスはドイツに負けながらアメリカに勝ったことで見事、戦勝国の仲間入りを果たしたのである。

パリに凱旋、共産党との新たなる闘い

「パリよ、辱められ、打ち砕かれたパリよ！　だが、そのパリがいまや自らによって、民衆によって解放されたのだ！　全フランスの、戦うフランスの、唯一のフランスの、そして永遠のフランスの助けによって解放されたのだ！」

一九四四年八月二五日、ルクレール将軍率いる第二機甲師団を先兵としてパリに入城したド・ゴールはパリ市庁舎に赴いて右のような歴史的な演説を行った。翌日には、シャンゼリゼをルクレールの戦車軍団とともに行進して群衆の歓呼に迎えられ、「凱旋将軍」のイ

メージを定着させた。だが、すでにこの時点から闘いが始まっていた。レジスタンスを果敢に戦い抜いた共産党との暗闘である。

共産党は一九四〇年六月にヴィシー政府が樹立された後、モスクワの指令でドイツ軍への反抗を控えていたが、一九四一年六月の独ソ戦開始により、積極的なレジスタンスへと方針を転換させた。一方、ド・ゴール派は、元社会党員ジャン・ムーランが一九四三年一月にロンドンから飛び立ってパラシュートで本土に降下して組織づくりを開始してから、急速に勢力を伸ばしていた。このド・ゴール派レジスタンスの闘いはジャン＝ピエール・メルヴィル監督の『影の軍隊』（一九六九年）に忠実に描かれている。ジャン・ムーランをモデルにしたリュック・ジャルディ役は名優ポール・ムーリスが演じているが、映画にある通り、ジャン・ムーランがゲシュタポに逮捕されて惨殺されてからは、共産党が「レジスタンス国民評議会」を牛耳っていた。

その影響は、ド・ゴールが臨時政府首班となった後も強く出た。共産党が権力奪取の方向で動きはじめたからである。

こうして国内で共産党との暗闘が続くなか、ド・ゴールは国外でも戦いつづけた。フランスを戦勝国の一員に加えるため、アルザス戦線にフランス軍を派遣してストラスブールに入城させると同時に、一九四四年一一月には自らモスクワに飛んでスターリンと会見したのだ。このとき、スターリンは露骨な冷遇を示したが、ド・ゴールはスターリンの底意がポーランドの傀儡《かいらい》政権をフランスに承認させることにあると見抜いて、巧みにスターリンと張り合い、仏ソ相互援助条約の調印に成功した。この条約は内容的には無意味だったが政治的効果は極めて大きかった。

「ドゴールはこの旅行をすることで、大国の宮廷で議論してきたような印象を与え、また共産党に対しては、彼の権威を強固にしたのである」（同前）

すなわち、ドイツの降伏が目前に迫りつつあるなか、対立しはじめた米英とソ連の間に無理やり割り込むことで、ド・ゴールは、米英を牽制して戦勝国の一員に加わると同時に、スターリンを共産党封じ込めの重石に使おうとしたのである。

この一か八かの試みは、ヤルタ会談にド・ゴールが招かれなかったにもかかわらず、かなりの成功を収める。共産主義の進出を恐れていたチャーチルがフランスの利益を擁護し、将来の国際連合安全保障理事会常任理事国を割り当てたばかりか、ドイツ占領に際してフランスが占領区域を分担することを認めるようルーズヴェルトを説得したからである。

しかし、国内政治は多難だった。一九四五年一〇月の国民議会選挙においては、共産党が一六一議席を獲得して第一党となり、ド・ゴール派の国民共和運動（ＭＲＰ）の一五〇議席を上回った。社会党も一五〇議席を獲得したが、第三共和政の主体であった急進社会党は五七議席と凋落した。こうして、社・共両党とＭＲＰが連合して政権を担当する三党政治（トリパルティスム）の時代が到来したのである。

ド・ゴールは国民議会の全員一致で首相に選出され、社・共両党とMRPを与党として政権をスタートさせたが、共産党が外務・国防・内務の主要閣僚を要求するなどゴリ押ししたことから、組閣は困難を極め、ようやく発足した内閣も分裂の危機を孕《はら》んでいた。

こうして波乱のうちに年が明けて一九四六年の一月二〇日、閣議に臨んだド・ゴールは突如辞任を表明する。閣僚たちは仰天したが、しかし、ド・ゴールの予想とは異なって誰もその足元にひれ伏して辞任の撤回を懇願したりはしなかった。大衆の間からもド・ゴール復帰の大声援は聞こえてこなかった。救国の英雄は、野党に対しても与党に対しても、理解されざる天才の深い恨みを抱いて、政権との決別を宣言したのである。

臥薪嘗胆《がしんしょうたん》、時を待つド・ゴールと、アルジェリア紛争勃発！

ここから一九五八年に劇的な復活を遂げるまでド・ゴールは長い雌伏時代に入る。その間、フランス国民連合（RPF）を結成して政権復帰を目指したこともあったが、多数派を形成するには至らず、一九五一年六月の国民議会選挙における敗北を機に政界の一線から退いて、コロンベの自宅に引きこもって『大戦回顧録』の執筆に専念した。

「市民ドゴールはわが家の塔に帰った。彼は今度は、日常の卑小な人間どもにとっては偉大すぎる英雄であったがゆえに帰ったのではない。世人には声を聞くことのできぬ、声を失った預言者として帰ってきたのだ。彼は、〈成功〉という名のトランプの一人占いに長い

時間を過す。この遊びのまたの名は〈忍耐〉なのである」（ジャン・ラクーチュール、前掲書）

ド・ゴールがコロンベの自宅でセミ・リタイアを決め込んでいる間、フランスは落日の植民地帝国の断末魔の苦しみにあえいでいた。

インドシナでホー・チ・ミンの率いるヴェトナム民主共和国軍を相手に苦戦を続けていたフランス軍は、一九五四年五月、ディエン・ビエン・フー要塞の陥落で絶体絶命の苦境に立たされた。ピエール・マンデス＝フランス政権はヴェトナムからの完全撤退を決めた。決定は国民の圧倒的多数によって支持された。このように、インドシナを放棄することに関しては国論の分裂は起きなかったが、もう一つの植民地アルジェリアについてはそうはいかなかった。地中海を隔てて対岸にあるアルジェリアはあまりにも密接にフランスに結びついていたからである。

一八三〇年以来フランスの植民地となっていたアルジェリアには一〇〇万人近いフランス人が入植者（コロン）として移り住んでいた。一八七〇年代からは、普仏戦争の敗北で故郷を失ったアルザスとロレーヌの人々が政府の奨励策にしたがってアルジェリアに入植していたし、また、同じころから連続して発生したフィロキセラの病虫害でブドウ畑を失ったワイン製造業者たちもアルジェリアに新天地を求めていたので、アルジェリアの入植者人口は急速に増加していた。

フランス植民地主義特有の同化政策によってアルジェリア人に対してもフランス語教育

が施された結果、アルジェリア人も「半フランス人」となり、アルジェリアは、植民地というよりも、フランス本国とは不可分の一部であると見なされるに至った。これを称して「フランスのアルジェリア」と呼ぶ。

だが、この「フランスのアルジェリア」政策、つまり同化主義が、皮肉にも激しい植民地闘争の遠因となったのである。というのも、フランス語教育の普及と人口増加によって、アルジェリア人の識字階級が現地エリートから下層中産階級にまで広がることで、この下層中産階級から、武装闘争を辞さない、鬼子たる非妥協的な党派が生まれてきたからである。

だが、インドシナとはちがって、アルジェリアにおける戦後の独立運動はあまり活発化しなかった。選挙参加に絞った平和路線が独立運動の主流となったからである。しかし、フランス現地政府の選挙介入で幻影は消えた。現地エリート層からなる合法的主流派MTLD（民主的自由の勝利のための運動）のブルジョワ的改良路線に強い反発を抱く過激派が台頭したことにより、状況は急激に変化したのである。

一九五四年の夏、ディエン・ビエン・フー要塞陥落の知らせを受けて、MTLDから分裂した少数派がアルジェリア民族解放戦線（FLN）を結成。一九五四年一〇月三〇日の夜から翌朝にかけて、闘士数百人が一斉に蜂起し、各地の警察署やコロンの屋敷を襲撃した。以後、足掛け八年にわたって続くアルジェリア戦争の勃発である。

マンデス＝フランス首相は内務大臣のフランソワ・ミッテラン（後の大統領）とともに解決策を練った。一つはインドシナ帰りの落下傘部隊を使ったFLNの徹底的弾圧。一つは「自由フランス」でド・ゴールの片腕として働き、臨時政府で情報相・植民地相を務めたジャック・スーステルをアルジェリア総督に起用して、宥和策を探る道である。

スーステルは、農地改革、選挙制度の改正、ムスリム系学校でのアラブ語の許可などの「アメ」政策を実行するかたわら、非合法化されていたMTLD幹部を釈放して、FLNの孤立を図ろうとした。これに対して、ムジャヒディーン（聖戦の戦士）を名乗るFLNは、後に植民地解放戦争に際して用いられることになる過激な方針を採用した。すなわち、コロンやその協力者であるアルジェリア人に無差別テロを加えることで彼らの報復を喚起し、それによってアルジェリア人の民族的自覚を促すという捨て身戦術である。

この戦術は見事成功した。FLNの無差別テロに激怒したフランス現地軍の指導者たちは「集団責任」という論理を持ち出して、FLNへの協力が疑われた村民全員の殺害を許可したからである。報復にFLNはさらなる無差別テロで応えた。一九五五年八月二〇日に起こったフィリップヴィルの虐殺ではコロンの老若男女一三五人が惨殺された。被害状況を視察した総督スーステルは宥和策を撤回してFLNの大弾圧に乗り出した。方針は内相と国防相によって追認され、「武器を使用したか、武器の使用が認められるか、または暴力行為を行おうとしたすべての暴徒は、その場で殺害されねばならない」という指令がアルジェリア全土に出された。

これに対して、FLNはフランス軍に協力するアルジェリア人にもテロを拡大したので、恐怖に駆られた協力者たちはフランス人将兵の殺害を土産にしてFLNに寝返った。かくて、FLNの目算通り、アルジェリア戦争は、FLN対フランス軍ではなく、アルジェリア人対フランス人の戦いへとエスカレートしていったのである。

一九五六年一月二日の国民議会選挙で成立した挙国一致のギー・モレ内閣は「フランスのアルジェリア」の路線を崩さずにアルジェリア人の自治を認めるという方向で戦争の終結を図ろうと試み、総督をスーステルからロベール・ラコストに替え、四五万の兵力をアルジェリアに送り込んで力による解決を図る一方、アルジェリア人に対して大幅な優遇策を実施しようとしたが、この「アメ」に応ずるアルジェリア人はほとんどいなかった。FLNによる「裏切り者には死を」という「恐怖の報酬」政策が浸透していたからである。

ギー・モレ内閣はFLNとの和平交渉の望みを捨ててはいなかったが、予期せぬ二つの事件が解決への道をふさいでしまった。一つは、FLN穏健派のベン・ベラらを乗せたモロッコ航空機がチュニスに向かう途中、フランス空軍機によって進路変更させられ、全員逮捕されたという事件である。首謀者はパラシュート部隊の指揮者デュクールノー大佐だった。寝耳に水のギー・モレ首相は激怒したが、逮捕状の出ているベン・ベラたちを釈放するわけにもいかず、苦慮の末、黙認を選んだ。これにより、FLN穏健派との絆も断ち切られ、アルジェリア問題はいよいよ出口なき迷路へと迷い込んだのである。

もう一つは一九五六年一〇月二九日に勃発したスエズ戦争である。FLNにエジプトが武器を貸与していると見なしたフランスは、エジプトの旧宗主国イギリスとともにスエズを占領。日中戦争の際、援蔣《えんしょう》ルートの仏印を押さえれば蔣介石《しょうかいせき》軍を敗北させられると考えた日本軍と同じ発想である。しかし、この出兵は国際世論の猛反発を浴び、英仏軍は撤退を余儀なくされた。英仏軍が放棄していった武器はそのままFLNの手に渡り、虻蜂《あぶはち》取らずどころか、フランスはさらなる窮地に追い込まれる結果となった。

右に傾いたギー・モレ内閣は左からの支えを失って一九五七年六月に崩壊、モーリス・ブルジェス＝モヌリ内閣が成立して妥協案を示すが、FLNに一蹴されたばかりか、国内でも左右の挟撃にあって九月に瓦解、急進社会党のフェリックス・ガイヤールが挙国一致内閣を組閣したが決定打を放てぬまま、フランスは「フランスのアルジェリア」派と、共産党とサルトルら知識人の主張する「アルジェリア人のアルジェリア」派に引き裂かれて一九五八年を迎えた。

アルジェリアの反乱、機が熟すのを待つド・ゴール

そうしたなか、アルジェで事件が起きる。一九五八年五月一三日、戦没者記念式典で、

落下傘部隊の制服に身を包んだアルジェリア学生総協会代表を名乗るピエール・ラガイヤルドが群衆を扇動して総督府襲撃を呼びかけたのである。鎮圧のために駆けつけた落下傘部隊は手をこまねいて静観を決め込む。アルジェリア総督ラコストは本国に帰国していたので、アルジェ市警備責任者でド・ゴール派の第一〇落下傘部隊師団長マシュー将軍が軍民共同の臨時政府「公安委員会」代表の座を受け入れ、本国で公安委員会政府が組織されるまでアルジェリアの政治を引き受けることとした。

これは明らかに、本土に対する植民地アルジェリアの反乱である。だから、本土政府が毅然たる態度を取れば、混乱は避けられたはずである。だが、五月一五日に発足したばかりのフリムラン内閣は弱腰の対応に終始した。

というのも、反乱の口火を切ったラガイヤルドはペタン派で、アルジェのド・ゴール派のクーデターが近いとみて機先を制したつもりだった。しかし、出し抜かれたと悟ったド・ゴール派がレオン・ドゥルベックを中心にして猛然と巻き返しに出たからだ。ド・ゴール派は、アルジェリア派遣軍総司令官のサラン将軍を盾に「公安委員会」の実権を掌握し、アルジェリアからド・ゴールの政権復帰を熱烈に呼びかけた。

「『公安委員会』は、ド＝ゴールに対し、沈黙を破り、要求されている公安委員会政府を組織するように呼びかけた。フェリックス・ガイヤール（急進党党首）と、首相に指名されたピエール・フリムランは、サラン将軍に対し、民事および軍事の全権を委任したが、彼もまた部下のマシュー将軍にあえて対抗することなく、『公安委員会』がアルジェリア全土に創設されるのを防ぐこともしなかった。五月十五日、レオン・ドゥルベックにそそのかされるままに、サラン将軍は『ド＝ゴール万歳』を叫んだ。するとド＝ゴール将軍は、『共和国の諸権限を引き受ける準備ができている』と表明した」（ギー・ペルヴィエ『アルジェリア戦争——フランスの植民地支配と民族の解放』渡邊祥子訳、文庫クセジュ）

このド・ゴールの声明は正確には「かつて祖国はその災厄の底にあって、祖国を救済に導く仕事をわたしに委ねた。今や祖国に再び押しよせる試練を前にして、祖国は、わたしが共和国の権力を身に帯びる用意をととのえていることを知ってもらいたい」（ジャン・ラクーチュール、前掲書）というもので、ド・ゴールの政治家としての卓越ぶりを示す好見本と言える。というのも、ド・ゴールはアルジェリアの反乱軍である「公安委員会」を支持するなどとは一言も言っていないからだ。もしここで焦って失敗したら、一二年の雌伏が水の泡となる。ド・ゴールは熟した果実がひとりでに落ちてくるのを待つことにしたのである。

だが、「公安委員会」はこのド・ゴール声明を自分たちの良いように解釈した。全員、ド・ゴールが決起してくれると信じたのだが、彼は慎重だった。

「彼は二方面で行動に移る計画をたてた。すなわち、アルジェの火薬にあまりマッチを近づけずにこれをふり廻してパリを動揺せしめること。そして他方では、パリが明日にも暴動家の餌食になってしまうような事態をさけるためにアルジェを沈静せしめること、の二つが目標となった。

一方で説得によって行動を思いとどまらせ、他方で説得によって行動にかりたてること。この後の三週間のあいだ、これが陰陽作戦の傑作となる」（ジャン・ラクーチュール、前掲書）

ド・ゴールの慎重な態度にしびれを切らしたアルジェの反乱軍は、すでに本土進攻の「復活」作戦の準備を完了していた。決行日は五月二七日か二八日と定められ、五〇〇〇人の落下傘部隊がパリ近郊に降下するや、これに呼応してランブイエの機甲部隊がパリの主要地点を制圧、アルジェリアの第一〇落下傘師団のマシュー将軍とトゥルーズ軍管区のミゲル司令官がヘリコプターでド・ゴールを迎えにいくというシナリオが出来上がっていたのである。ド・ゴールは当然、この計画を知らされていた。

だが、それでもド・ゴールは熟した果実が落ちてくるのを待った。

クーデターで政権を掌握することは可能であるし、おそらくド・ゴールはその方法自体を否定はしていなかったにちがいない。だが、あくまで最後の手段とするべきである。というのも、クーデターに訴えたのでは、たとえ成功したとしても、ナポレオン三世と同じ轍を踏んで、歴史という最後の審判に裁かれるはめになる。このイメージは誇り高いド・ゴールにとっては耐え難いものに映っていたのだ。

こうして、ド・ゴールは合法的政府を組織する正式な手続きに着手していると述べる一方、サラン将軍に電報を打って「復活」作戦の中止を要請した。

五月二八日、フリムラン内閣が発足後わずか二週間で総辞職し、パリでは、落下傘部隊降下の噂が広まるなか、社会党・共産党による反ド・ゴールの大規模デモが組織され、三〇万の市民が参加した。しかし、左翼もまたド・ゴールの扱いを巡って分裂していた。マシュー将軍による軍事クーデターよりもド・ゴールによる合法政権樹立の方がましではないかという意見が強くなったからである。共和国大統領ルネ・コティは二八日、上下院議長をド・ゴールのもとに送り、首相就任受諾の条件を交渉させたが、合意には至らなかった。

ことほどさように、なにが難しいといって、チャンスが巡ってこようとしているとき、そのチャンスをドンピシャリのタイミングで摑みとることほど難しいことはない。早すぎても、遅すぎてもいけない。

この夜、ド・ゴールは自分の方からは動かないという決断を下した。あと少し我慢すれば、事態は向こうから歩み寄ってくるにちがいない。**相手に決断させるというのもまた決断の方法の一つではある**のだ。

このようにド・ゴールは動かなかったが、別の人間が動いた。

ルネ・コティのもとにマシュー将軍から電報が届き、二九日一五時までにド・ゴールの首相就任が受け入れられない場合は「復活」作戦を発動すると伝えたのである。

二九日、ルネ・コティはついに決断を下した。「最も偉大なフランス人」の助力を仰ぎ、もし議会が承認しないなら、辞職するつもりであることを発表したのだ。ド・ゴールは組閣要請に同意した。その際ド・ゴールが出した条件はほぼ戒厳令に等しいものだったが、ルネ・コティはこれを丸呑みするほかなかった。

かくて、六月一日午後、ド・ゴールは国民議会で演説し、「六カ月の全権」「四カ月の国民議会の休止」「新憲法を国民投票にかける権限」の三つを持ち出した。議会は賛成三二九票・反対二二四票でド・ゴールの首相就任を承認した。

これにより、フランス現代史上最大の危機は回避され、ド・ゴールは狙い通り、完全に合法的な手続きを経て表舞台に再登場を果たしたのだが、ここで、われわれはフランスがド・ゴールに委ねたのはヒトラー以上の大権だったことを忘れてはならない。左翼が恐れ、右翼が望んだように、ド・ゴールはフランスを隣国スペインのようなファシスト国家に改造することもできたのである。

事実、六月四日、アルジェを訪れたド・ゴールは総督府のバルコニーに准将の制服で立ち、熱狂するコロンの大群衆を前にして「君たちの言いたいことはよーくわかった（Je vous ai compris）」と切り出した。コロンとド・ゴール派の軍人たちは全員がド・ゴールは「フランスのアルジェリア」を守ってくれるものと信じ込んだ。実際には、その後の演説で、「フランスのアルジェリア」とは相反する内容を語っていたのだが、誰一人その矛盾には気づかなかった。

偉大なる政治家ド・ゴールの真骨頂はこのときから発揮されるのである。

大統領に就任したド・ゴールへの権力集中と、密かな政策転換

一九五八年六月四日、ド・ゴールがアルジェリア総督府のバルコニーから「君たちの言いたいことはよーくわかった」と叫んで、コロンの大群衆を熱狂させたとき、果たしてド・ゴールの胸のうちにアルジェリアの独立を認める決意がすでにあったのか否かは、歴史家の意見が分かれるところである。ド・ゴールはまだ「フランスのアルジェリア」に固執していたと考える者がいる一方、ド・ゴールはすでに「フランスのアルジェリア」に疑問を抱いていたと見なす者もいる。

いずれにしても、一つだけ確かなことは、アルジェの反乱軍にかつぎ上げられて政権に就いたド・ゴールがフランス全体のために行動を開始していたことだ。

それを最も雄弁に示す例は、第五共和政の憲法案にはっきりと見ることができる。強力な権限を大統領に集中させることで、どんな危機が訪れてもこれを乗り越えられるようにしてあったのだ。たとえば、議会を飛び越えて首相を任命・罷免する権限、ある種の法律案を議会審議なしで国民投票にかける権限、議会を自由に解散する権限、緊急時に立法

権・執行権を自らに集中させる権限、などなど、世界でも類を見ないような超越的権限である。

だが、アルジェリア戦争に倦《う》んだ国民は救国の英雄ド・ゴールに一切の処理を任せた。というのも、九月二八日に行われた新憲法制定のための国民投票では、八〇パーセントが賛成に回ったからだ。一二月二一日の大統領選挙でもド・ゴールは圧勝し、一一月二三日と三〇日の国民議会選挙ではド・ゴール派が大勝、この新しい大統領は、ほとんど国民から白紙委任状を託されたかたちになった。

では、その白紙委任状を手にしたド・ゴールが最初に手をつけたのは何だったのだろうか？　政権復帰を支持した人々との間に距離を置くことだった。

手始めとして、ド・ゴールはアルジェリア派遣軍総司令官のサラン将軍をパリ駐屯軍司令官に栄転させてその影響力を減らす一方、FLN（アルジェリア民族解放戦線）に対しては和平交渉のテーブルに着くように呼びかけ、アルジェリア人死刑囚の減刑や拘留者の釈放などの宥和策を取った。

こうしたド・ゴールの左旋回に対しては、「フランスのアルジェリア」を支持する陣営から徐々に不満の声が上がっていた。それでもジャック・スーステル情報相をはじめとするド・ゴール派の幹部たちは、よもや親分が自分たちを裏切ることはあるまいと信じていた。

一九五九年一月に「フランスのアルジェリア」支持派のミシェル・ドゥブレが首相となったが、それでも、右派の不安は去らなかった。

アルジェリアの民族自決を提案、味方の猛反発

一九五九年九月一六日、ド・ゴールがテレビ・ラジオを通して行った演説により、彼らの不安は現実のものとなった。ド・ゴールはこの演説で、FLNとの停戦実現という条件付きながら、アルジェリアの運命をアルジェリア人自身に選び取らせるという民族自決の原則を打ち出し、三つの選択肢からどれかを選ぶように呼びかけたからである。その選択肢とは以下の通り。

①分離。フランスとの関係を一切断ち切って、アルジェリア人が自ら政府を組織する完全独立。

②フランスとの完全な一体化。ムスリム系アルジェリア人もフランス人となる。

③フランスの援助によって支えられ、経済、教育、防衛、対外関係においてフランスとの密接な関係を保った連邦形式のアルジェリア人の政府。

ド・ゴールは③のオプションが最も理にかなったものであると示唆し、①のオプションには独立時における経済的混乱、内戦、共産主義化といった危険が伴うことを強調したが、選択はすべてアルジェリア人の意志に任されるとした。

この演説に対するフランス国内の反応は非常に好意的で、共産党もソ連からの指令で賛成に回ったため、左翼全体が支持を表明。また、ド・ゴール派の政党UNR（新共和国連合）においても賛成が多数派を占めるに至った。FLNも、即時停戦という条件は受け入れなかったが、民族自決の原則が提案されたことを評価、秘密交渉の席に着くことに合意した。

この決断こそ、ド・ゴールの名を歴史に残すものだ。未来のためには、泣いて馬謖《ばしょく》を斬らねばならない。これがリーダーの宿命なのである。

こうして、フランスは、ド・ゴールの決断によって大きくアルジェリア独立の方向に舵を切ったのだが、当然ながら、「フランスのアルジェリア」派は猛烈に反発し、過激派は、一九五八年五月一三日の反乱を再現すべく、組織づくりに取り掛かった。

その代表的な例がアルジェのカフェ店主ジョゼフ・オルティスらが組織したフランス国民戦線（FNF）で、数千人からなる重武装の義勇兵を擁していた。アルジェリア派遣軍の内部でも、「五月一三日の反乱」の立役者であるマシュー将軍の部下たちが不穏な動きを開始していた。

独立反対派の反乱とド・ゴールの強権発動

そんな折、ミュンヘンの新聞（一九六〇年一月一八日付け）に掲載されたインタビューでマシュー将軍がド・ゴールをあからさまに批判している記事を読んだド・ゴールは激怒して、ただちに将軍を第一〇落下傘師団長の任から解任した。この知らせが一月二四日にアルジエに届くと、オルティス率いるFNFは一五〇〇人を率いて蜂起、「五月一三日の反乱」のきっかけをつくったアルジェリア学生総協会のラガイヤルドも数百人の学生とともにアルジェ大学講堂を占拠。バリケードが築かれて、アルジェ市内は騒乱状態となった。

午後六時、鎮圧指令を受けた総司令官シャール将軍配下の憲兵隊がFNFの本部に向かおうとしたとき、FNFから一斉射撃が行われ、憲兵隊に一四人の死者が出た。こうして、「バリケードの一週間」と呼ばれる反乱が始まったのである。

しかし、一九五八年の五月に比べると反乱は明らかにパワーが落ちていた。前回はかつぎ上げるべき神輿《みこし》として大英雄のド・ゴールがいたのだが、今回は神輿がなかったからである。

一九六〇年一月二九日、軍服姿のド・ゴールがテレビ画面に現れ、民族自決政策の撤回を断固拒否し、反乱軍を激しく非難する一方、FLNの主張も退けてから、演説の最後を愛する祖国に団結を呼びかけて締めくくったとき、勝負はすでについていた。FNFのオルティスはスペインに逃亡、ラガイヤルドは降伏し、逮捕された。閣僚の中で、あくまで「フランスのアルジェリア」にこだわっていたスーステル情報相は更迭された。こうして

「バリケードの一週間」は完全に終わりを告げたのである。

かくて、見事に危機を乗り越えたド・ゴールは、停戦を拒否するFLNとの戦闘を続行すると同時に和平交渉の相手となるべき人物、すなわちFLNでないアルジェリア人を探したが、これがなかなか見つからなかった。独立推進派のアルジェリア人の間でも分裂が激しく、ド・ゴール提案を巡って対立が激化していたからだ。

その間に、「フランスのアルジェリア」派が勢いを盛り返し、反ド・ゴールの極右組織が次々に結成されたが、最大組織はFAF（フランスのアルジェリア戦線）だった。中心人物は、なんと情報相を解任されたばかりのジャック・スーステル。側近ナンバー・ワンだった男がいまやド・ゴールに叛旗を翻しているのだ。また軍部においても反ド・ゴールに名乗りを上げる将軍があい次いだ。一人はマドリードに脱出して彼の地で反乱軍を組織しようとしたサラン将軍。もう一人は「五月一三日の反乱」で公安委員会副議長を務めていたジュオー将軍。ジュオー将軍はFAFの幹部となり、現役の将軍だったので彼の周りには落下傘部隊の将校たちが結集していた。

民族自決を問う国民投票を前に、一九五九年一二月九日にアルジェを訪問したド・ゴールはFAFから手荒い歓迎を受けた。暗殺計画は判明しただけでも四件に上った。だがド・ゴールの決意を固めさせたのは、FAFの組織した反ド・ゴールの騒乱ではなかった。

「一部の者たちは、国家元首暗殺を準備していた。しかし、『アルジェリア人のアルジェリア』を支持する、ムスリムの若者たちによる反対デモが、民政当局に黙認されて、十日の午後にオランで、次いでアルジェで始まった。十二月十一日、アルジェおよび他の大都市において、このデモは大規模なものとなり、暴動へと発展した。(中略)ド＝ゴールは、ムスリム世論がFLNのまわりに『凝結』していることを認め、FLNを抜きにして、平和が実現することはもはやないと判断した」(ギー・ペルヴィエ、前掲書)

ド・ゴールは、国民投票で信任を受けた翌日には、FLNを相手として交渉開始を決意。スイスで秘密の接触を始めた。その努力は、紆余曲折を経た後、一九六二年三月にエヴィアン協定によって結実を見た。アルジェリアの独立が承認され、フランス軍とFLNの戦闘は停止したのである。

だが、その間にも反ド・ゴール組織の反乱は止むことがなかった。まず、「バリケードの一週間」の裁判中に保釈されたまま行方をくらましていたラガイヤルドがジャン・ジャック・シュシニという過激派学生とともに一九六一年二月にマドリードで結成したOAS(秘密軍事組織)。OASはフランス本土やアルジェリアで政府要人や官僚に対するテロを激化させ、恐怖によって「フランスのアルジェリア」を死守しようと試みた。

これとほぼ同時期に、同じくマドリードに亡命していたサラン将軍のもとにジュオー将軍から使者が送られ、反ド・ゴール反乱への呼びかけがなされた。ジュオー将軍はFLNとの血みどろの戦いを繰り返したにもかかわらず、ド・ゴールに評価されないのに腹を立て、落下傘部隊の将校を率いて大規模な反乱を準備しようとしていたのである。

この計画にフランス本土にいた「フランスのアルジェリア」派のシャール将軍とゼルレ将軍が加わり、四月二一日の深夜、後に「将軍たちの反乱」と呼ばれることになる武装蜂起がアルジェで決行された。落下傘部隊がアルジェを占拠、ガンピエ総司令官とジャン・モラン全権委任代表を逮捕、シャール将軍、ゼルレ将軍、ジュオー将軍に、翌日、マドリードから到着したサラン将軍が加わって、ド・ゴール政権に対する公然たる反抗を呼びかけた。パリでは、フォール将軍率いる落下傘部隊が決起の準備を整え、いつでもパリを襲える態勢にあった。

だが、ド・ゴールは一歩もひるまなかった。四月二三日、まさに、この日のために第五共和政憲法に差し挟んでいた第一六条、すなわち国家非常時においては大統領は令状なしであらゆる容疑者を逮捕できるという「伝家の宝刀」をついに抜いたのである。

フォール将軍は逮捕され、配下の二二〇〇人の落下傘部隊は解散を命じられた。その夜、テレビとラジオにまたもや軍服姿で登場したド・ゴールは将軍たちが引き起こしたクーデターを激しい調子で非難し、フランス軍の全兵士に対して、反乱将軍の命令を聞くなと諭し、フランス人全員に自分への協力を呼びかけた。

「この演説は若い兵士たちの持つ新式のトランジスター・ラジオを通じて中継され、彼らのためらいを完全に説き伏せた。たちまちにして実力行使は失敗に終わったことが明らかになった」(エリック・ルーセル、前掲書)

反乱軍の兵士と下士官が脱走し、政府側に投降した。シャール将軍とゼルレ将軍は投降、サラン将軍、ジュオー将軍は逃走して地下に潜りOASに加わった。

かくして、国家的規模での危機は去ったが、OASの非妥協的なテロが残っていた。OASはアルジェリアのコロンからの豊富な資金をバックにテロを強化し、プラスチック爆弾やバズーカ砲をド・ゴール派のコロンに見舞ったり、フランス警察の幹部を次々に暗殺した。ド・ゴール自身もまたアンドレ・マルローも爆弾テロに見舞われたが、間一髪のところで難を逃れた。

一九六二年四月八日、エヴィアン協定が国民投票において九〇パーセントの賛成で承認されると、自暴自棄に陥ったOASは「アルジェリア人には、一八三〇年以前の状態でアルジェリアを返してやる」として焦土作戦を敢行。ありとあらゆるインフラ施設が爆破・放火された。この挑発にFLNも無差別暴力で応えたため、アルジェリアに留まろうと決意していたコロンたちも、しかたなく全財産を売り払って本土への脱出を図った。かくて、アルジェリアにはフランス人がほとんどいなくなってしまったのである。

同年七月三日、七月一日に実施されたアルジェリアでの国民投票を受けてエヴィアン協定が承認され、アルジェリアの独立が決まった。四日、アルジェ総督府から三色旗が降ろされ、ここに約一三〇年に及ぶフランスの支配は終止符を打ったのである。

冷戦下における独自外交の確立と五月革命

アルジェリアという喉に突き刺さった刺《とげ》を抜くことに成功したド・ゴールは、次にその全精力を外交に注ぎこんだ。ド・ゴール外交と呼ばれる、冷戦構造下における独自外交の展開である。基本は、核抑止力（一九六〇年二月にサハラで核実験に成功）を背景にした第三極外交で、一九六四年の中華人民共和国の承認、一九六五年のソ連との通商条約締結、一九六六年のカンボジア訪問と、高校生だった私も鮮明に記憶している電撃的なニュースが世界を駆け巡り、ド・ゴールとフランスの存在感を世界に知らしめることとなった。この間、経済は世界的な高度成長の波に乗って好調で、議会ではド・ゴール派が過半数を常に確保していた。

政権誕生から一〇年を経過した一九六八年五月、世界広しといえどもド・ゴール政権ほど盤石な体制はないように見えた。ド・ゴールは同じく独自外交を展開するチャウシェスク政権のルーマニアを訪問する準備に追われていた。

したがって、五月一日に、パリ近郊のパリ大学ナンテール分校でダニエル・コーン・ベンディットという学生が校舎を不法占拠したという理由で放校処分にされそうだというニュースが伝えられても、フランス中でこれに興味を抱いた人はほとんどいなかった。

だが、事件は予想外の規模で広がりはじめ、五月三日にはソルボンヌ（旧パリ大学文学部）に飛び火し、校舎を占拠していた学生数百名が逮捕され、ソルボンヌは閉鎖された。騒動はカルティエ・ラタン全域に広まり、各所でバリケードが築かれた。

「ちょうどパリがヴェトナムとアメリカの代表を受入れるべく準備している折に、国民の象徴的存在であり、国家の案内人であると認められた人物の知らぬ間に、この〈平和の都〉では革命的状況が熟しつつあった」（ジャン・ラクーチュール、前掲書）

では、ド・ゴールはどう対処したのか？

何もしなかったのである。ジョルジュ・ポンピドゥー首相がイランとアフガニスタン歴訪に出発する前に不安を漏らしても、ド・ゴールは「子供の遊びさ」と取り合わなかった。五月一一日から一二日にかけての深夜、共和国保安隊がバリケードを築いた学生たちに襲いかかり、逮捕者五〇〇名を出す大混乱が生じたが、その間、ド・ゴールは大統領官邸で眠りつづけていた。

五月一四日、ド・ゴールは閣僚たちの制止を振り切ってルーマニアに出発した。学生騒動をなめきっていて、「革命」へと発展するとは予想だにしていなかったのである。

一八日、予定を早めに切り上げて帰国したド・ゴールは「改革はウイ。馬鹿騒ぎはノン」（同前）と答えたが、この凡庸な反応に国民は失望した。二四日にテレビを通して行った呼びかけも精彩を欠き、「ド・ゴールはもう終わりだ」という声が支持者の間でもささやかれ始めた。ポンピドゥーがCGT（労働総同盟）と裏工作を開始し、最低賃金の大幅値上げなどの条件交渉で妥協を図ろうとしたが、CGT幹部は密室での交渉を嫌う労働者の猛反発を買い、共産党も失速、状況はいよいよ混迷の度合いを深めた。

ド・ゴールはどうしていたのか？　なす術を知らず、官邸で右往左往した挙句、ヘリコプターでコロンベの自宅に脱出したはずが、コロンベには到着せず、行方不明となっていたのである。実は、ド・ゴールは西ドイツのバーデン・バーデンに飛んで、あのマシュー将軍と会談していたのだが、それがわかったのは後の話。歴史家には、ド・ゴールは完全な精神的虚脱状態に陥っていたという説を唱える者と、戦略的雲隠れであるという説の者がいるが、真相は闇の中である。

わかっていることは、ただ一つ、五月三〇日正午にパリに戻ってきたド・ゴールは完全に元気を回復し、精気にあふれる姿で四時半からテレビ・ラジオ演説に臨んだということだ。

「午後の終わり、将軍がラジオで話し始めると、その第一声から誰もが彼の勝利を実感した。男はみずからの精力を、その行動感覚を、その言葉のセンスを、再び見いだしていた。

（中略）

演説を終えた将軍はその効果をすぐに確認できた。庭に面した事務所のバルコニーか

ら、シャンゼリゼ大通りに感銘深い歓声が沸き起こるのが聞こえてきたのだ」（エリック・ルーセル、前掲書）

ド・ゴールは引退も首相の更迭も拒否し、議会を解散して、国民投票の手続きを取った。六月二三日と三〇日の国民議会選挙でド・ゴール派は歴史的大勝、危機は完全に収束した。

だが、それから一〇カ月後、地方分権化と上院の改革を巡る国民投票で、ド・ゴールはよもやと思われる大敗を喫し、一九六九年四月八日、引退を発表した。コロンベの自宅に引きこもって回想録続編の執筆に全力を注いだが、一一月九日、トランプ占いをしている最中に動脈瘤破裂で倒れ、三〇分後に世を去った。享年七九。蓋世《がいせい》の大英雄の死であった。遺言により国葬は行われなかったが、政府主催のノートル゠ダム大聖堂の追悼ミサには全世界から元首が列席した。

死後、名声は上がる一方で、今日では、アルジェリア戦争のさいにド・ゴールに対抗すべく『エクスプレス』を発刊したフランソワーズ・ジルーのような元進歩派も、また五月革命のときに打倒ド・ゴールを叫んだグリュックスマンのような元新左翼も、ともにフランスが今日あるのはド・ゴールのおかげであると公然と認め、彼らなりのド・ゴール論を書いている。

決定的な歴史の分岐点において、国民大衆を前にしてド・ゴールがテレビ・ラジオで行った演説が危機にあるフランスを何度も救ったのである。

決断の瞬間《とき》、この言葉はド・ゴールにこそふさわしい。

シャルル・ド・ゴール年表

一八九〇年　一一月　シャルル・ド・ゴール、リールで誕生。
一九〇九年　サン＝シール陸軍士官学校に入学。
一九一四年　第一次世界大戦に中尉として参戦。
一九一六年　ヴェルダン戦で捕虜になり、捕虜収容所を転々とする。
一九一九年　ポーランドの軍事顧問としてワルシャワに赴任。
一九二一年　二月　サン＝シール陸軍士官学校の戦史担当教官に任命される。
四月　イヴォンヌ・ヴァンドルーと結婚。
一九二二年　一一月　フランス陸軍大学校に入学（一九二四年卒業）。
一九二九年　一一月　ベイルートキャンプで軍事情報を管理。
一九三〇年　一一月　パリの国防最高会議の書記官に任命される。

一九三二年		中佐となり、国防最高会議事務長に就任。講演録『剣の刃』上梓。
一九三四年		『職業軍隊のために』を上梓。
一九三八年		『フランスとその軍隊』を上梓。
一九三九年	九月	第二次世界大戦勃発。
一九四〇年	五月	ドイツ軍のフランス侵攻が始まる。
	六月	ポール・レイノー率いる内閣の国防次官兼陸軍次官に任命される。ドイツ軍により、首都パリが陥落。内閣崩壊。ペタン首相によるドイツに協力的なヴィシー政権発足。ド・ゴール、ロンドンに亡命。「自由フランス」を結成。BBCラジオ放送にて、対独抗戦の継続とヴィシー政権への抵抗をフランス国民に呼びかける。ド・ゴール、アルジェリア・チュニジアなどの北アフリカ戦線で対独抗戦主張。
一九四一年		ド・ゴール、「自由フランス」代表に就任。
一九四三年	一月	カサブランカ会談。
	五月	ド・ゴール、アンリ・ジローと共に国民解放フランス委員会創設。

一九四四年	六月	連合国軍、ノルマンディー上陸。
	同月	ド・ゴール、フランス共和国臨時政府首班となる。
	八月	連合国軍、パリを解放。
一九四六年	一月	ド・ゴール、首相を辞任。
一九四七年		ド・ゴール、フランス国民連合（RPF）を形成。
一九五四年		アルジェリア戦争勃発。
一九五八年	六月	ド・ゴール、首相指名に対し、全権委任の要求と新憲法草案を提示。議会承認後に首相に就任。
	九月	国民投票を経て新憲法・フランス第五共和制国憲法が施行される。フランス第五共和制の成立。
	一二月	ド・ゴールは第一八代大統領に就任。フランス領西アフリカおよびフランス領赤道アフリカの植民地には、フランス共同体のもとで大幅な自治権が認められる。ギニアは独立。
一九五九年		ド・ゴール、アルジェリアの民族自決を認める。
一九六一年		植民者たちの反乱。四人の将軍たちの反乱。ド・ゴールによる鎮圧。

一九六二年	アルジェリアの独立を承認。ド・ゴールへの暗殺未遂多発。
一九六八年	五月革命。ゼネスト、金価格高騰による経済混乱が起こる。ド・ゴール辞任。
一九七〇年	一一月　ド・ゴール、コロンベで病死。回顧録が未完に終わる。

シャルル・ド・ゴール（一八九〇～一九七〇年）の生きた時代

ひとりの人間の光と影、その「決断」が国民にどれほどの影響を及ぼしたかを考えるにあたり、シャルル・ド・ゴールほど「嫌われ者リーダー」の筆頭に取り上げるのにふさわしい人物を、私は知らない。

シャルル・ド・ゴールと聞いて、人はどんなイメージを持つだろうか？

海外からパリに行こうと思えば、まずは郊外のシャルル・ド・ゴール空港に着き、パリの街に入れば一度は凱旋門前のシャルル・ド・ゴール広場（エトワール広場）を通るだろう。

近年、これほど国家的な敬意を払われた将軍や政治家は、ほかにはいないと思うだろう。

しかし後年、彼ほど国民から恨まれた指導者もいないのだ。

彼がいなければ、フランスは第二次世界大戦の戦勝国に連なり、戦後に国際連合の常任理事国になるなどの華々しい地位にとどまることはできなかっただろう（同じくナチスに蹂躙されたオーストリア＝ハンガリー帝国の例を考えるとよい）。

まさにド・ゴールは瀕死の祖国を救った〝英雄〟だった。

一九四四年にナチスの傀儡ヴィシー政権がフランスを占領していた折に、ひとりロンドンに渡り、革命政府を宣言した。まさに「劇団ひとり」ならず、「フランスひとり」だった。そして「革命政府ここにあり！」と、ロンドンからラジオでフランス国民を鼓舞するのだ。さらに彼は粘りに粘り、老獪な英国首相チャーチルやヨーロッパの命運を握っていたアメリカ大統領ルーズヴェルトと交渉し、自分をフランス政府代表と認めさせた。

ついには植民地軍を統率してフランスの奪回に向かい、ヴィシー政権に勝ち、ドイツに勝ち、チャーチルやルーズヴェルトにも粘り勝ったド・ゴールは、「戦勝国」フランスの将軍としてパリに凱旋するのだ。

では、こんな〝英雄〟が後になぜ、国民に嫌われたのか？

それはフランスの虎の子であった植民地アルジェリアを手放したからだ。

戦後、栄華をきわめ、大統領にも上り詰め、政治家としてさまざまな栄光と挫折を味わった後、再び脚光を浴びるのが、アルジェリア独立の局面においてである。

植民地であったアルジェリアが、独立を求めてフランスに対する反乱を起こし、テロの嵐が吹き荒れ、内戦状態となった。フランス政界はド・ゴールに首相就任を求めた。

「かつて祖国はその災厄の底にあって、祖国を救済に導く仕事をわたしに委ねた。今や祖国に再び押しよせる試練を前にして、祖国は、わたしが共和国の権力を身に帯びる用意をととのえていることを知ってもらいたい」

就任の際のド・ゴールの自信に満ちた言葉である。

アルジェリア戦争は言わば、「アルジェリアのためのアルジェリア」を信奉するものと、「フランスのためのアルジェリア」を信奉するものの対立であった。

「アルジェリアのためのアルジェリア」を認めることのできるフランスを着地点に設定していたド・ゴールは反対派から命まで狙われることになる。

強運なのか、偶然なのか、幾度もの暗殺計画をくぐり抜ける。乗っていた車が機関銃で乱射された「プティ＝クラマール事件」などは、まさに九死に一生を得るという状況であった。フレデリック・フォーサイス原作の人気映画『ジャッカルの日』（一九七三年）を見ると、当時の彼の権力者ぶりと反ド・ゴール勢力が怨嗟する空気を感じ取れることだろう。

軍や将軍たちが反乱を起こすような事態もあったが、ド・ゴールは鎮圧していく。ここにもまた祖国フランスとの戦いがあった。

彼が植民地アルジェリアの独立を認めたことで、フランスは戦前ほど富める国ではなくなり、フランス国民の怒りはすさまじかった。しかしこれによって戦後のアフリカ諸国の独立の嵐は促進され、民主主義、民族主義のグローバル化に貢献したとも言えるのだ。

どんなに嘲られても、嫌われても、自分が信ずることを貫く……。ド・ゴールの信念に満ちた行動があったからこそ、フランスは救われ、やがて植民地体制は崩壊した。

まさに彼は時代を越える遺産《レガシー》をつくったリーダーだった。

（文責・集英社　学芸編集部）

ジョルジュ＝ウージェーヌ・オスマン

第2章

"花の都パリ"を生み出したスーパー官僚

スーパー能吏《のうり》オスマンの「決断の瞬間」

本書のタイトルは『嫌われ者リーダーの栄光』である。

したがって、ド・ゴールに続く二人目として、第二帝政下でセーヌ県知事としてパリ改造に辣腕《らつわん》を振るったジョルジュ＝ウージェーヌ・オスマンを取り上げるのはいささか本書のコンセプトから外れることになる。

というのも、オスマンの本質はあくまで能吏であり、政治家ではないからである。政治家の役割が決断を下すことにあるとすれば、能吏の役割はその決定を実行することにある。セーヌ県知事というリーダーではあっても、命令はナポレオン三世から来るのだから、これをリーダー論の対象としていいかどうか疑問が残るのである。

しかしながら、第二帝政の専門家である私から言わせると、もしオスマンというセーヌ県知事が存在していなかったら、たとえナポレオン三世が決断を下そうともパリ改造が成ったとは絶対に思えないのだ。スーパー能吏オスマンが迅速果断にナポレオン三世の決定を実行していったからこそ、現在、パリがフランス最大の観光資源となっているのである。

この意味では、スーパー能吏の「決断の瞬間」というのも十分に検討に値する。おまけに、一方には、現在ほど能吏が不足している時代もないという「日本の現実」がある。かつては、どれほどお粗末な政治家が大臣の席に座ろうと、次官以下が優秀だったので、日本株式会社は安定して経営されていたのだが、いまやこの部分の劣化が著しいため、日本は二等国になり下がろうとしている。真の危機は能吏の欠如にあるのだ。

では、スーパー能吏はいかにして生まれるのか？　それにはやはり、世界一の能吏であったオスマンの生涯を辿《たど》ってみるに如《し》くはないのである。

生まれる前からの宿縁、オスマンとナポレオン三世

オスマンは一八〇九年三月二七日、パリのフォーブール・デュ・ルール街区に生まれた。洗礼名はジョルジュ＝ウージェーヌ。出生の建物はオスマン通りとフォーブール・サン＝トノレ通りが交差する地点に建っていたはずだが、オスマンのパリ改造で消滅した。

オスマン（Haussmann）一族はその名前（ドイツ語式に読めばハウスマン）から判断できるようにドイツ系で、信仰はプロテスタント。確認できる先祖はザクセンから移住して一七〇三年にアルザスのコルマールで薬局を開いたバルタザール・オスマンである。

歴史に名を残すのは、一七五九年に生まれ、ヴェルサイユで衣料品店を開いたニコラ・オスマン。ニコラは大革命のときに巧みに立ち回って立法議会と国民公会に席を占めた。これがオスマンの祖父である。幸いなことにルイ一六世の処刑採決の当日には議会を欠席していたため、ニコラは「国王弑逆者《しぎゃく》」の汚名を着せられずに済んだ。

このニコラの長男が一七八七年生まれのニコラ・バランタン・オスマンで、帝政時代には軍官僚としてナポレオン軍に属した。オスマンの父である。一八〇六年に同じくアルザ

ス系のダンゼル将軍の娘のカロリーヌと結婚した。ダンゼル将軍はナポレオンの最初の皇后ジョゼフィーヌの連れ子であるイタリア副王プランス・ウージェーヌ・ド・ボーアルネに仕え、一八〇九年には男爵位をナポレオンから授与されている。オスマンのダブル・ネームの洗礼名のうち、「ジョルジュ」はダンゼル将軍から、「ウージェーヌ」はプランス・ウージェーヌから取ったものである。

ちなみに、後にナポレオン三世となるルイ・ナポレオン・ボナパルトはオスマンよりも一年早い一八〇八年に、ナポレオンの弟のオランダ王ルイとプランス・ウージェーヌの妹であるオルタンス・ド・ボーアルネの間に生まれている。このような環境からして、オスマン一族が一貫して帝政派だったのは当然で、オスマンとナポレオン三世の出会いは、その出自から用意されていたと言っても言いすぎではないのだ。

一八一五年六月、ナポレオンはワーテルローの戦いで敗れ、セント・ヘレナ島に流された。祖父のニコラは国民公会議員だった過去がたたって国外追放処分を受けたが、父のニコラ・バランタンは軍政畑だったので、内務省に職を得ることができた。

では、われらがジョルジュ＝ウージェーヌはどうしていたかというと、後の不敵な面構えと頑丈そうな体格に似ず、幼いころは病弱で両親を心配させたようである。さいわい、ルガルという人物が経営するコレージュ（学齢期の子供たちを預かって生活と勉強の面倒をみる施設）に送られてからは健康を回復したので、両親はジョルジュ＝ウージェーヌが一一歳になるとパリの名門校アンリ四世校に入学させ、寄宿生とした。

ここで、ジョルジュ=ウージェーヌは運命的な出会いをする。同級生にブルボン王家傍流のオルレアン家のシャルトル公（フェルディナン・フィリップ）がおり、親友となったのだ。そのほか同級には、後のロマン派詩人アルフレッド・ド・ミュッセがいた。こうした同窓コネクションはジョルジュ=ウージェーヌが官界に入ったときにさまざまなかたちで役立つこととなる。

アンリ四世校時代のジョルジュ=ウージェーヌは成績優秀で、自伝では臆面もなく、「すぐにクラスのトップとなり、さして苦労することもなくこの座を守りつづけた」と書いている。一七歳のとき健康に問題が生じたのでアンリ四世校の寄宿生をやめ、ブルボン校の通学生となったが、バカロレア（フランスの国家資格で、大学入学資格証明）にはなんなく合格し、パリ大学法学部に登録した。ここからは、われらが主人公をオスマンと呼ぶことにしよう。

法学部の学生時代は、謹厳なオスマンにとっての唯一の「疾風怒濤の時代」で、法学部の授業に通うかたわら謳歌した青春の日々は、アンリ四世校の同級生であるミュッセが『ミミ・パンソン』や『フレデリックとベルヌレット』に描いたボヘミアン・ライフと基本的には変わりない。すなわち、授業が終わるとカフェに屯《たむろ》して時間をつぶしたり、学生相手の食堂であるフリコトーあるいはヴィニュロンで食事したり、天気のいい日曜には、ダンス場グランド・ショミエールで知り合ったお針子たちと郊外にピクニックに出掛けたりという日常である。オスマンは自宅が遠かったのでカルティエ・ラタンに下宿していたが、おかげで、十分に羽を伸ばすことができた。

若きオスマンが、他のボヘミアンたちと違っていたのは、大変な音楽好きだったことで、コンセルヴァトワールの教師について対位法やフーガも勉強した。オスマンの音楽に対する情熱は一生変わらず、激務のかたわら、暇があればコンサートホールに通うことになる。

七月革命で旧友に再会、エリート官僚の道が開ける

しかし、ミュッセなどの怠け学生とは違って、オスマンは基本的に勤勉な学生だったので大学でも順調に単位を修得し、一八三〇年にはいよいよ学位の修得ということになったが、その直前、思わぬ事件に遭遇する。七月革命が勃発し、父親がリベラル派の新聞「ル・タン」の編集長を務めていた関係から、市街戦の「栄光の三日間」に革命派の伝令の役割を演じることとなったのだ。テアトル・フランセ付近の銃撃戦で腿にかすり傷を負ったが、それにもめげずに革命派の総司令部となっていた銀行家ジャック・ラフィットの家に向かい、伝令としての役割を果たした。この「名誉の負傷」は若きオスマンに《七月勲章》を与えると同時に、もう一つの大きな幸運をもたらすことになる。

臨時革命政府から王冠を与えられて、「フランスの王」ならぬ「フランス人の王」となっ

たルイ・フィリップが議会で誓約を行ったさい、オスマンは、そのルイ・フィリップ王の王太子となった旧友のシャルトル公と再会して久闊《きゅうかつ》を叙することができたのである。

歴史家のジャン・デ・カールは『オスマン 第二帝政の栄光』(*Haussmann: La gloire du Second Empire* [Perrin, 1978]) の中で、この日のオスマンについて次のように述べている（以下、本章における引用原本の翻訳は筆者）。

「オスマンは絶好のポジションにいた。猟官運動が開始されたのである。オスマンは新しい体制が必要としていた新しい人材の一人だった。しかも、なんという素晴らしい証明書付きであることか！ 七月王政が開始されたこの日をオスマンのキャリアの公式の出発点と見なすことができるのである」

一八三〇年の暮れに学位を修得した後、翌年に法学の博士号も獲得したオスマンは法制職に進路を定め、シャルトル公に相談を持ちかけたが、シャルトル公はむしろ行政職に進むように忠告し、カジミール・ペリエ首相に紹介の労を取った。

こうして、一八三一年五月、オスマンはめでたく、ヴィエンヌ県の統括部長（スクレテール・ジェネラル）に任命された。まだ二二歳の若者であった。

ヴィエンヌ県では、カール・マルテルがサラセン人と戦った遺跡などを見学したが、オスマンがより興味を抱いたのは産業であり、経済の実態であった。アンリ・マレは『オスマン男爵とパリ改造』（*Le Baron HAUSSMANN et la Rénovation de Paris* [Les Editions municipales, 1973]）でオスマンのこうした興味の方向について次のように指摘している。

「このような特徴はオスマンの精神の支配的傾向をよく示している。彼は実用的で功利的な性格であり、一国の資源や産業にしか興味がない。つまり、人間の役に立ち、その運命を改善できるものにしか関心が向かわないのだ。だから、歴史とか、抽象的思考とか、文学・美術などといったものは決して彼の対象とはならないのである」

一年後、休暇を得てパリに戻ったとき、オスマンはカジミール・ペリエ首相に面会を乞うてどこかの副知事に回してくれないかと頼んだ。すると、首相はオスマンの言い分を聞いたあと、別れ際にこうつぶやいた。「ところで君、若い役人は代議士の奥方や娘さんたちにはいつでも愛想よくしておかなくちゃいけないものだよ」（同前）

この言葉はオスマンの心に強く響いた。オスマンとて若い男だから上司の美貌の夫人や娘には愛想よくふるまったのだが、そうでない女性には冷淡だったからである。カジミール・ペリエは代議士からオスマンに関する情報をちゃんと入手していたのである。

以後、オスマンはこの教訓をしっかりと心に止め、立身出世の糸口は上役の奥方や娘にあるというラスティニャック的な生き方を学んでいくことになるが、しかし、教訓を与えてくれたカジミール・ペリエとは悲しい別れが待っていた。一八三二年の夏、パリで猖獗《しょうけつ》したコレラによって、現職首相は世を去ったからである。

オスマンは保護者を失っておおいに落胆したが、立ち直るのも早かった。というのも、県の統括部長という職務が行政改革で廃止になった影響で、オート・ロワール県のイッサンジョーという郡に郡長として派遣されることが決まったからである。

交通網整備と教育の普及、実務官僚として実力発揮

こうして、イッサンジョーを皮切りに、オスマンはネラック、サン＝ジロン、ブレイといった南仏の小さな郡庁所在都市を渡り歩いて郡長生活を一六年ほど務めることになるが、彼の残した『回想録』を読んで一番に驚くのは、この時代には小都市間を結ぶ定期交通網がほとんど存在せず、老朽化した貸し馬車か、馬しか移動手段がなかったことである。第二帝政下で鉄道が普及するまで、フランスの田舎、とくに南仏は言語・文化的には中世のままだったのだ。

これに気づいたオスマン郡長は、赴任した先々で土木工事を起こし、道路整備に着手する。資金が不足すると、中世的な「労役」を復活させ、拒否する農民からは金銭で税金を徴収するという解決法を採った。また、道路拡張に伴う土地収用については、沿線住民にそこから得られる利益を説明して無償で土地を提供させることに成功する。こうして、若きオスマンは「土木郡長」として南仏一帯でその名を知られるようになる。一八三六年に成立した「村道法」（町村に道路改良金の留保権を認めた法律）も土木工事の追い風となった。オス

マンは『回想録』の中で、自分が赴任した郡では、どんな村にも「馬車に乗って行けるようになった」と自慢しているが、それも当然のことだろう。アンリ・マレはこの土木工事にオスマン的行政の特徴を見て、後のパリ大改造の萌芽を認めているが、次のように付け加えることを忘れない。

「オスマンの長所の一つはいつの場合も人の才能を一目で見抜く能力にあった。彼はネラックで協力者となった建設省の技師の活動能力と長所を忘れず、のちにセーヌ県知事となったときには、この技師をセーヌ県の主任技師に抜擢することになるのである」(同前)

オスマンが各郡で取り組んだもう一つの問題は初等教育の普及だった。フランスの初等教育はわれわれが想像するよりもはるかに遅れており、一八三三年に初等教育の促進を目的としたギゾー法が成立し、ようやく端緒についたばかりだった。オスマンはネラック郡長に着任後、このギゾー法を活用して、郡や県や国からの助成金を捻り出し、小学校建設と教員給与の予算をつくると、一気呵成《いっきかせい》に小学校の設立へと持っていった。かくして、オスマンが仕事に着手してから三カ月後の一八三五年の夏休みには、ネラック郡の各村で小学校の開校にこぎつけたのである。

だが、こうした輝かしい業績は一方では嫉妬とやっかみを引き起こさずにはいられなかった。とりわけひどかったのは、上司に当たるロ＝エ＝ガロンヌ県知事ブランの嫉妬である。ブランは内務大臣への報告書でオスマンの業績を酷評した挙句、オスマンを受勲者候補リストから外すという嫌がらせに出た。

しかし、ネラックでの郡長生活はプライベートな面では実り多いものとなった。一八三七年の夏、出張でボルドーに赴いたさい、プロテスタントの牧師のラアルプの家に招かれたときに、その妹オクタヴィと知り合い、一目惚れの挙句、ついに結婚にこぎつけたからである。ラアルプ家は莫大な財産を有していたので、オスマンは美貌の妻ばかりか、一三万リーヴル（フランと同じ。現在の価値で約一億三〇〇〇万円）の持参金を手にする幸運に見舞われたのだ。

「このオクタヴィの持参金はまた、オスマンにとって上司に好かれない危険に対する保険となった」（ジャン・デ・カール、前掲書）。つまり、上司とそりが合わず、衝突したとしても、いつでも辞表を出せるという余裕をオスマンに与えたのである。

急がば回れ、不遇時代にこそ立身出世の基礎が築かれる

しかし、こうした余裕が逆効果となったのか、オスマンの昇進スピードは明らかに鈍りはじめた。実は、政府与党の議員候補選びにさいして、内務大臣のデュシャテルと対立したことが原因だった。オスマンは、次は大都市のある郡の郡長か、さもなければ県知事と思いこんでいただけに、ピレネー山地のサン＝ジロン郡長任命の知らせが届くと、おおい

に落胆した。明らかな左遷人事だったからである。一八四〇年三月のことだった。

赴任するやオスマンは郡内に物乞いと障害者が異常に多く、民衆の生活レベルも極端に低いことに気づいた。そこで、郡中を視察して歩き、原因が飲料水にあることを突き止めるとさっそく上水道の改良にとりかかった。この水道改良計画は後にパリ改造のさいに活用されることとなる。

こうした功績が認められたのか、一八四一年一一月には、オスマンはジロンド県の湖沼地帯の中都市ブレイの郡長に昇進する。オスマンが狙っていた県知事にあと一歩のところまでこぎつけたのである。

ところが、案に相違して、ブレイ郡長から県知事までの道程は遠かった。オスマンはこのブレイ郡長の座に七年もとどまることを余儀なくされるのである。

原因はいくつかある。一つは最大の保護者だったシャルトル公が一八四二年七月一三日にキャブリオレで散策の途中、馬車から振り落とされて事故死したこと。オスマンは『回想録』で「私のキャリアの将来にとって、この優しい保護者の死は取り返しのつかない損失となった」と正直に告白している。

ブレイ郡長時代が長引いたもう一つの原因は村道建設を巡る騒動に巻き込まれ、ジロンド県の統括部長と激しく対立したことである。対立は県議会選挙とも連動して過熱し、さながらバルザックの『農民』のような地方特有の陰謀劇へと発展したのである。

とはいえ、長かったブレイ郡長時代はマイナスばかりをもたらしたのではなかった。妻の実家のあるボルドーを頻繁に訪れるうちに、オスマンはボルドー政財界の大物と昵懇《じっこん》になり、ジロンド県に強力な人脈を築くことができたからである。この人脈は後にジロンド県知事に就任したときに十全に活用され、ナポレオン三世の懐刀のペルシニーの目にとまるきっかけをつくる。

また、ボルドー政財界の大物とワインを飲み交わすうちに、ワイン知識が深まって、ボルドー・ワインに関しては誰にも負けない蘊蓄《うんちく》を傾けることができるようになったことも大きい。このワイン知識は後にオスマンがナポレオン三世に仕えたとき、同じくボルドー・ワイン派だった皇帝の目にとまり、皇帝が一八五五年パリ万博のボルドー・ワイン格付けへと動くヒントを与える結果となる。セーヌ県知事となってパリ市庁舎に落ち着いたオスマンのワインセラーはフランス一、いや世界一の規模と質を誇っていたからである。

このように、行政官としてのオスマンのキャリアを概観してみると、**不遇時代にこそ立身出世の基礎が築かれるという万古《ばんこ》不易《ふえき》の法則を発見することができる。**左遷だと腐らずに職務に邁進すると同時に、**その地方でしか味わえないような経験を積んでおくこと、**これが宮仕えする身にとって一番大事なことなのである。

一八四七年の暮れ、内務大臣がシャラント県知事への就任を打診してきた。オスマンに異存があろうはずはない。シャラント県といえばアングレームを県庁所在地とする南仏の大県である。南仏に根を張る決意を固めていたオスマンにとって最終目標であるジロンド県知事の座に到達するには格好の踏み台と見えた。

ところが、いくら待っても正式な辞令は届かない。やっと届いた速達を開いてみると、なんと、そこには二月革命が勃発したという知らせが書かれていたのである！

二月革命勃発！　ルイ・ナポレオンの懐刀としてヴァール県に乗り込む

一八四八年の二月革命は、一九六八年の五月革命とならんで「不可解な革命」とされている。原因がいまもってわからないからである。社会はルイ・フィリップ王のもとで比較的安定し、貧富の差は拡大したが、労働者の平均賃金は上昇していた。要するに、飢餓か自由の極端な弾圧といった直接的な革命の原因は見当たらなかったにもかかわらず、ひとたび狼煙《のろし》があがると、あっという間に「革命」が成就してしまったのである。

革命の知らせは、二月二五日にはボルドーに伝えられ、オスマンの任地であるブレイには翌朝届いた。しばらくすると、臨時政府からシュヴァリエ某《なにがし》という政府全権委員がボルドーに派遣されてきた。

オスマンが辞表を懐にボルドーに出向くと、シュヴァリエ某は「君の父君とは『ル・タン』で同僚だった」と言い、郡長辞職願いを預かりにしてジロンド県委員の資格で県内を査察するよう命じた。オスマンはおかげで、県内の政治状況をくまなく調べて歩くことができた。急進派共和主義者や社会主義者に熱狂的な支持者はいるものの農民の大半はまったく無関心で、ルイ・フィリップに代わってナポレオン帝政が復活すると思い込んでいた。

そうしているうちにシュヴァリエ某は更迭され、「ル・ナシオナル」紙の元記者というラトラドに代わったが、ラトラドは無能で、すぐにクレマン・トマという「ル・ナシオナル」紙の別の記者と交替した。このクレマン・トマは県内の臨時政府有力者とされていたが、その関心は近々行われる憲法制定議会にジロンド県から立候補することにあり、「自由の木」の植樹式を挙行すると、そそくさとパリに戻ってしまった。クレマン・トマは帰り際にオスマンにジロンド県選出政府委員（事実上のジロンド県知事）に就任するよう勧めたが、オスマンはこれを拒否した。政府短命を予感させる兆候が見えていたからである。

こうしてダンマリを決め込んでいるうちに状況の方が大きく動いた。一一月初め、国民議会が共和国大統領の選挙日を一二月一〇日に定めると、九月二五日からパリに戻っていたナポレオン一世の甥ルイ・ナポレオン・ボナパルトが立候補を表明したのである。

オスマンは家系からして熱狂的な帝政主義者である。また、政治における権威主義と経済社会におけるリベラリズムという原則においてもルイ・ナポレオンの政策と一致する。

そこでオスマンはルイ・ナポレオン支持の「自由貿易協会」に個人の資格で参加し、依頼された「ブレイ郡の状況の詳しい分析と報告」という「任務」を忠実に果たして選挙民をたくみに誘導した。

一二月一〇日の投票日の翌日、ルイ・ナポレオンの圧倒的勝利が明らかになった。総得票数の約七五％がルイ・ナポレオンに投票したが、ジロンド県では彼の得票率はさらに高く七八％に達した。かくして、ここにルイ・ナポレオン大統領（プランス・プレジダン）が誕生した。

一二月二〇日、大統領指名でオディロン・バロー内閣が組閣され、オスマンは内務大臣レオン・フォーシェの召喚を受けてパリに出頭した。内務大臣主催の夕食会の後、オスマンはヴァール県知事を打診されたが、それはルイ・ナポレオン本人の口からだった。オスマンがヴァール県知事就任に失望の色を隠さないでいると、ルイ・ナポレオンはこう諭した。

「ヴァール県というのは、フランスの中でも最悪の赤い県の一つです。デマゴーグたちが暗躍し、我が国最大の軍港であるトゥーロンや県庁所在地ドラギニャンを意のままにしようとしています。だからこそ、絶対に強力な県知事が必要なのです」（オスマン『回想録』〈*Mémoires du baron Haussmann*［V.Havard, 1890］〉）

オスマンには、ルイ・ナポレオンが主要な戦場と認識しているヴァール県に最強の将軍を派遣しようとしていることが瞬時に理解できた。優れた上司を得ることは宮仕えの身にとって最高の幸運である。期待には存分に応えなければならない。オスマンは役人生活およそ二〇年にして、ようやく最高の上司に巡り合うことができたのだ。

かくて、一八四九年の年頭、オスマンはヴァール県知事としてドラギニャンに赴いた。精力満ちあふれる三九歳。断固たる意志と自制力、知性、抜群の記憶力といった生来の能力に加えて、辺鄙《へんぴ》な郡都を渡り歩いた経験が彼にある種の威厳を与えていた。

着任早々、オスマンは現地調査に乗り出したが、やがて農民主体の県であるにもかかわらず、左翼支持者が増えている謎の原因が見えてきた。伝統的に農民の権利とされてきた入会権《いりあい》が王政復古以後、帰国した所有者の亡命貴族によって廃絶され、農民との間に激しい軋轢《あつれき》を生んでいるためだった。一言で言えば、バルザックが描いた『農民』そのものの世界がヴァール県のいたるところで展開していたわけである。

オスマンはこうした紛争に調停者として現れ、係争によって失われる経済的損失を具体的に示すことで両者を示談に導き、左翼のプロパガンダの根拠を突き崩していったが、いったん浸透した暴力的気質はそう簡単に失われるものではない。ルイ・ナポレオンが心配したように、爆発を起こしそうな雰囲気はいたるところに感じられた。

そこでオスマンは手持ちの憲兵隊を短期間に集中配備できるように連絡系統を整えて万全を期したが、一八四九年五月、国民議会総選挙で左翼が大幅に議席を減らすと、過激派は直接行動路線に転換し、パリやリヨンで暴動を起こした。知らせはヴァール県にも届き、過激派は武装蜂起して、県庁の奪取にかかった。

だが、オスマンはこうした事態を予想し、完全武装の憲兵隊一〇〇人を各郡から県庁に集結させていたので、叛徒《はんと》たちの代表が県庁の明け渡しを求めてくると、こう応えた。

「君たちが一万人いるとすれば、私のわきには一〇〇人の憲兵隊が控えている。彼らにはカラビニエ銃に装塡《そうてん》できる銃弾をそれぞれ一〇〇発ずつ配ってある。だから、総計一万発、一人に一発という計算だ」(同前)

オスマンは続けて、もし革命が成就しても、全権政府委員が召喚状を届けてこない限り、県庁からは一歩も退かないと自らの決意を伝えた。暴徒たちは怒り狂い、大声で革命歌を歌いながら県庁前をデモ行進したが、結局、それだけで終わった。オスマンのブラフが効いたのである。

このように、オスマンが問題のある県で採用する方策というのは、あらかじめ暴力の芽を摘み取っておいて暴発を未然に防ぐというもので、血なまぐさい弾圧は、ほとんど行わなかった。また、選挙誘導においてもオスマンの手腕は抜群で、ヴァール県赴任時には七議席中に五議席を占めていた左翼は、離任時には二議席に減っていた。

こうした業績が認められたのか、一八五〇年の五月、オスマンのもとにロレーヌ地方のモーゼル県知事への異動内示が届いたが、オスマンは失望した。こんどこそ、目指すジロンド県知事かと思っていたからだ。ところが、数日後に届いた正式の辞令を開封してみると、オーセールを県庁所在地とするヨンヌ県への異動である。この予期せぬ事態に不審を抱いたオスマンはパリまで出向いて大統領秘書官モカールに理由を問いただすことにした。するといたことにここでもルイ・ナポレオンが自ら現れて、ヨンヌ県知事への任命理由を次のように説明した。

曰く。ヨンヌ県はもともとボナパルティストの数少ない地盤の一つで、ルイ・ナポレオンが立候補もしないのに憲法制定議会に議席を与えてくれた県である。だが、その後、状況が一変し、左翼と正統王朝派が議席の大半を占めるに至っている。二代、無能な知事が続いたのが原因だ。だから、今回、君をヨンヌ県知事に任命したのはこの私で、特別な信頼のしるしなのである、頑張ってくれたまえ、云々。

こう言われたのでは、オスマンとて張り切って新任地に赴かざるをえない。ルイ・ナポレオンの巧みな人づかいである。

実際、オーセール着任後まもなく、オスマンは自ら出向いて暴動鎮圧の陣頭指揮に当たらねばならぬはめに陥った。リニーという小さな村で起こった事件が村長の不手際で暴動に発展したのである。オスマンは憲兵隊を指揮し、群衆を解散させ、首謀者を逮捕したが、流血の惨事は免れることができた。

ところが、内務大臣のバロッシュから届いたのは、なぜ弾圧を手加減したのかという譴《けん》責《せき》処分だった。このように、オスマンはどうしても暴力という悪を行使しなければならないときには**「その行使は一回だけ、それも素早く」**というマキャヴェリの教えを忠実に守る優れた行政官のお手本であったが、直接の上司である内務大臣はその手腕を正しく理解できなかったのだ。

これに対して、政治における権威と行政におけるリベラリズムを信条とするルイ・ナポレオン大統領はオスマンの中に自分の同志を見いだしてますます高い評価を下すようになっていった。それは、一八五一年六月に、大統領任期延長キャンペーンの一環として行われた国内巡歴に、リヨンに向かう途中のコースで、急遽ヨンヌ県のジョワニーを組み入れたことで明らかになる。

オスマンはこの厚遇に全力で応えようとしたが不安材料もかなりあった。当時、リヨンに向かう鉄道はトネールまでしか開通していなかったので、大統領はトネールからは馬車で街道を進まなければならなかったが、そのさい街道に並行して走る工事中の鉄道から左翼の鉄道員が罵声を浴びせる可能性があったからだ。それに、ジョワニー自体も「赤い都市」として認識されていた。

では、現実にはどうだったのか？

「ジョワニーには、大統領を一目見ようと農民たちが遠くから馳せ参じて、『ナポレオン万歳！　皇帝万歳！』と叫んで喝采を送った。彼らの叫びは町の先鋭分子たちが上げる『共和国万歳！』を覆いつくした」（アンリ・マレ、前掲書）

クーデターでナポレオン三世による第二帝政へ

後にルイ・ナポレオンが再び国内巡歴の途中でトネールに立ち寄り、オスマンの配慮に感謝したさい、二人の間でこんな会話が交わされたとオスマンは『回想録』に書いている。

「『君は、私がヨンヌ県で与えた職務において信頼に十二分に応えてくれました。ときが至れば、君の献身を当てにすることになりますが、よろしいですね。』『陛下、何の遠慮もなさらず存分にお使いくださいまし』」（オスマン、前掲書）

ルイ・ナポレオンはこの言葉をしかと記憶に留めたのか、内務大臣のフォーシェと官房長官のフレミーを遣わして、オスマンにパリ警視庁長官への昇格人事を打診してきたが、オスマンはこれを自分の気質に合わないと辞退した。すると、リヨンを含むローヌ県の知事はどうかと打診された。悪い提案ではなかった。しかし、一一月二六日に届いた正式の辞令を開封してみると、意外や、ジロンド県知事への任命書が入っていた。これは、オスマンにとっては期待通りではあったが、いささか肩透かしの感じのする人事ではあった。

というのも、オスマンはナポレオンが激戦地に投入する猛将として自分を扱ってくれることに誇りを感じ、次なる戦場はと猛り狂っていたので、「無風地帯」のジロンド県を与えられたことに「過小評価」の感を否めなかったのである。

そこで、ジロンド県なら急ぐこともあるまいとオーセールで離任の準備に日を費やしているうちに、パリに到着するのが遅れて、一二月一日になってしまった。オスマンは、ルイ・ナポレオンに離着任の挨拶をするため、エリゼ宮に夜遅く赴いた。すると、ルイ・ナポレオンは笑顔で近づいてきて、マダム・オスマンは新しい任地に不満はないかなどと差し障りのないことを尋ねてから、急に声をひそめてこういった。

「ここで詳しくは言えないのですが、ボルドーには速やかに赴任してください。明日の朝早く、それもできる限り早い時刻に内務省を訪ね、指示を受け取り次第ただちに出発してください」(同前)

オスマンがこの具体的すぎる指令に驚いた表情を見せると、ルイ・ナポレオンは「いや、むしろ日の出前の方がいいでしょう」と付け加え、重大な決意を胸に秘めているときに特有の熱のこもった握手を与えた。

オスマンはただちに、これはただならぬことが起きそうだと予感し、最近、内務大臣に任命されたばかりのトリニーを探し出し、ジロンド県知事任命への感謝を申し述べると、トリニーは、

「いや、私たちはリヨンを予定していたのですが、大統領の一存でジロンド県に決まりました」

と打ち明けた。オスマンが、内務省へ早朝出頭を命じた大統領の真意を探るべく、

「ほかになにか、私へのご命令はございませんか」

と尋ねると、トリニーは、

「いや、何もありませんよ」

と、意外そうな表情で答えただけだった。オスマンは瞬時にトリニーは大統領の陰謀の一味に加えられていないことを悟り、もしかすると、たいへんなヘマをしでかしたのではあるまいかと恐れて早々に退出した。

翌一二月二日の早朝五時、宿舎のコーマルタン街から馬車に乗って左岸のグルネル通りにある内務省に赴こうとしたオスマンは、コンコルド広場が軍隊で覆いつくされていることに驚いた。

グルネル通りの内務省の門は開け放たれ、中庭には兵士たちが重装備で警備についていた。秘書官の一人がオスマンに尋ねた。

「内務大臣に謁見をご希望で？」

「はい」

「どちらの内務大臣で？」

「？」

「トリニー前大臣か、モルニー新大臣かということですよ」

この問答ですべての謎が解けた。オスマンはモルニー伯への取り次ぎを頼んだ。

モルニー内務大臣はオスマンの方に手を差し伸べながら、

「ムッシュー・オスマン、あなたはわれわれの味方かな?」

と尋ね、オスマンが、

「何が起こっているのか正確には存じませんが、私のすべては大統領閣下のものです。遠慮なくお使いください」

と応じると、その答えで満足したのか、クーデターの経過を簡単に述べた後、ジロンド県で何を彼に期待しているかを正確に伝えた。曰く。オスマンがジロンド県を離れて以来、オルレアン派と正統王朝派の巻き返しが急で、状況は予断を許さなくなっている。無制限の大権を有する特命代理官任命の大統領令を渡すから、万難を排して反乱を抑え込むように。これがクーデターの演出家モルニー内務大臣の訓示であった。

オスマンはただちにリヨン駅に向かい、ポワチエまで鉄道を使った後、そこから郵便馬車を全速で駆って翌日の夕刻にボルドーに着くと、一睡もしないで県庁に出向き、オルレアニストの前任者が布告した戒厳令を大統領令によって破棄した後、次々と有効な手を打って反乱の芽を摘み取っていった。このときに、オスマンが特命代理官として県内に張り出した宣言にはオスマンの容赦ない性格がもろに出ている。

「私が政府から付与された権限は広大にして強力であり、(中略)反乱がどこから派生しようとも、私は全力を傾けてこれを鎮圧し、秩序への回帰を果たすと予告する。無秩序を狙う人々は、寸毫《すんごう》も私からの猶予を期待できないと心得るべし」（同前）

恫喝《どうかつ》は絶大な効力を発揮し、ジロンド県の秩序は完璧に保たれた。おかげで翌年のクーデター可否の国民投票においては一一万四七三五票の賛成に対して反対は三二四二票。圧倒的多数でジロンド県はルイ・ナポレオンに信任を与えることとなったのである。

こうしたオスマンの功績に報いるためか、ルイ・ナポレオンはレジオン・ドヌール・コマンドゥール勲章を与えたばかりか、一八五二年一〇月に予定している南仏巡歴ではボルドーを最終目的地とし、一〇月九日に商工会議所でのレセプションの後、重大演説を行う旨を伝えてきた。

実は、この南仏巡歴は、モルニーに代わって内務大臣の職に就いた「純正ボナパルティスト」のペルシニーが練り上げた「帝政移行プログラム」に基づいていた。ペルシニーは、プランス・プレジダン（ルイ・ナポレオン）が皇帝即位を躊躇しているのを見ると、「それなら全国を巡歴され、民意に従われればよろしい」と具申し、その「民意」を自らつくり出すことにしたのである。すなわち、七月のストラスブール行きを皮切りに国内巡歴を行う予定のプランス・プレジダンには行く先々で「民意」に耳を傾けるよう勧める一方、至急電で呼び出した巡歴県の知事には次のように命じたのである。

「動員をかけた連中には全員小旗を持たせ、その表には『皇帝万歳！』、裏には『ナポレオン三世万歳！』と書かせること。そして、プランス・プレジダン（ルイ・ナポレオン）が前を通るときにその文面通りに叫ばせること」（アンドレ・カストゥロ『ナポレオン三世』〈*Napoleon III* [Perrin, 1974]〉）

もちろん、ペルシニーに呼び出された知事の中にはオスマンも入っていたので、内務大臣の指示は徹底遵守させたが、民衆の熱狂はプランス・プレジダンが南仏巡歴を続けるうちに組織者側の予想を超えて高まり、最終ゴールのボルドーで頂点に達した。そして、歴史に残る商工会議所大ホールでの演説はまさにドンピシャリのタイミングで発せられたのである。

「警戒心のあまり、私に向かって『帝国、それは戦争だ』と言う人がおります。しかし、私はむしろこう言いたい。『帝国、それは平和だ』と」（『ナポレオン三世著作集』〈*Oeuvres de Napoléon III* [Henri Plon/Amyot, 1854-1856]〉）

かくて、クーデターから一年後の一八五二年一二月二日、ルイ・ナポレオン大統領は皇帝ナポレオン三世として即位し、第二帝政が開始されたのである。

最大の転機、首都パリを抱くセーヌ県知事に就任

一八五三年六月二三日、ジロンド県バザスの巡回視察を終え、部下たちと郡庁で夕食を取っていたオスマンのもとに内務大臣ペルシニーのテレグラフがボルドーから回送されて

きた。当時はまだ電報が敷設されていなかったので、テレグラフといってもシャップ式腕木信号によるものである。オスマンが開封すると、セーヌ県知事に任命したので、ただちにパリに着任せよという内容だった。

妻の実家がボルドーの有力者だったことから、オスマンはボルドーに骨を埋める気でいた。そのため、セーヌ県知事への任命は、文字通り青天の霹靂《へきれき》だった。オスマンは『回想録』にテレグラフを受け取ったときに「大きな精神的動揺を受けた」と告白している。しかし、一晩熟考した結果、この任命はナポレオン三世の意思によるものだろうと推測し、受諾することにした。

「私は、一切の留保なく皇帝のものである。陛下が私に与えた新たな任務がどれほど危険なものであろうと、陛下がその御積もりなら、私は断固として与えられた任務を果たそうと思った」(オスマン、前掲書)

オスマンは同じ『回想録』の中で、ペルシニーの大臣秘書官を務めていたフレミーから聞いた話として次のようなエピソードを書き添えている。すなわち、前任者ベルジェの更迭を受けて新しいセーヌ県知事選びを始めたペルシニーが候補者リストを皇帝のもとに持参すると、たまたま第一級県知事(つまりナポレオン三世に忠実な県知事)リストのトップにオスマンの名前があるのに気づいた皇帝は、「ここから先に行く必要はない。私が必要としているのはこの男だ」と言ったというのである。

オスマンはこれを証拠として、セーヌ県知事への任命はナポレオン三世自身の意思であると確信していたようだが、異論もある。たとえば、歴史家のアンドレ・モリゼは『古いパリから近代的パリへ――オスマンとその前任者たち』(*Du Vieux Paris au Paris Modernes, Haussmann et ses Predecesseurs* [Hachette, 1932]) の中で、むしろ、第一級県知事の中からオスマンが選ばれた背景にはペルシニーの意思が働いていたのだろうとして、ペルシニーの『回想録』の一節を挙げている。

「私の心を最も打ったのはオスマン氏であった。ただ、奇妙なことだが、私を魅了したのは、この注目すべき知性の持ち主の能力というよりも、彼の性格の欠点だった。(中略) 彼がその欠陥のある性格を乱暴なシニスムとともに私の前にさらけだしている間、私はおおいなる満足を感じずにはいなかった。(中略) どれほど学識があり、どれほど巧妙で、どれほど実直な性格の気高い人物でも確実にしくじるだろうその場所で、この、頑丈な背骨を持った、猪首の、大胆さと巧妙さを併せ持った、たくましい闘技者は、策謀だろうと策略だろうとなんでも自在に使いこなして、まちがいなく成功を収めるにちがいない。私はこの大柄な猫科の猛獣を、帝国の豊饒な富を求めて群がるキツネやオオカミの群れのど真ん中に投げ込んでみたらどんなことになるだろうと、わくわくしてきたのである」

おそらく、オスマンのセーヌ県知事への任命には、ナポレオン三世とペルシニーの意思が同時に働いていたのだろう。すなわち、独裁者ナポレオン三世の思考の回路をよく知るペルシニーは決して自分が決めたとは思わせず、皇帝が「自然に」オスマンを選ぶように、候補者リストのトップにその名を掲げていたにちがいない。二人とも、パリ大改造という歴史上の最難関事を任せるとしたらオスマンしかいないと確信する点では完全に一致していたからである。

この意味で、オスマンは上役に「選ばれた」というよりも、圧倒的な実力により自らを「選ばせた」という方が正しい。

これは、有能な人間が組織の中で不遇をかこつときの良き教訓となるだろう。**永遠に変わらないだろうと思われても、組織のトップは必ず変わる。**そうしなければ、組織は生き延びることができないからだ。**そのとき、有能な人間に光が当たらない「はずはない」のである。**

パリ改造を巡る旧行政府との戦い、組織改編

一八五三年六月二七日、三日間でボルドーでの残務整理を終えたオスマンは汽車に飛び乗り、翌日にはパリに着いた。その晩は定宿のオテル・ダニューブに宿泊し、翌二九日には、内務大臣ペルシニーをはじめとして関係各省庁のトップを表敬訪問。三〇日には、サン=クルー宮殿でナポレオン三世に謁見し、皇帝と帝国への忠誠を誓った。

ナポレオン三世は昼食後、オスマンを執務室に招き、緊急度に応じて四色に色分けした

開削予定道路図を示しながら、「美化（アンベリスマン）」と呼ぶパリ大改造にかける壮大な夢を語ったが、そのさい、改造計画実施の妨げとなるならばセーヌ県委員会（県議会に相当）を解体し、改造計画の細部を検討するために非公式の委員会を発足させてもいいと示唆した。

これに対してオスマンは次のような考えを述べた。セーヌ県委員会は確かに敵対的ではあるが、県知事が任命することになっているので、やろうと思えばメンバーは簡単に交替させることができる。よって、当面、解体する必要はない。また、新たな委員会は、非公式とはいえ、自分と皇帝以外の人間が加わることになるので、意思疎通にとって決して好ましいことではない、云々。

「それはつまり、われわれ二人の間になにもなければ、その方がいいということかな？」

「本心を率直に申しあげれば、そういうことになります、閣下」

「なるほど、君の言う通りだ」（オスマン、前掲書）

かくて、皇帝と新知事は共通の敵と戦う唯一の同志であると互いに認め合い、共闘を誓ったのである。

翌日から、セーヌ県知事オスマンの猛烈な仕事が開始された。

オスマンがざっと観察したところ、ナポレオン三世のパリ改造を阻害している要因は二つあった。

一つは、もちろんセーヌ県委員会。もう一つはセーヌ県の行政を担当するパリ市庁の縦割り行政だった。

最大の癌は予算可決権を握るセーヌ県委員会だった。委員は公選ではなく、県知事による任命制だったが、パリ在住の有力な銀行家や法曹関係者がメンバーの中核となっていたこともあって、全体的にオルレアン王朝支持で保守的な傾向が強く、これまで歴代知事がパリ改造を進めようとするたびに公債の起債に反対して、計画を頓挫《とんざ》させてきたという悪しき前歴を持つ。

げんに、オスマンが着任初日に各省庁への儀礼訪問を終えてセーヌ県委員会の主要メンバーとの会見に臨むと、議長のドゥラングルは委員会を代表してこう言い放ったのである。

「私を含めて、ここにおります委員全員が、前任者のベルジェ氏が退任されましたことをまことに遺憾に感じております。私たちはベルジェ氏の性格を尊敬し、人となりを愛しておりました」（同前）

結局、ドゥラングルの挨拶はベルジェへの賛辞に終始し、新任のオスマンに対する期待は一言も述べられなかった。県委員会は最初から喧嘩腰だったのである。オスマンは内心、煮え繰り返るものを感じたが、長い行政官生活で感情をあらわにしない術《すべ》を学んでいたので、その場は冷静に対処し、七月に開かれる定例会で反撃を加えることにした。

そのさい、オスマンの武器となったのは、前任者のベルジェから引き継いだ一八五二年度の決算書と一八五三年度の予算書だった。というのも、オスマンが分析したところでは、一八五三年度の予算では、歳入の部で入市関税が意図的に低く抑えられているのに対し、歳出の部でパリ改造予算が過大に見積もられていたからである。入市関税は、政権が安定したことで消費が増えたうえに、改造工事の開始で人とモノの出入りが多くなったことを考慮せず、また、不動産不況の影響で土地収用費用が安く済むことが見逃されていたのだ。

オスマンは定例会でこの事実を指摘し、最低でも一〇〇〇万フラン、多ければ二二〇〇万フランの余剰が生じるはずであるから、中断している改造工事の再開は十分可能であると説いた。

この予算解釈に対して、オルレアン派の銀行家と代訴人の五人が激しく抗議して辞任したが、議長のドゥラングルをはじめとして、委員の多くはオスマンの言い分の正しさを認めて工事の再開を許可した。とくに、議長のドゥラングルは当初の敵対的態度を改め、オスマンの手腕を見直すようになった。以後、セーヌ県委員会で彼は終始オスマンを支えることになる。

このように、敵陣に単身乗り込もうとする新しいトップは、なによりもまず「決算書・

予算書」を「読む」術を心得ていなくてはならない。つまり、**敵が上げてきた数字の陰に隠されたウソを見抜くことができなくてはいけない**のである。オスマンは理詰めで、つまり数字で相手を屈服させることのできる超優秀な行政官だったのであり、ただ強引一点張りだったわけではない。この点を忘れてはならない。

では、もう一つの阻害要因だったパリ市庁の縦割り行政の非能率に対してはどのような戦いを挑んだのだろう？

第一は、パリ市庁舎の最も大きな部屋の一つである「王のサロン」を知事執務室とし、それに続く「黄道一二宮のサロン」を待合室とし、各部署への連絡がスムーズに行くように「物理的」に改変を加えたうえに、知事と総務局の権限を強化したこと。

第二は、セーヌ県の行政とパリ市の行政をきっぱりと分け、後者に重点を置いたこと。

第三は、新規事業の部局を一般事務行政から独立させたこと。

第四は、全体的見地から都市計画を見直すため、立案を専門部局に任せたこと。

まとめれば、官房機能の充実と拡大、それに知事の命令がすみやかに実行されるような統合的な新組織の編成である。では、これらの改善のどこに眼目があったのだろうか？

それは、オスマンが長い県知事・郡長生活から割り出した教訓に基づいていたと思われる。概して役人というものは自分の管轄内の事柄に変更を加えられると強い抵抗を示すが、管轄外のことには無関心という性質がある。オスマンは役人のこうした性質をうまく使って、改造工事は新しく設けた専門部局に集中担当させ、そこに優秀な人材を投入することにしたのである。すでに出来上がっている組織がある場合、その組織に新しい仕事を割り振ったり、組織の編成替えをすることは困難だから、**組織形態はそのままにしておいて、その上に上意下達の新組織をつくり、仕事を一元化する。**そうしておいて既存組織を**徐々に骨抜きにし、最終的に統合的な組織へと変容させるのだ。**

才能あふれる人材を集結、パリの都市改造を現実化する

しかし、こうした統合的組織をうまく機能させるには、与えられた職務をただちにしかも正確に理解して、短期間で成果をあげることのできるスーパー能吏が必要である。言い換えれば、オスマンの下にオスマン二号、オスマン三号がいなければならないのだ。

幸い、セーヌ県庁の中にも優秀な人材がいた。建築家で道路管理官だったフレデリック・デシャンがその人である。

オスマンがデシャンに任せたのは、パリ改造の基礎となる正確な地図の作成だった。当時、民間のパリ地図はどれも不正確で、都市計画を行おうとしても正確な線引きができなかったからだ。デシャンはオスマンの命を受けると、ただちにパリ市全域の三角測量を行い、五〇〇〇分の一の正確な地図を二一葉作成してオスマンに届けた。この地図は知事執

務室に置かれ、以後、すべての改造計画の基礎となる。

だが、セーヌ県庁にはデシャンのような有能な人材ばかりそろっていたわけではない。前代未聞の大事業に挑むには、それにふさわしいイノベーティブな才能が不可欠だからである。

とりわけ、オスマンが欲しかったのは、衛生的で近代的な上下水道システムをつくり上げる技師と、パリを世界一美しい都に変貌させるための造園技師だった。というのも、「衛生」と「美化」はナポレオン三世の改造計画の二大看板だったからである。この点を疎かにしたのでは皇帝に満足してもらうことはできない。

だが、そんな画期的な才能をどこで見つけたらいいのか？　幸運なことに、オスマンはそうした才能にすでに出会っていたのである。

一人は、ヨンヌ県知事時代に用いたことのあるエコール・ポリテクニーク（理工科学校）出身の俊英技師マリ・フランソワ・ウージェーヌ・ベルグランである。

オスマンは、ナポレオン三世と会見したさい、その頭の中にある「衛生的で美しいパリ」を実現するには、たんに地上の建物をクラッシュ・アンド・ビルドするだけでは足りず、その地下まで大改造する必要があると感じていた。サン゠ジロン郡長時代の経験から伝染病と風土病が「水」と関係し、「衛生」は上下水道と直結している以上、パリ改造を企てるのであれば、地下に一〇〇年もつような巨大な上下水道網を整備しなければならないと理解していたからである。

そこで、一八五四年からの第一期改造計画を策定する前に、ベルグランを呼び寄せ、パリに上水道を引くための水源調査を命じた。ナポレオン一世の時代につくられたウルク運河では、半世紀の間に倍増したパリ住民の水消費を賄えないことは明らかだったからである。ベルグランはさすが上下水道の専門家だけあって素晴らしい解決策を提示した。水源をセーヌ川でもウルク運河でもない、パリから一五〇キロ離れたヴァンヌ川とデュイス川に求めるのである。水道管敷設には多大な工事費を必要とするが、水質は良好であるうえ、水源とパリとの間にかなりの高低差があるので、送水にポンプを使用する必要がないというのである。

ベルグランは同時に散水や清掃用の需要を見込んで、飲用には用いられない上水には従来通りセーヌ川とウルク運河からの水を使用することを提案した。今日でも、パリの上水には「ポターブル（飲用）」と「ノン・ポターブル（非飲用）」の区別があるが、それはこのときのベルグランのアイデアがそのまま適用されているからである。

ベルグランが提案し、オスマンが採用したアイデアで、今日のパリが最大の恩恵を受けているのは、地上に大通りを開通させると同時に地下には荷物運搬用の馬車が通れるほどの巨大な共同溝を張り巡らしたことだろう。この共同溝は、上下水道を層に分けて設置できるばかりか、改良工事が必要になったさいも地面を掘り返す必要のない画期的なアイデアであった。この共同溝は後にガスや電気が普及したさいにもすぐに利用できたので、まさに一〇〇年の大計ならぬ二〇〇年の大計であった。

このように、ベルグランがパリの「下部構造」たる「衛生」をつくったとしたら、その上部構造たる「美化」を担当し、今日もパリを世界一の美都たらしめたのがジャン＝シャルル・アドルフ・アルファンである。

ナポレオン三世は、パリ改造を構想した時点からロンドンのハイドパークに匹敵するような森林公園をパリにつくりたいと考え、ブローニュの森の整備をベルジェ前知事に命じていたが、ベルジェが起用した造園技師の力ではナポレオン三世の頭の中にある理想の庭園をつくることは不可能に思われた。オスマンもナポレオン三世からこのブローニュ改造計画を聞かされたときには、おおいに悩んだ。皇帝の理想を実現できるような人材がセーヌ県庁にはまったく見当たらなかったからだ。そのとき、ふとひらめいたのがジロンド県知事時代に注目していたアルファンという技師だった。

ジャン＝シャルル・アドルフ・アルファンは一八一七年にグルノーブルに生まれ、エコール・ポリテクニークとエコール・デ・ポン・ゼ・ショセ（土木学校）に学び、ジロンド県知事オスマンのもとでボルドーの森林公園の整備を担当したが、そのさいに示した傑出した造園の才能はオスマンをひどく感心させたのである。

そこで、オスマンはボルドーからアルファンを呼び寄せると、ただちにブローニュの森の整備に着手させた。抜擢《ばってき》は大成功で、アルファンの手になるブローニュの森は玄人《くろうと》はだしの造園鑑識眼を持つナポレオン三世さえ感嘆させた。

オスマンは、ナポレオン三世の「美化」という理想を実現してくれたアルファンを高く評価し、以後、シャンゼリゼの並木道、ヴァンセンヌの森、モンソー公園、ビュット＝ショーモン公園、モンスリ公園などの造園をすべて彼に任せることになる。

オスマンは理想的な部下としてアルファンを『回想録』の中で次のように評している。

「アルファン氏は、好き嫌いはあっても上司としていったん受け入れた人物に対して、おのれの意見が上司のそれと一致しない場合、いかなる留保もなく、完璧なる忠誠心を持っておのれの意見を放棄するという類い稀な美質を持っていた。（中略）アルファン氏は、上司の見解を受け入れなければならないと見るや、たとえ、それがどれほど自分の考えと隔たっていようと、それに自分を一体化し、以後は、そこから、自分の考えをくみ出した。（中略）彼のような能力を持った官吏におけるこの偉大なる美質は、彼が進取の気質にいささかも欠けてはいなかっただけに、いっそう称賛に値する」

これは、そのままナポレオン三世に対するオスマンの関係を語っているのではないだろうか？

パリの大規模都市改造の資金を捻出した〝錬金術〟

すべては「金《かね》の問題」へと還元される。家の改造だろうと都市の改造だろうと、この点は変わりない。セーヌ県知事に就任し、パリ改造に取り組もうとしたオスマンにとって、最大の難関はこの「金の問題」であった。

そして、その難関たる金の問題はわれわれのそれといささかも変わるものではない。たとえばいまここに、親から老朽アパートを遺産相続した男がいたとしよう。昭和三〇年代に建てられたアパートだから、風呂なし・トイレなしで、家賃も極端に安い。ロケーションは悪くないし、建て替えて小ぎれいな賃貸マンションにすれば、家賃収入が増えるのはわかっている。だが、男はうだつのあがらぬ安サラリーマンなので、蓄えなどあるわけがない。建て替えるとすれば、当然、銀行からの借入ということになるが、貧乏性の男には何千万、何億円という借金は想像を超えていて、とても借り入れを起こす勇気がない。

そんなアパート経営者のところに、外回りの銀行マンが現れ、近隣の建て替えマンションの実績を示し、低金利のいま、建て替えすればいかに安定した収入を得られるか力説した。しかし、昔、アパートの空部屋が埋まらず苦労した親の姿を覚えていた男は決断がつかなかった。もし、賃貸マンションにして借り手がつかなかったら破産してしまうからだ。

結局、男は、首を縦に振らなかった。すると、その話を聞いた外資系企業勤務の長男が、立地的には絶対有利なのでなんとしても賃貸マンションに建て替えるべきだと主張し、親に代わって銀行マンと交渉した結果、老朽アパートは立派なマンションへと変身し、完成前に全室契約済みとなったのである。

オスマンの前任者のセーヌ県知事ベルジェを貧乏性のアパート経営者、銀行マンを内務大臣ペルシニー、アパート経営者の息子を新任知事のオスマンに置き換えてみると、当時、パリが直面していた問題がわかりやすくなるのではないか？

パリ近代化に伴う不動産バブル

一八五三年の夏、オスマンがセーヌ県知事として仕事を開始しようとしたとき、第一次道路網計画はベルジェ時代に策定済みであった。パリ市の市債五〇〇〇万フラン（五万口）は一八五二年四月に競争入札で落札され、工事もリヴォリ通り、ストラスブール大通り、エコール通りなどで開始されていた。支出（土地収用費用と工事費）は多めに見積もられていたが、決算を行ってみると、超過利潤が四〇〇〇万フランに上ることが明らかになった。

改造工事のおかげで、パリ市内に持ち込まれる建築資材が急増したため、入市関税が大幅増収となったのだ。ペルシニーはこれを見て、市債による土木工事こそは、増税に頼らずに歳入を増やす「打出の小槌」、「無から有」を生み出す革命的な方法だと気づき、これを「生産的支出理論」と命名した。

しかも、「生産的支出」は入市関税の増加ばかりか、さらに良き循環をもたらす。道路工事完成後に両脇の土地を売り出せば、不動産価格は右肩上がりなのだから、市債の償却は容易に行われるであろう。

慎重論者のベルジェはペルシニーの「生産的支出理論」に疑問を呈し、罷免《ひめん》の憂き目にあったが、オスマンはペルシニーとベルジェの論争を検討した結果、断固として、「生産的支出理論」に与《くみ》することに決めた。ペルシニーの「生産的支出理論」は、後のケインズの有効需要理論の先取りのような面があり、おまけに、景気上昇局面での公共投資だったから、経済効果はてきめんに表れたのである。

ただし、ひとたび、景気が後退局面に入れば、すべてが空回りして、財政赤字をひたすら膨らませる恐れは十分にあった。ベルジェは知事就任以来ずっと景気後退局面にいたので、ペルシニーの楽観論にはどうしても賛成することはできなかったのである。

だが、熱烈な帝政主義者であり、ナポレオン三世から万難を排してパリ改造をやり遂げよという厳命を受けているオスマンは、これを千載一遇のチャンスと捉えた。もちろん、頭脳明晰なオスマンには、なぜ千載一遇のチャンスであるかもよくわかっていた。

つまり、パリ改造は短期間に資金をつぎ込んで一気呵成に成就しなければならない性質のものであり、もし工事に時間がかかれば、収用すべき土地の価格が上昇し、人件費も上がるだろうから、支出は増大するはずなのである。

こう結論したオスマンは、遮二無二《しゃにむに》、事業に邁進することにした。

その結果、第一次道路網計画はオスマンがセーヌ県知事に就任するや二年もたたないうちに大半が完成し、ルーヴルからバスチーユ広場までリヴォリ通りが貫通し、東駅からセーヌに南下するストラスブール大通りの延長たるサントル大通り（後にセバストポール大通り）も開通して、パリの東西と南北を結ぶ二本の幹線道路がシャトレ広場で交差することとなったのである。

古き良きパリの破壊者として、「嫌われ者」となったオスマン

しかし、この短期間の猛烈なる改造工事は当然ながら、各方面に激しい反発を引き起こし、すさまじい罵声がオスマンに浴びせられる。オスマンは数年にしてフランス一の「嫌われ者」となったのだ。批判者のほとんどは、本来なら、ナポレオン三世を罵倒したかったのだが、それは許されていなかったので、「代理表象」としてのオスマンに非難を集中したのである。

その一つは、バルザックが『人間喜劇』に描いた「いにしえのパリ」が「壊し屋（デモリスール）」のオスマンによって跡形もなく消え去ってしまったというものである。「いにしえのパリ」の破壊はパリそのものの破壊であるとされて、オスマンは文学者や歴史家から口ぎたなく罵倒されたのである。

だが、こうした非難に対して、オスマンはいささかもひるまなかった。たとえば、カルーゼル広場に入りこむかたちになっていたドワイエネ通りなどの取り壊しについては、「これらすべてのあばら家をパリにおける私の最初の仕事として一掃しえたことは、私にとって大きな満足であった」と総括している。

また、パリを南北に貫く縦貫路として、ストラスブール大通りとセバストポール大通りを新たに開通させるのではなく、既存のサン＝ドニ通りかサン＝マルタン通りを拡張すればそれでよかったのではという非難に対しては、こうした既存の通りの拡張は両側にある商店に対する立ち退き補償金が莫大な額に上るばかりか、完全立ち退きまでに長い年月を要するので、二本の通りの真ん中の部分、つまり商店ではない民家を立ち退かせる方がはるかに容易であるとして、こんな譬《たと》えを用いている。

「パンの堅い皮に手をつけるよりも、中の柔らかいところを貫いた方が簡単だからだ」

さらに、本当の「効能」についても次のように堂々と明言している。

「それは古いパリを、すなわち、暴動とバリケードの街区を、広い通りを開通させることで、上から下まで、真一文字に切り裂くことであった」

つまり、ヴィクトル・ユゴーが『レ・ミゼラブル』で描いたような、暴徒がすぐにバリケードを築ける狭くて曲がりくねった通りをパリの中心部から一掃することこそ、ストラスブール＝セバストポール大通りを「あえて」貫通させた目的であるとはっきりと告白しているのである。

オスマンは、左翼からなされる「パリ改造は革命阻止を目的としている」という非難に対してはまったく動じることなく、「はい、その通りですよ。それがなにか?」と開き直っているのである。

このように、懐旧派と左翼からの批判には決然たる意志で立ち向かったオスマンだが、もう一つの「歴史的記念物を破壊した」という建築史学的な観点からの批判に対しては、かなり神経質になっていたらしく、自分はむしろ歴史的記念物の保存には心を砕いていたのだと反論している。その証拠としてオスマンが挙げているのがルーヴル宮殿の前に建つサン゠ジェルマン゠ロクセロワ教会である。

オスマンがナポレオン三世から改造箇所を色分けしたパリ全図を受け取ったとき、リヴォリ通りはルーヴル広場まで達してクランク状に曲がり、ルーヴルの正面入り口からパリ市庁舎の正面までまっすぐに延びるように設計されていた。

オスマンはナポレオン三世のパリ改造計画の忠実なる実行者であったから、皇帝のプラン通りでもよかったのだが、しかし、それだとサン゠ジェルマン゠ロクセロワ教会を取り壊すことになる。教会自体はほとんど朽ち果てていたので、取り壊されても仕方のない状態だったのだが、実は自身がプロテスタントであるがゆえに、オスマンとしては避けるべきオプションであったのだ。というのも、一五七二年の八月にサン゠バルテルミーの虐殺が起こったとき、カトリック陣営はこのサン＝ジェルマン＝ロクセロワ教会の鐘の音を合図にプロテスタントの虐殺を開始したという歴史的事実があったので、オスマンが教会を取り壊せば、サン＝バルテルミーの虐殺の復讐をしたと非難されかねないからである。だが、そうすると、リヴォリ通りは、ルーヴルの脇をまっすぐに進んで、パリ市庁舎の脇を通る道筋を取るしかないが、これだとまた別の問題が持ち上がってくる。道筋には、パスカルが鐘塔で真空の実験をしたことで有名なサン＝ジャック＝ド＝ラ＝ブシュリ教会があったからである。おまけに、教会は丘の上に建っており、ここに道路を通すとすれば、平坦にするためかなりの費用を要することがわかったのだ。

オスマンは迷った挙句、次のような決定を行った。

リヴォリ通りの道筋としては第二のオプション、すなわち、それまでの道筋をそのまま突き進むことにして、サン＝ジェルマン＝ロクセロワ教会は修復して保存する。いっぽう、サン＝ジャック＝ド＝ラ＝ブシュリ教会の本体の方は破損が激しいので修復は諦めるしかないが、鐘塔（サン＝ジャック塔）の方はギリギリのところでリヴォリ通りの延長から外れるのでこれを残し、その周りの土地を削って平坦地とし、道路を貫通させる。

オスマンは、こうして、困難をうまく回避してサン＝ジェルマン＝ロクセロワ教会とサン＝ジャック塔の両方を保存したことを例に取り、自分は「壊し屋」どころか、歴史的記念物の保存に誰よりも熱心な「保存者」であったと自画自賛しているのである。

上司ナポレオン三世の意見を変えさせた実利的なアイデアと気配り

ところで、このリヴォリ通りの道筋の問題からもよくわかるように、オスマンはナポレオン三世の引いた計画図を無批判に実現したわけではなく、ときにははっきりと反対意見を述べ、皇帝の同意を取り付けようと務めたこともある。その好例がブローニュの森の改造である。

ブローニュの森をロンドンのハイドパークに負けない壮麗な公園にすることはナポレオン三世の執念であり、改造計画の眼目の一つだった。オスマンもその点をよく承知していたので皇帝の夢を叶えようとしたのだが、皇帝の引いた設計図通りにすると、かえってうまくいかないことがわかった。オスマンがセーヌ県知事に着任する前、皇帝はハイドパークを真似て公園に小川を通そうとしたのだが、高低差を見込んでいなかったので小川が干上がってしまったのである。そこでオスマンはアルファンに代案を提出させた。アルファンは、小川に替えて高低差のある池を二つつくり、その間を滝でつなぐようにした。皇帝は難色を示したが、アルファンの造園が素晴らしい仕上がりを見せたので、自説を曲げたことを後悔しないで済んだ。

このように、オスマンはナポレオン三世と意見が対立したとき、説得が可能であるか否かを見極めて、可能と判断すれば説得にこれ努めたが、説得不可能とみると皇帝の命じた方針を忠実に実行した。**独裁者でもすべての分野に一〇〇パーセントの自信を持っている**

わけではない。部下たるものはその割合を見抜く目を持たなくてはならない。

説得不可能な場合の例として典型的なのが、レ・アール（中央市場）の改造である。現在、総合ショッピング・センター「フォロム・デ・アール」がある場所に、シテ島から移された複数の市場が置かれたのは一二世紀のルイ六世の時代。当時は町外れだったが市域が拡大するにつれて町のど真ん中に位置するようになった。だが、無秩序に拡大したことと、交通渋滞の原因になっていたことから、大改造が必要になっていた。ナポレオン三世は大統領時代に改造を命じ、有名な建築家ヴィクトール・バルタールが設計を引き受け、一八五三年の三月には一号棟が完成した。

ところが、それを見たナポレオン三世は自分の思い描いていたイメージとまったく違うとして工事の中止を命じたのである。バルタールのつくった市場は石造の要塞《フォール》のような建物だったため、人々は運搬夫の中でも最強の「小麦市場の運搬夫（フォール・ド・ラ・アール）」に引っかけて、これを「フォール・ド・ラ・アール」と命名したが、ナポレオン三世はこの時代錯誤の様式を非常に不愉快に感じて、取り壊して、改めてコンペを催し、一から建て直すように新任のオスマンに命じたのである。

オスマンはこの無理無体な要求に困惑した。バルタールはアンリ四世校時代の同窓生で親しい間柄だったからだ。しかし、ナポレオン三世の意志は非常に強固で、妥協を許しそうもない。ことは美学がからんでいたからだ。だが、困ったことに、その美学というものがどんなものかわからない。そこでオスマンは皇帝の頭にあるイメージを聞き出そうとして探りを入れた。すると皇帝は巨大な雨傘のような絵を描いた。どうやら皇帝の頭にあるのはロンドン万博のクリスタル・パレスのような鉄とガラスの建物らしい。

オスマンはこの絵を持ち帰り、バルタールに示して幾通りかのプランをコンペに再提出するように勧めた。美術学校出のバルタールは「そんな温室のような建物の設計はできない」と後込《しりご》みしたが、オスマンは無理やり説得して三通りの設計図を描かせ、それを皇帝のもとに持参した。

すると、ナポレオン三世はクリスタル・パレスに一番よく似たプランを示し、

「これだ、これだ。私が欲しかったのは」

と喜び、

「天才だ。この建築家はどんな建物を建てたんだ?」

と尋ねたので、オスマンは、

「陛下が取り壊しを命じたあのフォール・ド・ラ・アールでございます」

と答えた。驚いて声も出ない皇帝にオスマンはこう言い放った。

「建築家は同じですが、知事は同じではありません」

ことほどさように、ナポレオン三世とオスマンの関係は良好で、正面からの対立はほとんどなかったが、それはセーヌ県知事就任時に内務大臣のペルシニーから与えられた次の

ような忠告をオスマンが忠実に守ったからである。

「どんな小さなことでも、かならず、皇帝に相談してからことを進めるように」

この点は重要である。とくに、ナポレオン三世のように表に感情を表すことはほとんどないが、**内面には独裁者特有の頑固さを秘めた上司が相手の場合には、部下の独断専行は絶対に禁物**なのである。

オスマンの美学が貫かれた芸術都市パリの誕生！

だが、こう書くと、オスマンは完全なイエスマンで、パリ改造のオリジナリティはほとんどなかったような印象を与えるかもしれないが、事実はそうではない。

改造されたパリは、なんといってもオスマンの「作品」なのである。なぜか？

改造に際して、オスマンは、どんな細部にも自らの統一的な美学を貫いたからである。譬えてみれば、オスマンはナポレオン三世が口ずさんだメロディを交響曲に仕立てて、それを自ら指揮した作曲家兼オーケストラ指揮者のようなものであり、どんな小さなパートにも彼の美学が行き渡っているのである。

たとえば、碁盤目と放射状を巧みに組み合わせ、放射状の交差点にはかならずモニュメントを配するバロック的美意識。直線の与えるパースペクティブにこだわった新街路建設。オスマンにとって、道路は馬車や人の移動のための空間であると同時に「見て美しい」

という景観美に貢献するためのものなのである。

これをよく示すのが、エトワール広場の建設と、そこから発する一二本の大通りである。ナポレオン三世は偉大なる伯父であるナポレオン一世に敬意を表するため、凱旋門のあるエトワール広場を整備しようとは考えていたが、規模を変えようとも、ここを西部地区の中心にしようとも思っていなかった。ナポレオン三世の残したパリ改造図を見ても、かなり不完全な放射状広場である。

これに対し、オスマンは第二次道路網計画にエトワール広場を含めた時点で、これを改造後のパリの象徴にしようと決意し、広場を二四〇メートルという巨大な直径を持つ広大な同心円に拡大し、一二本の幅広の大通りがパリの各方面に放射状に広がるようにしたのである。同時に大通りの両側に並ぶ建物はすべて新築にして建築様式もそろえることにした。アンリ・マレは『オスマン男爵とパリ改造』（前掲書）で次のように述べているが至言だろう。

「この一二本の大通りを持つ広場の《美しき調和》という栄光はまさにオスマンにこそ帰せられるべきものである。それはたしかに世界中のあらゆる首都のうちで最も成功した全体計画の一つなのである」

オスマンはナポレオン三世の計画では「一つの広場」にすぎなかったエトワール広場を「唯一の広場」に変えたのである。

また、そのエトワール広場からブローニュの森に至るアンペラトリス（現フォッシュ）大通りも、オスマンの改造成功例とされている。

オスマンはエトワール広場改造に先だってブローニュの森の整備を手掛けたとき、エトワール広場から森へのアクセスとして広壮なアンペラトリス大通りを開通させたが、そのとき設計を担当したジャック・イニャス・イトルフが幅員四〇メートルの通りの図面を持っていくと、オスマンはとたんに渋面を示した。

「広すぎましたか？」

「その逆だ。二倍、いや三倍はなくてはならない」

オスマンは一二〇メートルに加えて、一〇メートルの歩道を両側に付け足して合計一四〇メートルというとてつもない大通りの造営を命じ、これを皇妃ウージェニーに捧げて「アンペラトリス（皇妃）大通り」と命名したのである。

今日、エトワール広場から、パリの最高級住宅街であるこのフォッシュ通りを通ってブローニュの森に向かう人は、オスマン改造の壮大さをいやでも実感せざるをえない。

オスマンの決断、それはナポレオン三世からパリ改造の命を受けたとき、**パリを世界一の都にしようと決意したこと**にある。この瞬間、オスマンは一行政官であることをやめて、芸術家となったのだ。パリは紛れもない彼の「作品」であるからだ。

だが、この決断は、やがて予想もしなかった妨害を受けることになるのである。

同僚の嫉妬で「パリ省」設置を断念、資金調達の苦難

ナポレオン三世とオスマンの関係は、最後まで良好であり続けた。二人は一心同体でパリ改造という未曽有の事業に立ち向かったのである。

ところが、かえってそのことが周囲の嫉妬とやっかみを呼ぶことになり、最終的にはオスマンの失脚につながったのだから、人の運命とは皮肉なものと言うほかない。

直接的原因の一つは、改造工事推進のために「パリ省」をつくって、自分を「パリ大臣」に任命してほしいとオスマンが一八六〇年一二月にナポレオン三世に手紙で直訴したことにある。オスマンは一八五八年に内務大臣就任を打診されたときにこれを辞退したくらいだから、たんに「大臣」になりたかったのではなく「パリ大臣」になりたかったのである。オスマンがこの座に固執した理由は、警視庁や土木省との管轄争いがパリ改造の大きな妨げとなっていたことにある。大改造の準備を完了し、いざ工事を始めようとすると、警視庁の行政部門や土木省から管轄侵犯として抗議が入り、そのたびに協議を重ねたり、皇帝の直裁を仰がなければならなかったからである。

この「パリ省」設立の直訴状は、「副皇帝」の異名を持つルエールや実力者バロッシュからの強い反対を呼び起こしたため、オスマンは「パリ省」の計画は放棄せざるをえなくなった。

ナポレオン三世自身はオスマンを高く買い、「パリ省」設立に対しても好意的であったの

で、「パリ大臣」を諦めさせた代償として、以後、閣議にオスマンの出席を認めることにしたが、これもまたルエールやバロッシュらにとっては面白くなかったようだ。彼らは、皇帝のお気に入りであるオスマンが国政に直接関与するようになったら、傍若無人な振る舞いに歯止めがかからなくなるばかりか、自分たちの立場も危うくなると恐れたのである。ことほどさように、独裁者のお気に入りの実力者というのは、いつの世でも、嫉妬という十字砲火にさらされるものと決まっているのである。

ところで、オスマンが「パリ省」の設立に固執したのには、一つの大きな背景があった。それは、第一次道路網計画が一八五八年に完成し、第二次道路網計画の予算審議が立法院に上程されるや否や、思いのほか厳しい反対にさらされたことである。

すなわち、第二次道路網の予算一億八〇〇〇万フランのうち、パリ市が三分の二、国家が三分の一を受け持つことになっていたが、この国家負担分の六〇〇〇万フランが地方議員らの批判にさらされて五〇〇〇万フランに縮小されてしまったのである。さらに、立法院は、今後の事業計画には国庫補助を認めないと決議したばかりか、パリ市債の起債には立法院の賛成を必要とするという条項や、土地収用にあたっては土地・建物の所有者ばかりか間借り人の補償もパリ市が負担するという条項を付け加え、工事期間も五年ではなく一〇年とした。

なかでもオスマンにとって大きな痛手となったのは、国庫補助もなく、市債の起債には立法院の賛成が必要という条項だった。というのも、市債の起債に立法院が賛成するとは思えなかったからである。結局、第二次道路網予算の一億三〇〇〇万フランはすったもんだの挙句ようやく起債が認められたが、一〇年後に着工予定されている第三次道路網計画となると、もはや起債による資金調達は望めそうもない。だが、皇帝の厳命により、なんとしても工事はやり遂げなければならない。

オスマンが「パリ省」の設立を画策した裏には、こうした資金難を国家規模のプロジェクトに格上げして正面突破を図ろうという意図が隠されていたのだが、この企ても「嫉妬」により挫折した。

かくなるうえは、誰にも邪魔されず、しかも誰にも気づかれない資金調達法を考え出さなければならない。

だが、無から有を生じる……そんな魔法のような方法が存在するのだろうか？

なければつくってしまえというのがオスマンの考えであった。

パリの土地バブルが崩壊、借金が借金を生む悪循環に

一八五八年、第二次道路網計画の予算審議が難航するなか、目立たぬように議会に上程されて可決された公共事業金庫こそがその魔法の手段であった。

公共事業金庫は、工事を民間委託する際に、工事を落札した請負業者に当座の着工資金を融通するために設けられた公的金融機関である。

第一次道路網計画においては、土地収用・解体・道路建設・整備済みの土地の売却まで、ほとんどをパリ市当局が行っていた。この場合には、当然、予算執行が必要になる。

しかし、民間委託なら、当面、予算措置は必要ではない。ただ、業者は一番金のかかる土地収用も行わなければならないから膨大な資金を必要とする。また、開発した土地がパリ市への転売によって利益を生むまでにはタイム・ラグがある。よって、最初から一切を自己資金で賄《まかな》える業者は極めて少ない。

公共事業金庫はこうした資本のタイム・ラグを補うために創設された金融機関であったが、資本金がほとんどなかったので、業者が銀行から融資を受けられるように「譲渡証書」を発行することで融資に代えていた。すなわち、請負業者は工事完成後に総経費に利潤を上乗せした金額で土地をパリ市に転売するまでの間、パリ市から土地の権利を一時的に「譲渡」されたことを証明する「譲渡証書」を受け取り、これを銀行に担保として差し出すことで融資を受けることができたのである。

だが、もし業者がこの間に資金繰りに失敗して倒産した場合にはどうなるのか？　銀行は担保として受け取った「譲渡証書」をその裏書き人であるセーヌ県知事に持参して、短期の市債による支払いを請求することができるようになっていた。つまり、「譲渡証書」というのは、事実上のパリ市債であったのだ。

ところで、この「譲渡証書」の最終的な割引引き受け機関となっていたのはクレディ・フォンシエ（不動産銀行）という銀行だったが、これは、第二帝政でロスチャイルド系銀行と金融戦争を演じたサン＝シモン主義者のペレール兄弟の率いるクレディ・モビリエが不動産専門銀行として設立したものだった。そして、その総裁のフレミーはオスマンと昵懇《じっこん》の仲にあったから、オスマンは、長期のパリ市債では不足になる部分をクレディ・フォンシエによる迂回融資で賄い、「譲渡証書」を回収するのに短期の市債をもってしたのである。極端に言ってしまえば、「譲渡証書」はオスマンとフレミーの間で交わされた融通手形に等しかったのだ。

もちろん、迂回融資であろうと、融通手形であろうと、好景気で資本がどんどん循環し、それぞれの段階で利益を生み出しているなら、まったく問題は起こらないはずである。「譲渡証書」によるパリ市の借入金も、例の「生産的支出」の原理でいずれ償却されるはずだった。

根っからのオプティミストであるオスマンは、「譲渡証書」というかたちを取ったパリ市債が増加していっても、さして心配はしていなかった。事実、第二次道路網計画が開始されてから二、三年の間は、「譲渡証書」の総額は年に二〇〇〇万フランを下回るか、わずかに超える範囲に収まっていた。

だが、一八六五年に入ると、オスマンのセーヌ県知事就任以来一〇年以上続いた空前の土地投機ブームにも陰りが見えはじめた。それと同時に、「譲渡証書」による実質的借入金の総額はどんどん膨らんでいった。借金が借金を生む悪循環に入ってしまったのだ。

その原因は、ゾラが『獲物の分け前』で描いたような地上げ屋が横行したことである。オスマンは収用予定地域の線引きが事前に漏れないよう、できる限り秘密主義で臨んだが無駄だった。地上げ屋たちは関係者を巧みに籠絡《ろうらく》して情報を聞き出すと、転売に次ぐ転売で収用予定地の買収価格を競り上げていったからである。

これにより、「譲渡証書」で迂回融資を行い、値上がりした整備済みの土地を不動産業者に転売して融資を回収するというオスマンの目論みはもろくも崩れさることとなる。安く仕入れた土地を高値で売るという「公的地上げ」は、高値で仕入れた土地を安値で売り払う、あるいは売るに売れずに塩漬けになるという「逆ザヤ」に陥った。バブル崩壊現象が一八六五年ころから発生しはじめたのである。

オスマンは後に『回想録』の中で、この地上げ屋の暗躍とバブル崩壊は、立法院が第二次道路網計画の遂行期間を、当初オスマンが予定した五年から一〇年に延長したことに起因していると非難している。五年で一気に改造をやり遂げてしまえたら、地上げ屋に暗躍する暇を与えなかったというのである。たしかに一理あるが、しかし、われわれが経験したバブルから判断して、たとえ期間が五年であっても地上げ屋の暗躍は防ぎえなかったにちがいない。

いずれにしろ、第二次道路網計画が完成に近づくにつれ、パリ市の財政状態は資金繰りにあえぐ中小企業と同じ自転車操業に近くなっていたのである。

では、資金がショートしたからといって改造工事を途中でストップすることができるだろうか？　不可能である。オスマンは万難を排してパリ改造をやり遂げますと皇帝の前で固く誓ってみせたからだ。おまけに、来る一八六七年には、一九世紀で世界最大のイベントとなるはずの第二回パリ万国博覧会の開催が予定されている。それまでに少なくとも第二次道路網計画を完遂し、大改造なった「花の都パリ」を世界中の人々に披露して第二帝政とナポレオン三世の威信を強烈にアピールしなければならない。

資金繰りが行き詰まったからといって、改造工事をストップしたりしたら、ナポレオン三世と第二帝政の威信は深く傷つけられ、体制の基盤そのものにも影響が出るだろう。だから、いかなる手段を使ってでも、自分がすべての泥を被ってでもパリ改造はやり遂げねばならないのである。後に糾弾されようと、いまこの瞬間の危機を切り抜けるためとあらば、考えうるあらゆる緊急避難的措置を講ずる必要がある。

こうしてオスマンは完全に腹をくくった。その「世紀の決断」を数字的に物語るのが、クレディ・フォンシエが「譲渡証書」を担保にして行った融資（＝パリ市の借金）の急激な増加である。一八六四年に二〇八〇万フランだった融資は一八六五年には六八七〇万フランへと増加し、一八六六年にはついに二億二二七〇万フランというとてつもない金額に達したのである。オスマンは毒を食らわば皿までと、遮二無二、パリ改造へと突っ走ったのである。

オスマン・バッシングと金融危機への懸念

もっとも、「権威帝政」と呼ばれた一八六〇年以前の時代であったら、こうした緊急避難的措置も厳しい言論統制により、世論の非難にさらされることもなかったかもしれない。だが、ナポレオン三世が一八六〇年以来、「自由帝政」と呼ばれるリベラルな体制に舵きりしたことで、反体制ジャーナリズムは力を得て、隙《すき》あらば政府に揺さぶりをかけてやろうと虎視眈々《こしたんたん》と狙っていた。

オスマンはこうした反体制ジャーナリズムの格好の標的となった。皇帝そのものは不可侵だが、その秘蔵っ子オスマンなら叩いても構わないというのがジャーナリズムの姿勢だったのである。

オスマン・バッシングの口火を切ったのは、「ジュルナル・デ・デバ」紙に載った経済記者レオン・セイの記事だった。セイは立法院の許可がないのに市債が多量に流通しているのはおかしいとして公共事業金庫を問題視した。この攻撃の裏には、クレディ・モビリエと対立するロスチャイルド系銀行の入れ知恵があったといわれる。

オスマン・バッシングは新聞から立法院に飛び火した。もともと立法院はオスマンには敵対的だったが、その攻撃の急先鋒に立ったのは共和派と正統王朝派で、三億フラン近いクレディ・フォンシエの市債引き受けの謎を究明すべしといきり立った。首相のルエールはオスマン嫌いで有名だったが、このときは政府の立場からオスマンを擁護した。しかし、大量の「譲渡証書」の処理についてはオスマンに説明を求めざるをえなくなった。

ときを同じくして、オスマンの失脚を狙う共和派の攻撃も鋭さを増した。なかでも致命的だったのは、共和派代議士のジュール・フェリーが「ル・タン」紙に連載し、「オスマンのデタラメな会計（Comptes Fantastiques d'Haussmann）」というタイトルで一八六七年に出版された攻撃文書である。

これは『ホフマンの幻想コント（*Contes Fantastiques d'Hoffmann*）』に掛けたもので、目新しい情報は含まれていなかったが、タイトルの絶妙さとタイミングのよさで、さながら第二帝政に仕掛けられた爆弾のように炸裂した。

政府内部からも激しい批判を浴びたオスマンは、一八六七年の一二月に開催されたパリ市委員会で自らの財政計画が甘かった事実を認め、市債発行に公式の認可を得なかったことを陳謝し、さらに翌年の五月には、パリ市の財政状態を明示した「皇帝への報告」を纏《まと》めた。

オスマンとしては「独断専行」というかたちで批判を自分のところで止め、皇帝や体制に追及の矛先が向かわないようにしたつもりだったようだが、事実は完全に裏目に出た。というのも、オスマンというスケープゴートを得たジャーナリズムと議会共和派はこれを突破口にして、財政という搦《から》め手から体制を攻撃しようと手ぐすねを引いていたからである。

その結果、一八六八年から翌年にかけて、立法院は荒れに荒れた。それはリーマン・ショック後のアメリカ上下院、ユーロ危機時のギリシャやスペインの議会に似ていた。もし「譲渡証書」を長期市債に転換するためにパリ市とクレディ・フォンシエが再契約を結ぶという救済案が立法院で可決されなかったら、クレディ・フォンシエが破綻することは目に見えているが、反体制派が勢いを得た議会でこの救済案が簡単に可決されるとは思えない。しかし救済案が否決されたら、未曽有の大恐慌がフランスを襲うことは明らかである。すでに、前年、第二帝政の金庫番だったペレール兄弟のクレディ・モビリエが破綻に追い込まれ、不景気がフランス中を覆っていた。もし、このうえ救済案が否決されてクレディ・フォンシエが破綻したら、政府が退陣するだけではことが済まず、体制そのものにヒビが入ることは避けられない。政府としては、このさいなんとしても救済案を通過させなければならないが、しかし、それには野党の要求を呑む必要がある。

かくて、首相のルエールは決断した。オスマンにすべての責任を押し付けて、トカゲの尻尾切りを行うのである。それは、第二帝政と皇帝を救うためであった。ルエールはその旨をナポレオン三世に報告し、許可を得た。

かくて、救済案は立法院で可決されたが、その代償としてオスマンの更迭が決まった。ただし、セーヌ県知事としてやり残した仕事があまりにも大きかったので、経過措置として、オスマンは一八六九年の年末まではパリ市庁舎に止まり、パリ改造をはじめとする膨大な残務整理を行うこととなった。

一八七〇年一月一日付けの勅令で、ナポレオン三世は体制派と反体制派（共和派および正統王朝派）の中間にあたる「第三党」のエミール・オリヴィエに組閣を命じた。オスマンは皇帝から更迭前に辞任するよう勧められたが、これを拒否。新政府はオスマンを一月五日に解任して、後任のセーヌ県知事にアンリ・シュヴローを任命した。

こうして「オスマン時代」は完全に幕を閉じたのである。

エミール・オリヴィエの新内閣は議会―帝政へ国民の期待を背負って華々しくスタートしたが、それから七カ月後、ビスマルクの陰謀に嵌《は》まってプロイセンに宣戦を布告、普仏戦争に突入した。自ら出陣したナポレオン三世がセダンの要塞で捕虜になるという失態もあって、九月四日、フランス共和国臨時政府の樹立がオスマンの居城であったパリ市庁舎で宣言され、第二帝政そのものが崩壊した。

オスマンは妻の実家のあるボルドー近郊に隠退したが、一八七七年にコルシカ選出の代議士として政界復帰し、ボナパルティストとして活躍。議員引退後は『回想録』の執筆に専念して、一八九一年一月に世を去った。

棺を覆った後も、オスマンの声価は定まらなかった。というのも、第二帝政の後を襲った第三共和政から今日の第五共和政に至る「フランス共和国」においては、「民主主義の破壊者ナポレオン三世」と「パリの破壊者オスマン」はともに「共和国の敵ナンバー・ワンとナンバー・ツー」であり続けたからである。二人は一八七〇年から一〇〇年以上にわたって「フランスの憎まれ役」として終始した。

風向きが変わったのは、ソ連崩壊で左翼が退潮してからのことにすぎない。現在においてさえオスマンへの全面的肯定論は現れていない。

ただ、どんなオスマン否定論者であろうとも、次の一点だけは認めざるをえない。パリが東京のような乱開発的大都市にならずに済んだのはオスマンのおかげであると。

「オスマンなければ、パリはなし」なのである。

ジョルジュ＝ウージェーヌ・オスマン 年表

一八〇九年　三月　ジョルジュ＝ウージェーヌ・オスマン、パリで誕生。

一八一四年　第一次王政復古。ルイ一八世が復位。

一八一五年　ナポレオンの百日天下。第二次王政復古。ルイ一八世が復位。

一八二〇年　オスマン、パリの名門アンリ四世校に入学。

一八二五年　シャルル一〇世、ランスで戴冠。

一八二六年　オスマン、バカロレアに合格。パリ大学法学部に登録。

一八三〇年　七月革命。オルレアン公ルイ・フィリップがフランス王位に就く。立憲君主制が始まる。フランスの産業革命を推進。ブルジョワジーの台頭。アルジェリアに出兵。

一八三一年		オスマン、二〇代の若さでヴィエンヌ県の統括部長に就任。
一八三二年		オスマン、オート・ロワール県イッサンジョー郡長に就任。以降各地の郡長を歴任。
一八三四年		アルジェリア併合。
一八四八年		二月革命。ルイ・フィリップ退位、ロンドンに亡命。第二共和政へ移行。
	四月	国政選挙が行われる。
	六月	蜂起の失敗。これにより市民革命の時代は終焉へ。
	一二月	ルイ・ナポレオン、第二共和政の大統領に就任。
一八四九年		オスマン、ヴァール県知事に就任。
一八五一年	一二月	ルイ・ナポレオンの「ブリュメール一八日のクーデター」勃発。オスマン、ジロンド県知事に就任し、ルイ・ナポレオンに貢献。
一八五二年	一二月	ルイ・ナポレオン、ナポレオン三世として皇帝に即位。第二帝政始まる。

一八五三年	六月	オスマン、パリを含むセーヌ県知事に任命される。パリの大改造が始まる
一八六七年		第二回パリ万国博覧会が開催。パリの道路、街並み、建造物の整備のほか、上下水道の整備も行われる。
一八七〇年	一月	オスマン、政治的対立により、セーヌ県知事を解任。
	七月	普仏戦争勃発。ナポレオン三世、セダンの戦いで捕虜になる。第二帝政が崩壊。一時的に社会主義政権（パリ・コミューン）が成立するも、二カ月で鎮圧。第三共和政へ移行。オスマン、ボルドー近くのセスタにて隠棲。
一八七七年		オスマン、コルシカ選出の代議士として政界復帰。
一八八五年		政界を引退して、回想録の執筆に専念。
一八九一年	一月	パリにて逝去。

ジョルジュ＝ウージェーヌ・オスマン（一八〇九〜一八九一年）の生きた時代

世界で最も愛される観光都市パリ。そのイメージを形づくる景観、たとえばシャンゼリゼ通りは、ナポレオン三世の時代、一九世紀後半に行われたパリ市大改造計画によってつくられた。現在のパリの原型はこのときに出来上がったものだ。

中心人物として計画を推進したのが、セーヌ県知事ジョルジュ＝ウージェーヌ・オスマンである。それまで不衛生をきわめたパリに衛生と美化をもたらしたパリ市の改造は、「オスマン計画」とも呼ばれた。

当時のオスマンの肩書は首都パリを擁するセーヌ県の知事であったが、パリ生まれでありながら、それまでは地方の郡長を渡り歩いていた。

オスマンが出世する背景にはナポレオン三世との密接な関係がある。

帝政を熱烈に支持する家庭で生まれ育ち、ルイ・ナポレオンとして第二共和政の大統領であったときから忠誠を表してきた。ヴァール県、ヨンヌ県、ジロンド県（ボルドー）などの知事を務めたのも、ルイ・ナポレオンの意向であった。

ちょうど第二帝政への移行プログラムが進行していたころである。オスマンの能力を見抜き、高く評価していたナポレオンは王政復古を狙う勢力が強い地域などに彼を派遣し、帝政移行への地ならしをさせていたのだ。

やがて一八五二年にルイ・ナポレオンがナポレオン三世として皇帝に即位し、第二帝政が始まる。ようやくナポレオン三世はボルドーにいたオスマンをパリに呼び戻す。パリの政界にいたのはオスマンをよく思わない連中ばかりであったが、そのなかでパリ市大改造計画は始まった。

計画遂行のなかでオスマンは周囲から嫌われ、疎まれていく。

凱旋門から放射状に一二本の大きな通りを走らせ（シャンゼリゼ通りはそのうちの一本）、入り組んだ路地を整理した。ゴミや汚物は道路や川に捨てるのが通常であったが、上下水道を整備した。

面積でいえば、パリの大半が変化することになった。そのせいもあって、オスマンは数多のバッシングにさらされる。文学者や歴史家は「いにしえのパリ」が失われたとして、オスマンを激しく非難した。大改造計画をプランニングした張本人であるナポレオン三世を表立って批判するわけにもいかず、その代わりに実務を取り仕切っていたオスマンにその矛先が向けられたという面もあった。

政治の舞台では嫉妬の感情にさらされた。ナポレオン三世の威信を守るためになんとしてもパリ大改造を成し遂げたいオスマンだが、パリ市の財政は逼迫《ひっぱく》していた。知事という地方政治家の立場では財政状況をどうにもできないと考えたオスマンは、国政に参入しようとするが、周囲の嫉妬を買う。強引に資金を調達したオスマンに当時、勃興しつつあったジャーナリズムが噛みついた。

オスマンの資金調達の責任がナポレオン三世に及ばないように動く政界、共和派や王政制復古派は、オスマンを更迭する。皇帝は更迭の前に辞任を勧めるが、オスマンは辞任を拒否し更迭を受け入れた。

やがて第二帝政は終焉し共和制の世となる。ジョルジュ＝ウージェーヌ・オスマンはナポレオン三世とともに前時代の「悪者」とされるが、このスーパー官僚がいなければ現在のパリが生まれなかったことを、今日では多くの人が知っている。

（文責・集英社　学芸編集部）

第3章

フランスを
統一国家として
強国に育てた宰相

リシュリュー

くある。

『三銃士』によって悪役イメージが定まったリシュリュー

一人の国民的歴史作家によって、歴史上の人物の評価が決まってしまうということがよくある。

たとえば坂本龍馬。司馬遼太郎の『竜馬がゆく』であのように描かれることがなかったら、龍馬が明治維新の立役者として英雄視されることなど決してなかったにちがいない。戦前には、歴史の専門家以外には名前を知らない脇役の一人にすぎず、庶民に人気のあった歴史講談に登場することさえなかったのだから。坂本龍馬はひとえに司馬遼太郎の筆によって人々の記憶に刻まれることとなったのである。

これと反対なのが、アレクサンドル・デュマの『三銃士』で悪役として描かれたリシュリューである。デュマは王妃アンヌ・ドートリッシュとバッキンガム公との恋を前面に押し出すために、リシュリューに「腹黒い陰謀家」の役を振ったのだが、『三銃士』が世界的ベストセラーとなったため、リシュリューの悪名もまた世界的なものになってしまった。もちろん、フランス本国では歴史家たちがリシュリューに正当な地位を与えようと努めており、フラン札にも登場しているが、しかし、それでもいったん出来上がってしまった悪役のイメージはそう簡単には拭い消せないらしく、今でもリシュリューに悪印象を抱いているフランス人は少なくない。リシュリューはその偉大なる業績をデュマひとりによって台無しにされてしまったと言っていいのだ。

国家統一、大国フランスへの道を開いた名宰相リシュリュー

しかしながら、歴史の検証の眼に照らして見るなら、フランスという国が今日あるのは、ひとえにリシュリューのおかげであると断言できる。

第一に、リシュリューがいなかったらルイ一三世一人の手ではフランスの国家的統一を保つことはとうてい不可能で、王領、プロテスタント支配地域、大貴族支配地域がモザイク状に混在したドイツのような連邦国家となっていた可能性がある。

第二に、フランスが国家統一を成し遂げたとしても、スペインとの覇権争いに勝てたか否か保証の限りではなく、今日のようなヨーロッパの大国としての位置を保てたかどうかはわからない。

第三に、強力な中央集権化が行われていないのだから、ルイ一四世のような絶対君主は出現せず、したがって「大世紀」と呼ばれるような百花繚乱の時代も現れず、文化国家としての名声もなかった。

要するに、リシュリューが困難を切り抜けて、最終的に権力を握り、ルイ一三世という最も度し難い君主との波瀾含みの関係を保ちながらも中央集権化に邁進し、スペインとの覇権争いに勝利したからこそ、今日のフランスという国家があるのであって、リシュリューこそは国家の大恩人なのである。フランスはもっとリシュリューを顕彰しなければならない。

しかし、このようにいきなり「リシュリューは偉かった」と切り出しても、一七世紀初頭のフランスの状況に詳しくない日本の読者にはなんのことかさっぱりわからないにちがいない。そこで、まずは、リシュリューの生い立ちを語りながら、彼が権力に到達するまでの時代的背景について簡単に解説を加えておかなければならないだろう。

カトリック対プロテスタント、宗教対立を背景に血みどろの王権闘争

リシュリュー、すなわちアルマン＝ジャン・デュ・プレシ・ド・リシュリューは一五八五年九月九日、アンリ三世に仕える宮廷判事フランソワ・デュ・プレシ・ド・リシュリューの三男として生まれた。

プレシというのは「城壁に囲まれた丘」という意味で、父方の先祖がポワトゥー地方の小領主だったことを表している。このデュ・プレシ家のジョフロワ・デュ・プレシが、シャルル七世の王妃マリ・ダンジューの司厨頭《しちゅうがしら》だったリシュリュー卿ルイ・クレランボールの妹と結婚し、その息子フランソワが、デュ・プレシ・ド・リシュリューと名乗るようになった。これがリシュリュー一族の開祖で、一五世紀半ばのことである。

それから一三〇年近くたって生まれたのがリシュリュー、すなわちアルマン＝ジャンである。難産の末の子だったせいか、成長後も体質は虚弱で、肉体的には幸福な人生だったとは言い難い。出世の階段を上りながらも、次から次へとさまざまな病に苦しむことにな

るが、彼の生きた時代もまた生みの苦しみに喘《あえ》いでいた。

すなわち、フランソワ一世の時代に始まったカトリックとユグノー（フランスのプロテスタント）の宗教戦争がいよいよ佳境に入り、アルマン＝ジャンが生まれた一五八五年には「三人のアンリの戦い」と呼ばれる内戦が開始されていた。すなわち、国王アンリ三世、強硬派カトリックの旧教同盟「リーグ」を率いるアンリ・ド・ギーズ、それにユグノーの頭目アンリ・ド・ナヴァール（ナヴァール公アンリ、後のアンリ四世）という「三人のアンリ」が三つ巴となって激しい戦いを繰り返していたのだ。

アルマン＝ジャンの父親であるフランソワ・デュ・プレシ・ド・リシュリューは、この「三人のアンリ」のうちの国王アンリ三世の忠臣で、彼がまだ王子アンジュー公アンリだったころから仕えていたが、王子が兄シャルル九世の薨去《こうきょ》に伴い一五七四年にアンリ三世として即位した後は、宮廷判事として宮廷で重きをなしていた。

とはいえ、アンリ三世の宮廷が安定していたわけではない。その反対である。というのも、王太后カトリーヌ・ド・メディシスに溺愛されて育ったアンリ三世は、それゆえか、成長するに及んで女装趣味や美少年趣味をあらわにし、ミニョンと呼ばれた美男の寵臣《ちょうしん》にまわりを囲まれて王妃をかえりみなかったため、王子誕生が絶望視されていたからである。これを見た反対勢力は、ヴァロワ王朝断絶を視野に入れて、権力争いを激化させていたのである。

そのきっかけの一つとなったのが、一五七二年の「聖バルテルミーの虐殺」以来宮廷に囚われの身となっていたアンリ・ド・ナヴァールが一五七六年に脱出し、プロテスタント陣営の頭目として返り咲いたことだった。アンリ・ド・ナヴァールはたんにフランスとスペイン国境の小国ナヴァール王国の王であるばかりではない。母方ではフランソワ一世の姉マルグリットが祖母であり、父方でも聖王ルイの血を引く王族ブルボン家の直系だったことから、王位継承権を定めたゲルマン古法サリカ法の規定に従うなら、正式な王位継承者の資格を有していたからである。

一五八四年、アンリ三世に叛旗を翻して戦っていた王弟アランソン公フランソワの死去に伴い、アンリ・ド・ナヴァールは筆頭王位継承者となった。つまり、アンリ三世が世継ぎを残さずに薨去した場合には、プロテスタントの王が誕生してしまうことになったのである。

これに激しく反発し、危機感を強めていたのが、過激派カトリックからなる旧教同盟「リーグ」の頭目で、ロレーヌ(ロートリンゲン)公国のルネ二世の血を引く大貴族ギーズ家のアンリ・ド・ギーズだった。

カロリング朝フランク王国の三分裂でできた中部フランクの領地ロタリンギアに由来するロレーヌ公国は、一五二〇年にフランス王のフランソワ一世に恭順の意を表してからはギーズ伯爵領(後に公爵領)の扱いとなっていたが、その当主であるギーズ公はユーグ・カペーを先祖に戴くフランス王よりもはるかに血統の良い王族として、ヴァロワ王朝断絶のさいには、自分にも当然王位継承権があると主張するようになっていたのである。

こうした血統の良さに加えて、アンリ・ド・ギーズにはパリ民衆という強い味方がいた。パリ民衆は熱烈なカトリック支持派だったから、「オカマ王」とさげすまれて宗教的にも政治的にも腰が定まらないアンリ三世よりも、プロテスタント勢力と激戦を繰り返していた猛将アンリ・ド・ギーズの戴冠を強く望んでいたのだ。

こうした「王様嫌いのギーズ家贔屓《ひいき》」というパリ民衆の特徴が強く出たのが、一五八八年五月にアンリ・ド・ギーズがアンリ三世の禁止を無視してパリ入城を強行したときに起こった「バリケードの日」事件である。パリ民衆は熱狂してアンリ・ド・ギーズを迎え、アンリ三世が軍隊を派遣しようとするとバリケードを築いて蜂起したので、アンリ三世はほうほうのていでパリから脱出せざるをえなかったのである。

未来の枢機卿アルマン＝ジャンの父であるフランソワ・デュ・プレシ・ド・リシュリューは当然、主君のアンリ三世に従ってブロワの城に逃げ延びたが、この年の終わりに、そのブロワ城でリシュリュー一族にとっても運命の転換となるような大事件が起こる。

一五八八年一二月、アンリ三世から内密で話があると呼び付けられたアンリ・ド・ギーズがわずかな護衛だけでブロワ城を訪れたところ、国王親衛隊によって暗殺されてしまったのである。フランソワはギーズ公の遺体を焼却し、遺灰をロワール川に流す役目をおおせつかった。

ギーズ公暗殺の知らせがパリに届くと、パリの旧教同盟はいきり立ち、アンリ三世の廃位を宣言して、ギーズ公の弟マイエンヌ公を国王代理として擁立する構えを見せたので、アンリ三世はそれまでの考えを改め、サリカ法に則ってアンリ・ド・ナヴァールを正式な王位継承者と認めることにした。この翻意に与《あずか》って力があったのが、フランソワだといわれる。フランソワは王や取り巻きの貴族を説得してまわり、国王軍をアンリ・ド・ナヴァール率いるプロテスタント軍に合流させた。

こうして残った「二人のアンリ」は力を合わせてパリ包囲にかかったが、このとき、またまたとんでもない事件が起きる。サン＝クルーの城に陣を張ったアンリ三世が、朝の謁見の時間にドミニコ会修道士ジャック・クレマンに下腹部を刺され、翌日に絶命したのである。

いまわの際《きわ》に、アンリ三世は臣下の者に向かって、臨終に立ち会ったアンリ・ド・ナヴァールを指さし、彼を王として認めるよう誓えと命じた。こうして、フランソワは自動的に新王アンリ四世の臣下となったのである。

父の死、紆余曲折を経て聖職者の道へ

だが、まさにアンリ四世の臣下となったことがフランソワとリシュリュー一家に災いを

もたらすことになる。一五九〇年六月一〇日、フランソワは高熱が原因で急逝したのである。近衛連隊長に任命されてから二週間しかたっていなかった。享年四二。あとには、妻のシュザンヌと一一歳を筆頭にする六人の子供、それに膨大な借金が残された。

アンリ四世は二万リーヴルを内帑金《ないど》から支給し、翌年、追加として一万六〇〇リーヴルを与えたのだが、それだけではフランソワの残した借金を返済するには足りず、リシュリュー家は困窮にあえぐことになる。リシュリュー領では、長い間の戦乱で耕地が荒れ果て、小作人も逃亡していた。頼みの綱の領地は一五八四年に忠誠への褒賞として与えられたリュソン司教区だけだった。その司教区の聖職禄を手に入れるには三人の兄弟のうちの誰かが司教にならなければならなかった。リュソン司教区は一三一七年にポワチエ司教区から分離されたフランスでも最も貧しい司教区だったが、ポワトゥーの領地に近かったこともあり、リシュリュー家にとっては、大きな収入源だったのである。そこで、シュザンヌはいずれ兄弟の一人を聖職に就かせることにして、とりあえず三人をパリに送り出すことにした。

この間に、パリ攻略に何度か失敗したアンリ四世は、パリ入城を果たすには、カトリックに改宗して民衆に受け入れられなければならないと悟り、有名な「パリは一回のミサに値する」という言葉を残して、一五九三年七月サン＝ドニ聖堂でミサを受けて改宗、一五九四年二月にはシャルトルの大聖堂で戴冠式を挙行した。こうして、三月二二日に、あの有名な無血入城が行われたのである。かくて、アンリ四世は名実ともにフランスの国王となった。

同じ年、コレージュ・ド・ナヴァールに入学したリシュリュー三兄弟はどうなっていただろうか？ 長兄のアンリは成績優秀で、コレージュを出るとさっそくアンリ四世に取り立てられて宮廷の小姓となり、出世への階段を上りはじめた。

次男のアルフォンスは信仰心に富んでいたので、シュザンヌは彼を聖職に向かわせ、司教に仕立てたいと願った。

では、われらが主人公の三男アルマン＝ジャンはどうだったのか？ スタンダールが『赤と黒』で描くジュリアン・ソレルそのもので、抜群の記憶力を発揮して、ラテン語と弁論術で素晴らしい成績を残し、幼いながら将来を嘱望されていた。シュザンヌは三男の負けず嫌いの激しい気性を見て軍人の道に進ませることに決め、一五九八年、アルマン＝ジャンを軍人養成機関であるアントワーヌ・ド・プリュヴィネルのアカデミーに入学させた。

シュザンヌが息子たちの将来について行った人生設計は、当時の南仏貴族の兄弟たちが辿った人生行路を見事に要約していた。すなわち、長男が家督を相続するのに対し、次男以下は僧職か軍職に就いて収入を確保するが、原則として子孫を残さず、それによって一族の遺産の分割を防ぐというものである。

だから、リシュリュー家の三人の兄弟は、こうした南仏の慣習通りに、人生行路を歩みはじめたわけだが、しかし、ここで予想外のアクシデントが生じる。「リュソンの司教になるべく期待された次兄のアルフォンスが『どうしても嫌だ』と断ったのである。

その理由は『俗界にあまりにかかわりすぎる司教という高位聖職は、自分にはふさわしくない。それよりも一介の修道士として生きたい』というのである。そして、まもなくシャルトルの大修道院に入ってしまった」(小島英記『宰相リシュリュー』講談社)

たいへんなことになったものである。もし、兄弟の中からリュソンの司教を出せなかったら、せっかく父フランソワがアンリ三世から拝領したリュソン司教区が、その教区の政治と経済を司る教会参事会員たちの思うがままになってしまう。リュソン司教区からの収入だけが一族の頼みの綱だったから、これはなんとしても避けなければならなかった。

かくて、シュザンヌの目は一族の希望の星だった三男のアルマン＝ジャンに注がれることになる。聡明なアルマン＝ジャンはただちに母の気持ちを察し、軍職から僧職に転ずる決意を固めたのだ。赤(軍人の制服)から黒(僧服)への転換だから、これまたジュリアン・ソレルの選んだ道と同じである。

では、人一倍野心家だったアルマン＝ジャンが、一族のためとはいえあっさりと方向転換に同意したのはなぜかと言えば、それは、当時、僧職というものが権力へと通じる迂回路であると広く認識されていたためである。僧職を選んだからといって、それは権力志向を放棄したことにはならないのである。

この点を踏まえておかないと、枢機卿にして宰相というリシュリューのポジションそのものが理解不能になる。高位聖職者が最高権力者というのは、アンシャン・レジームにおいては決して例外ではないのである。

では、司教や枢機卿といった高位聖職者たちはどのようにして政治にかかわっていたのだろうか？

実を言うと、フランスの政治は初めから、僧職関係者に権力への道を開いていたのだ。そのシンボルとなるのが、後にフランス革命で大きな問題となる全国三部会である。

全国三部会はその起源を、フランス国王フィリップ四世が一三〇二年に教会財産への課税を巡ってローマ教皇ボニファティウス八世と対立した事件に求められる。フィリップ四世は国内の支持を得るために、四月一〇日、僧職・貴族・平民の三身分からなる全国三部会をノートル＝ダム大聖堂で開催して教皇と対決するための特別補助金の要請を行った。以後、歴代の王は毎年のように全国三部会を開いて課税の問題を協議するようになったが、とりわけ、第一身分聖職者部会は重視されていたから、その部会の討論の過程で王や権力者に才覚を認められれば、一介の司教がいきなり政府の一員に抜擢される可能性もあった。実際、聖職者部会は宮廷官吏《かんり》の重要な供給源で、歴史に名を連ねる宰相や大臣をここから輩出している。

僧職がなぜ権力や財産と結びついていたのか？

しかし、その前に、聖職者部会がなぜこれほど重きをなしていたか、その点を説明しておかなければならない。

第一に確認すべきは、権力は武力と金を基礎とするという事実であるが、武力もまた金によって購《あがな》えると考えれば、すべては金に帰するということになる。ところで、中世の農耕社会においては、金を生み出すのは農業だから、広大な農地を所有している者が金持ちで、権力者ということになる。では、その農地の所有者は誰だったかといえば、それは貴族と聖職者であるが、この二つの身分は対立していたわけではなく、むしろ互換的であった。よって第一身分の聖職者部会と第二身分の貴族部会も互換的であった。

というのも、先に述べたように高給取りの高位聖職者のほとんどが貴族の次男、三男で占められていたからである。貴族は農地の寄進とのバーターで次男・三男を教会に送り込み、彼らを司教や大司教、枢機卿という高位聖職者に仕立てることで、迂回的に寄進を回収していたのである。そして、これは形を変えた次男・三男への財産分与でもあった。ただし、この財産分与は、一回で済んだ。

というのも、貴族は、それぞれの世代においてその私有財産を長男である相続人に守らせる一方、教会財産という、寄進以前は所領であった「教会財産」を次男・三男に管理させるという二重支配構造をつくり上げることができたからである。リシュリュー家がリュソン司教領を収入の最後の頼みの綱としていたのは、こうしたカラクリによるのである。

これは今日とのアナロジーで言えば、大企業の経営者の長男が企業の後継者になるのに対して、次男・三男が官界や政界に進出して、血脈による「政・財・官」の癒着構造をつくり上げるのに似ている。金のもとになる産業が違うというだけの話である。

したがって、リシュリュー家の三男であるアルマン＝ジャンが一七歳で僧職を選択したとしても、それはいささかも権力と金力の放棄を意味することにはならなかった。

実際、アルマン＝ジャンにはリュソン司教という父親伝来のポストと俸給が約束されていたのだから、兄アンリのように貴族身分で宮廷に出入りするよりも出世が早くなる可能性があった。権力者から見ると、聖職者のほとんどは貴族の次男・三男なので、領地へのしがらみもなく、官吏として登用しやすかったという面もある。

おまけに、アルマン＝ジャンには天性の弁舌の才能と臨機応変の才知があった。それを見込んで、アンリ四世は一六〇六年、司教は二三歳以上という規定にもかかわらず、二一歳のアルマン＝ジャンをリュソン司教に任命したのである。

しかし、正式な司教となるには、もう一つの関門をクリアーしなければならない。ローマ教皇から叙階されることである。その叙階はどのようにして勝ち取ればいいのか？

一つは裏からワイロと仲介人を使って勝ち得る方法。もう一つはローマで教皇に直接面会して請願を行う方法である。リシュリュー家には当然、ワイロの資金などあるわけがないから、残された選択肢は、教皇への直訴しかない。
かくて、われらがアルマン＝ジャンは、一六〇七年一月、己の才知と雄弁だけを頼みとして、ローマに向けて出発したのである。

教皇をも驚嘆させた頭脳と野心、リュソン司祭への〝転身〟

一六〇七年一月、ローマに到着したリシュリューは、ジョワイユーズ枢機卿とジヴリー枢機卿の尽力もあり、三カ月後には晴れて司教に叙階された。ときに二一歳。司教は二三歳以上という規定に違反していたにもかかわらず叙階されたのは、教皇庁で披露した説教と抜群の記憶力がパウルス五世を驚嘆させたからである。

パリに戻ってアンリ四世への報告を終えると、ソルボンヌの神学部で博士号を取得。弱冠二二歳で神学部教授会に加えられた。博士論文のエピグラフは、教会の偉大さを称える「クイ・エリート・シミリス・ミービ（私と並び立つものがあるだろうか？）」だったが、フィリップ・エルランジェは『リシュリュー』（*RICHELIEU:L'ambitieux Le révolutionnaire Le dictateur* [Librairie Académigue Perrin, 1996]）で、これはリシュリュー自身の述懐ではなかったかと勘ぐっている。

事実、リシュリューの類い稀な雄弁の才はフランス宮廷司祭のデュ・ペロン枢機卿の注目するところとなった。叩き上げのデュ・ペロン枢機卿は、野心家のリシュリューのうちに若き日の自分を見いだして、保護者になってやろうと思ったらしい。評判はアンリ四世の耳にも届き、アンリ四世はリシュリューを「私の司祭」と呼んで、将来の枢機卿の座を約束してくれたのである。

ところが、強い上昇志向を持って権力の階段を駆け上りつつあったリシュリューが、ここで意外な決断を下す。なんと、パリを去り、リュソンの司教区に赴任することに決めたのである。なにゆえに、とびきりの野心家が、危険もあるが魅惑も大きいパリの宮廷を捨てて、フランスでも最も貧しい司教区に赴くのか？　多くの伝記作者は困惑し、その動機をさまざまに忖度《そんたく》しているが、エルランジェの下した結論は次のようなものである。

「私たちの意見では、主な理由は、行動し、命令し、行政を行いたいという彼の欲求であった。このような若者（まだ二三歳である）にとって、ルーヴルの控えの間で頭角を現すよりも、貧しい司教区の支配者となるほうが価値があると思えたのである」（同前。以下欧文引用の翻訳は筆者）

本当のところはリシュリュー本人にしかわからない。あるいは、宮廷でなにかあったのかもしれない。いずれにしろ、若き野心家は、一時的に「転進」を決意すると、一六〇八年一二月にパリを離れたのである。

リュソンの司教区はブルターニュ半島の付け根から大西洋岸に広がるポワトゥー地方に

位置し、今日ではヴァンデ県に属している。プロテスタントの巨大な城塞都市ラ・ロシェルに近いこともあり、強固な信仰を持つプロテスタント系住民を多く含む、厄介な司教区であった。また宗教戦争で破壊された聖堂の修復問題で司教座聖堂参事会とリシュリュー家が対立していたので、カトリック系住民も新任司教に好意的とは言えなかった。

しかし、意欲満々の新任司教リシュリューにしてみると、厄介だからこそやり甲斐のある仕事に思えたようだ。プロテスタントの警戒心を解く一方で、カトリックの支持を得るために精力的に活動を開始した。それには、まず身内の綱紀粛正からというわけで教区の聖職者にトリエント公会議の規則を遵守させ、自らは清貧に甘んじた。さらに、地方住民の生活レベルの向上をはかって、ポワトゥー地方の総督でもあった財務卿シュリーに掛け合って減税と借金支払い猶予を勝ち取った。

と、このように書くと、いかにも善意に満ちた司教のように思えるかもしれないが、リシュリューの一筋縄ではいかないところは、こうした措置もすべて将来の立身出世のための布石と意識していたことである。では、表面を装うだけの偽善者かというと、そんなことはなく、それぞれの政策は地域民衆から絶大な支持を得たものであった。

リシュリューの行政能力はすぐに中央の注目を集めることとなる。デュ・ペロン枢機卿や国王の懺悔《ざんげ》聴聞僧コトン神父が評価しているという噂が伝わってきたのだ。

ころはよしと判断したのか、リシュリューは懐刀のラ・コシェール神父をパリに派遣して情報収集を開始した。ところが、そんな折も折、ラ・コシェール神父から驚くべき知らせがもたらされた。アンリ四世が暗殺されたというのである。

ルイ一三世摂政マリ・ド・メディシスの腹心の侍女を籠絡《ろうらく》

一六一〇年五月一四日、フランドルとの戦争準備を進めていたアンリ四世は病気療養中の財務卿シュリーを見舞おうとマレ地区で馬車を走らせていたとき、カトリックの狂信者フランソワ・ラヴァイヤックに襲われ、落命したのである。

国王薨去を受けて王太子ルイがルイ一三世として即位したが、まだ八歳だったため、王太后のマリ・ド・メディシスが摂政となって政治を司ることとなった。

この暗殺事件がリシュリュー一家に与えた影響はとてつもなく大きかった。かつて、アンリ三世の臣下だったリシュリューの父は王の暗殺でアンリ四世に仕えることとなった。しかし、リシュリューの場合、ルイ一三世は幼すぎるので、摂政のマリ・ド・メディシスに仕えるしかないが、果たして今度の「主君替え」はうまく運ぶのかどうか？　マリ・ド・メディシスは同じメディチ家出身の王太后ということで、三代の王の指南役をつとめたカトリーヌ・ド・メディシスと比べられることが多いが、本当は、比較すること自体がおこがましいほど凡庸な知性の女性で、才能を見ぬく能力もはるかに劣っていたからである。

実際のところ、マリ・ド・メディシスの政治音痴につけ込んで、これを完全にマインド・

コントロール下に置こうとする人物がすでに現れていたのである。フランスへの輿入《こしい》れのさいに王妃がフィレンツェから連れてきた侍女エレオノール・ガリガイ（本名レオノーラ・ドリ）である。悪知恵の働くガリガイは、乳姉妹という関係を利用して王妃に巧みに取り入り、思いのままに心を操るようになった。口さがない宮廷雀は、放蕩者の国王に放っておかれた王妃が「イタリア趣味」に落ちたと噂したが、元来が男好きのマリ・ド・メディシスにその気《け》はなかったようである。ただ、どんなことでもガリガイの言いなりになっていたことは確かで、二人は一「心」同体というよりも一「頭」同体であった。

しばらくすると、ガリガイがしきりに一人の男を王妃に推薦するようになる。輿入れのさいに同じくフィレンツェからやってきたコンチーノ・コンチーニという人物である。コンチーニは、ガリガイを介せば王妃を意のままに操れると踏んで、その夫の座に納まっていたのだが、アンリ四世の暗殺以後は、このバイパスを使わず、ダイレクトに王太后に命令するようになっていた。宮廷雀は、王太后を「マダム・コンチーニ」と呼んだ。コンチーニは王太后の援助でアンクル侯爵領を買ってアンクル侯爵を名乗ると、一六一三年には元帥の位にまで上り詰めた。

ことほどさように、女の最高権力者というのは、女子会的友情ないしはレズビアン的愛情により一人の女官に入れあげると、次にはその女官の夫や愛人の言いなりとなることが多い。三〇〇年後には、ロシア皇帝ニコライ二世の皇后アレクサンドラと怪僧ラスプーチンが同じことを繰り返すことになる。朴槿恵《パククネ》元韓国大統領しかりである。リュソンからパリに上ったとき、リシュリューはこうした政治状況（というよりも人間関係）を、王太后の宮臣となった兄の口から聞かされていたにちがいない。このトリオの中で狙うべきは断然、エレオノール・ガリガイである。権力の中枢はガリガイにあり、王太后もコンチーニもガリガイの言いなりであるから、ガリガイに気に入られれば、あとは出世の道が一気に開けるはずだ。

そこで、リシュリューはガリガイが足を運びそうな教会を選んでわざわざ説教をすることにしたが、なかなか思うようにことは運ばない。だが、一六一四年、コンチーニの元帥就任に反発したコンデ親王の要求で全国三部会が開催されることとなり、ようやくチャンスが巡ってくる。ポワトゥー地方の第一身分（聖職者）代表に選出されたリシュリューは、ルーヴル宮殿で開催された全国三部会の最終日に第一身分代表として総括演説を行い、懸《けん》河《が》の弁《べん》でマリ・ド・メディシスとエレオノール・ガリガイに強い印象を与えたのである。

アンドレ・モーロワは述べている。

「三部会は、えげつない議論のはてに、恒例の方法である壁布を外すことによって閉じられた。何らなすことなく解散したが、ただ国への形身としてリシュリューを遺した」（『フランス史』平岡昇他訳、新潮社）

とはいえ、全国三部会での成功でただちにリシュリューに出世の道が開かれたわけではない。権力闘争が激化していたため、誰もすぐにはリュソン司教の登用のことなど思いつかなかったのである。

一六一五年春、反コンチーニ派の旗頭であるコンデ親王に支持された高等法院がコンチーニとガリガイを弾劾する声明を発表したことから、各地で大貴族がこれに呼応し、全国規模の反乱が起こった結果、リシュリューも司教区に戻らざるをえなかった。事態は、王太后側が大幅に譲歩し、コンデ親王を入閣させることでケリがついた。一六一五年五月のことである。

リシュリューはリュソンの司教区で焦燥に駆られながら事態の鎮静化を待っていた。もしコンデ親王が王太后とコンチーニを退けて権力を握ったとしたら、今までの努力は水の泡となる。なんとか、王太后とコンチーニに頑張ってもらわなければならないのだ。

しかし、そのうちに情勢が大きく動いた。長年の確執を水に流してスペイン王家とフランス王家が接近し、ルイ一三世とアナ王女（後のアンヌ・ドートリッシュ王妃）の婚姻と、スペイン王太子フェリペとルイ一三世の妹エリザベートの婚姻が同時に決まり、一六一五年の一一月二八日に、前者のカップルはボルドーで、後者のカップルはスペインのブルゴスで同時に結婚する運びとなったのである。

そのため、宮廷はパリからポワチエを経てボルドーに移ったが、リシュリューはポワチエに宮廷がきたときに王太后とコンチーニのアパルトマンに伺候《しこう》し、病気がちなエリザベート王女の世話係を引き受けて、王太后の信頼を勝ち得ることに成功した。しかし、それはあくまでプライベートな関係であり、公的な地位が確保されたわけではない。

待望の手紙は一一月の上旬に届いた。リシュリューは王太子妃付きの宮廷司祭に任命されたのである。

王家の確執を収めたリシュリューの交渉術

こうしてリシュリューの活躍の場はリュソンの司教区からようやくパリの宮廷に移ることとなる。雌伏七年、自分の能力に絶対の自信を持つ野心家にしてはよくぞここまで我慢できたものである。リシュリューの成功は、機に臨んで果敢に攻める敢闘精神に加えて、状況の変化をじっと待つ忍耐強さも持ち合わせていたことからきている。

だが、一六一六年の五月に移動宮廷がパリに戻ると同時に、大貴族と王太后の対立問題が再燃し、コンデ親王と事実上の「国王」であるコンチーニの確執に再び火がついた。王太后とコンチーニの側近の間では、軍隊を使って即座にコンデ親王を討つべしという積極論と、まずは交渉から始めて、年金や権力の一部譲渡と引き換えに恭順の意思を引き出すべしという消極論が対立したが、とりあえずは、後者で行こうということに決まった。

リシュリューは抜擢されて、コンデ親王との交渉のためにその領地であるベリー地方に派遣されることとなった。リシュリューにとっては、初の国事だが、王太后とコンチーニの全権代理として交渉に臨むことができたので、コンデ親王を説得する自信は十分にあった。

「リュソン司教は、この短い旅行の間に、懸案事項のすべてについてコンデ親王と忌憚《きたん》のない意見を交換しあった。リュソン司教は王太后の名において語り、その誠意が信じるに足る保証を与え、王太后が親王のパリ帰還を心から望んでいると語った。さらに、第一等の血族である親王が国務会議に加わるならば会議の決定は重きをなすにちがいないと強調した。ついで、アンクル元帥夫人の名において語り、夫人と元帥は、王太后に及ぼしうる影響力のすべてを用いて、親王を重用するよう王太后を説得する意図があることを示した。さらに、親王に反対する古手の大臣の更迭もほのめかした。（中略）コンデ親王はいくつか反対や条件を提示したが、それらはリュソン司教によってことごとく退けられるかあるいは満足させられた。一言で言えば、コンデ親王は、リュソン司教の繰り出す反論やおもねりや口約束でいいように籠絡されたのである」（ガブリエル・アノトー『リシュリュー枢機卿の歴史』〈*Histoire du Cardinal de Richelieu* [Pron, 1932–35]〉、邦訳筆者）

ここでガブリエル・アノトーが指摘しているように、リシュリューは交渉の天才であり、どれほど彼を憎んでいる相手でも、一度、口をきいたが最後、不本意ながら丸め込まれてしまうのである。

こうして、リシュリューの大活躍により、最大の敵であるコンデ親王がその領地から引き出され、宮廷に臣下として伺候することになったのだから、王太后とコンチーニ夫妻の安心はいかばかりであったか。軍隊は自分たちの支配下にあるのだから、その気になりさえすれば好きなときに親王を逮捕できるからである。

ところが、王太后とコンチーニ夫妻は、やがて自分たちが完全に状況を読み違えていたことに気づくことになる。パリ民衆が圧倒的歓呼でコンデ親王の帰還を迎え、反コンチーニ派の大貴族たちが続々と親王の周りに集まりはじめたのである。それを見た親王はリシュリューとの交渉で確約された諸権利の実行を強く訴え、国務会議を主催することまで要求するに至った。パリ高等法院もコンデ親王に味方した。かくて、王太后とコンチーニ夫妻は自分たちがいかに不人気であるかを思い知らされるはめになる。それどころか、明日にも蜂起が起こりそうな勢いなのである。

思い余ったコンチーニが単独でコンデ親王の館を訪れ、交渉しようとしたときには、親王の部下たちが合図一つで襲いかかりそうな気配を示したので、コンチーニはほうほうのていで館を脱出せざるをえなかった。

だから、この時点では、コンデ親王の決断一つでブルボン王朝が傍系に移る可能性は十分にあったし、民衆もそれを認めていた。だが、肝心のコンデ親王に決断力が欠けていた。取り巻きも、即時蜂起派と慎重派に分かれ、意見の調整がつかぬまま、いたずらに時間だけが過ぎていった。

ある日のこと、王太后のもとに、更迭された財務卿のシュリーが訪れ、さる筋から得た情報として、王と王国が深刻な危機に見舞われていると訴えた。

「私の言ったことをよくお考えになってください。たとえ、陛下が一二〇〇頭の馬に囲まれたとしても、神はお許しになるでしょう。ほかに方法はありません」（同前）

この助言で、王太后は心を決めたが、恐怖が先に立ったのか、宮廷中の臣下を捕まえては、いちいち忠義を試そうとした。もし、先制攻撃を命じても誰一人味方してくれなかったらどうしようかと恐れたのである。こちらの側も万全の態勢ではなかったのだ。

「もはや、戦いは避けられない情勢になった。あとは、どちらが先に口火を切るか、それだけだった。先制したものが勝利することは明らかだったからである」（同前）

だが、コンデ親王の側はさらにぐらついていた。取り巻きの意見を聞いてまわっているうちにいたずらに時間が経過していった。

決断を下したのは王太后の側だった。

一六一六年九月四日、コンデ親王逮捕に軍隊が向かったという知らせが宮廷中に走ると、親王側近の大貴族たちはわれ勝ちにパリの城門から逃げ出していった。コンデ親王の母のコンデ内親王が一人勇敢に街に出て、民衆に蜂起を呼びかけたが誰も応ずるものはいなかった。プロテスタントも動かなかった。

コンデ親王は最初ルーヴルに監禁され、ついでバスチーユ牢獄に幽閉された。

リシュリューは、領地に脱出した大貴族に帰順を呼びかけるよう命じられ、八面六臂《はちめんろっぴ》の活躍でこの重責を果たした。

今度の出世は早かった。短期間のうちに、臨時スペイン全権大使となり、外交と戦争担当の国務官（コンセイユ・デタ）に任命され、同時に王太后の特別秘書官となった。

ガブリエル・アノトーは、リシュリューと王太后がこの時期に交わした書簡に感じられる過度の親密さから判断して、両者の間になにかがあったにちがいないと推測し、またリシュリューはガリガイにも同じように接近したのではないかとほのめかしているが、こちらに関しては確たる証拠があるわけではない。ただ、リシュリューがガリガイを介して夫のコンチーニに影響を与えることを狙っていたのは確かで、リシュリューの心の底にいずれコンチーニに取って代わろうという野心が働いていたのではという推測は十分に成り立つ。リシュリューは最短距離で権力の中枢に到達したのだ。

だから、詰めの一手を怠らなければ、リシュリューの天下は一〇年早く到来したかもしれないのである。だが、やんぬるかな、千慮の一失で、リシュリューは最後の可能性に思い至ることができなかった。いや、彼だけではない。王太后もコンチーニ夫妻も肝心なことを完全に忘れていたのである。

そう、いつまでも子供のままだと思っていたルイ一三世がすでに成人し、形式的には絶対的権力を握る国王となっていたことを。

クーデター勃発！ ルイ一三世の親政が始まる

王太后マリ・ド・メディシスの全幅の信頼を得て、コンチーノ・コンチーニ元帥が権力の頂点に上り詰めていたころ、ハムレットさながらに亡き父王への敬慕から、母の愛人であるこのイタリア男を激しく憎んでいた少年がいた。形式的には国王となっていたルイ一三世である。

ただ、ハムレットとは異なり、この息子は母親に対してなんの愛着も感じてはいなかった。わがままで自己中心的な母親から「愛」と呼べるようなものをもらった記憶が一切なかったからである。マリ・ド・メディシスの方でも、オタクで無口な長男には、狩りや、趣味のジャムづくりをさせておけば十分と考えていた。まさか、この影の薄い息子の中に「王」としての強烈な自尊心が存在しているとは予想だにしてなかったのである。

そんな孤独なルイ一三世にとって、唯一心を許すことができたのが寵臣のシャルル＝ダルベール・ド・リュイーヌだった。リュイーヌは南仏の小貴族の息子として生まれ、ルイ一三世が一〇歳のときに、飼鳥園係として伺候するようになった。ルイ一三世は狩り、とりわけ鷹狩りを好んだので、鷹の世話係をしているリュイーヌと親しくなるのは自然の勢いだった。王は幼いときに父を亡くしていたので、二〇歳以上年上のリュイーヌを父親のように、いやホモセクシュアル業界用語でいうところの「オヤジ」のように慕っていた。

王が親密な会話の中でコンチーニに対する強い憎悪を口にして、逮捕の決意を固めていることを告白すると、リュイーヌは弟のショーヌを介してヴィトリ男爵という命知らずの国王親衛隊長を王に紹介した。

王の前に出たヴィトリが、コンチーニが抵抗した場合にはどうするかと尋ねると、王は黙して答えない。そこで、国王書記官のギシャール・デアジャンが「王は、その場合、コンチーニの殺害もやむをえないと理解しておられる」と口を添えた。ルイ一三世はあい変わらず黙ったままだったが、ヴィトリが大きな声で「御命令を実行いたします」と答えても打ち消すことはなかった。

かくて一六一七年四月二四日の朝一〇時、フランスの歴史を通じて一、二を争う陰惨な「王による暗殺」が起こったのである。

場所はサン＝ジェルマン＝ロクセロワ広場に通じたブルボン大門。請願者や取り巻きに囲まれてルーヴル宮に到着したコンチーニ元帥に向かって、ヴィトリがその右腕を捕えるとこう言い放った。「王命により逮捕する」。元帥は驚いて「私を？」と尋ねると同時に腰の剣に手をかけようとしたので、ヴィトリは配下の者に目で合図した。三発の銃弾がいっせいにピストルから放たれ、コンチーニの喉、顎、そして額を撃ち抜いた。元帥は膝をついて崩れ落ちた。即死だった。ヴィトリはつま先で遺体を押して確認すると《国王万歳!》と叫んだ。

ルーヴル宮で知らせを待っていたルイ一三世は、ヴィトリから報告を受けて思わずこう漏らしたといわれる。「ああ、これでやっと王になれる」

コンチーニ夫人ことエレオノール・ガリガイは知らせを聞くと、宝石類を身につけて脱出を試みたが、一歩早く踏み込んだヴィトリの親衛隊に逮捕され、高等法院で裁かれることとなった。罪状では死刑は無理であると判断した高等法院はガリガイを魔女として告発することにして、有罪判決を下したのである。かくて、哀れ、ガリガイはグレーヴ広場で斬首され、その首は魔女ゆえに処刑台わきの炎の中に投げ捨てられたのである。

いっぽう、マリ・ド・メディシスはというと、事件後、ただちに親衛隊によって居室に監禁された。

「母親に対する積年の恨みを晴らすときがきた。幼少時代、養育係に厳しくしつけよと命じた母親。いつまでも実権を引き渡そうとしない母親。弟のガストンばかりえこひいきする母親。こんな母親を簡単に赦《ゆる》すわけにはいかない。結局、ルイは母親を、パリから二百キロ近く離れたブロワ城に追放する。五月三日のことである」(長谷川輝夫『聖なる王権ブルボン家』講談社選書メチエ)

では、この「青天の霹靂《へきれき》」のごとき事件を前にして、われらがリシュリューはどのように対処したのだろうか? コンチーニの腹心と見なされていたので、暗殺ないしは逮捕されても文句は言えない立場にあった。

実際、事件当日、ローマ教皇大使の館に向かおうとしていたリシュリューは凄惨な「民衆的な処刑」の現場に立ち会うはめになった。なんと、パリ民衆は、コンチーニの遺骸がサン＝ジェルマン＝ロクセロワ教会の墓地に埋葬されたことを知ると、これを掘り起こし、ポン・ヌフまで運んでさらし者にすると散々に凌辱《りょうじょく》しはじめたのである。だから、もしリシュリューが馬車に乗っていることが知れたら、彼も同じような運命を辿っていたことはまちがいない。

リシュリューは「国王万歳！」と叫びながらその場を逃げ出すと、ルイ一三世に忠誠を誓うために参内したが、すげなく追い払われた。その場で逮捕されなかっただけましと言わざるをえない。

「第一次母子戦争」を収めたリシュリュー

「さて、どうするか？」リシュリューは冷静になって自分の置かれた立場を考え、この危機を切り抜ける一番いい方法を熟慮検討した。

結論は次のようなものだった。

すなわち、いかに冷酷無比なルイ一三世であろうと監禁している母親をそのまま処刑することはあるまい。いずれ、双方とも和解を図ろうとするにちがいない。ところが、いまや、マリ・ド・メディシスの腹心はすべて追放されているので、その任に当たる人間がいない。ならば、自分がマリ・ド・メディシスとルイ一三世を結ぶ橋渡し役になるのがベストである。

「かくて、リシュリューは交渉の仲介役となった。リュイーヌは彼を使い役とすることを嫌ってはいない。こうして、大惨事の中にあって、リシュリューはただちに自分にふさわしい役柄を演じることができた。その役柄は結局のところ、両方の陣営にとって役に立つ重宝な人物という彼のキャラクターを引き立たせることとなったのである」（アノトー、前掲書）

こうして、リシュリューはブロワの城までマリ・ド・メディシスに付き添い、最も忠実な部下として愚痴の聞き役となったのである。

だが、リシュリューが危機を脱したと判断したのもつかの間、新たな災難が襲いかかる。リシュリューがマリ・ド・メディシスと図って王に叛旗を翻す陰謀を画策しているという噂が宮廷に広まったのである。難を避けるため、リシュリューはブロワ城を逃げ出し、司教の館があるクーセーに隠遁したが、それがかえってルイ一三世の疑惑をかきたてる結果となった。

一六一八年二月、折あしく、マリ・ド・メディシスの元大臣バルバンの陰謀が暴かれ、マリ・ド・メディシスはブロワの城に完全に幽閉される。そして、ついに、リシュリューと兄のアンリ、および義兄のヴィニュロ侯爵に対して国王から国外追放令が発せられ、リシュリュー一族は流謫《るたく》の地として教皇領アヴィニョンを選ばざるをえなくなる。一六一八年五月のことである。リシュリューは体調がすぐれず、また兄の妻マルグリットが出産直後に子供とともに死亡したという知らせが届いたこともあり、死を覚悟して遺書を書いた。

このように、リシュリューの努力は悪い方へ悪い方へと回転するだけだったが、それは、彼の有能さに無能な連中が嫉妬したためであった。

その無能な連中の最たるものが、いまや事実上の宰相の地位に上りつめたリュイーヌだった。しかし、リュイーヌこそがルイ一三世親政の泣き所となっていたのである。

「ルイは王太后を宮廷から追い出すと、国務会議をリュイヌに主宰させる。リュイヌが有能な人物だったのなら、結構なことだったかもしれない。ところが、政治・行政手腕ゼロ、自己と家族の栄達のみを追求する、お世辞にも大物と呼べるような人物ではなかった。このような人物を寵愛するところなど、ルイは母親マリの血をしっかりと受けついだと言える。そして、やがて宮廷の内外に妬みを惹起し、反リュイヌの声が高まると、ルイはやはり母親と同じ轍《てつ》を踏むこととなる。ここで再びルイと母親マリの立場は完全に逆転してしまう」（長谷川輝夫、前掲書）

具体的にどういうことかというと、コンチーニ打倒という点では王の周りに結束していた大貴族が、リュイーヌの無能と専横に業を煮やしてリュイーヌの解任を王に要求したのだが、王がこれに耳を貸さなかったため、彼らはマリ・ド・メディシス復権の企てに傾斜するに至ったのである。

こうして、フランスの歴史でも前代未聞の「母子戦争」と呼ばれる内戦の火ぶたが切って落とされた。

第一幕は、幽閉されていたブロワの城から一六一九年二月二二日にマリ・ド・メディシスが脱出したことから始まった。演出家は一連の陰謀劇の作者であるエペルノン公だったが、サスペンス映画さながらの脱出劇をいささか喜劇的にしたのは、マリ・ド・メディシスが城の三階の窓からブレンヌ伯爵たちの手引きで縄ばしごで抜け出そうとしたとき、体が重すぎて、縄ばしごが切れそうになったことだった。弱り果てたブレンヌ伯爵らは、マリの体を大きなマント下に包んだまま縄で縛り、荷物のように下に降ろしてことなきをえた。ルイ一三世は母后脱走の知らせにいきり立った。高等法院にエペルノン公を反逆者と認定させると、ただちに兵を率い、母后のいるアングレームに向かって出陣すると宣言したのである。

だが、王の老臣たちは全員、戦争に反対だった。というのも、王軍の整備は整わず、季節も進撃には最悪だったからである。そこで、国務会議のメンバーの大半は和平に傾いたが、そんなとき母后から脱走を正当化する居丈高な手紙が届いたので、王は再び逆上し、またも馬上の人となると言い出した。

動いたのはリュイーヌだった。リュイーヌは王に、軍隊の整備が整うまで時間稼ぎの必要があると説得して、そのためにアヴィニョンに追放されていたリシュリューを呼び戻して和平交渉の使いに立てるよう勧めたのである。

こうして、母子戦争という危機により、死んだはずのリシュリューが突如、蘇ることとなった。

平時においては、有能な人間は無能な人間の嫉妬によって押し潰される。だが、有事のさいには、無能な人間ではことが処理できないので、有能な人間が左遷先から呼び戻されることになるのだ。国家も会社も、この法則に変わりはない。よって、苦境に置かれた有能な人間は忍の一字で、状況の変化を待つしかないのである。

一六一九年三月二七日にアングレームに着いたリシュリューはさっそくマリ・ド・メディシスとその取り巻きたちを観察し、陰謀の首謀者であるエペルノン公自身も確たる信念を持っているわけではないことを見抜いた。また、母后も以前に比べて少しは聡明になっているように感じたので、王に反対する党派の頭目となることの危険性を説き、和平への道を選ぶことを勧めた。

ちょうどそのころ、和戦両様の構えを取るルイ一三世が軍を進め、アングレームに迫る勢いを見せたことも、リシュリューにとっては幸いした。追い詰められた母后はリシュリューを信頼するほかなくなり、和平提案を受け入れたのである。

かくて、王の使者として到着したラ・ロシュフーコー枢機卿との間で、五月四日、アングレームの和約が結ばれ、「母子戦争」はいったん収束を迎えた。これを歴史では「第一次母子戦争」と呼ぶ。王は寛大な措置を取り、母后の要求したアンジェ城、シノン城、ポン・ド・セ要塞の保全などの条件をすべて認めた。

リシュリューの評価は、マリ・ド・メディシスの側ばかりか、ルイ一三世の宮廷でもおおいに上がった。

「この交渉が終わったとき、リシュリューは奇妙なほど大きくなって現れた。深刻な局面においては、彼は不可欠な人間となったのである。（中略）称賛と賛嘆の合唱が突如、彼の周りから立ちのぼったのである。あまりに満場一致なので、敵でさえ承服せざるをえなかった。これを境に、この人物の知性の卓越性が全員から認められ、高らかに告げられたのである」（アノトー、前掲書）

ローマ教会の大物たちもこぞって称賛の手紙を教皇や枢機卿に送ったので、リシュリューの枢機卿承認は間違いのないように思えた。

王の側近たちの嫉妬と「第二次母子戦争」

だが、このときもまた、平時になると嫉妬の十字砲火にさらされるという運命がリシュリューを待っていた。

最初に嫉妬の爆発が起こったのはマリ・ド・メディシスのアングレームの宮廷だった。リシュリューが宮廷の諮問会議議長となり、兄アンリがアンジェ城の司令官となると、この兄弟の出世に反感を持つ者が現れた。コンデ親王を逮捕したことのある親衛隊長テミーヌである。テミーヌはことあるごとに兄弟の悪口をふれ回ったので、看過できないと見たアンリが決闘を申し込んだ。七月八日、最悪の結果がもたらされた。アンリはテミーヌの一撃を心臓に受けてその場で絶命したのである。

リシュリューが受けた打撃は大きかった。次兄が修道院に引きこもってしまっているため、アンリは唯一の近しい肉親だったからである。

嫉妬の炎はルイ一三世の宮廷でも燃え盛っていた。

炎をかき立てていたのはリュイーヌである。リュイーヌは、リシュリューの有能ぶりに恐怖を抱き、いずれ自分の地位を脅かされるのではないかと恐れた。リュイーヌは狡《ずる》さという点ではリシュリューに負けていなかったので、リシュリューに枢機卿の地位を約束するように見せかけて、彼の力を利用してやろうと考えた。その一つとしてリュイーヌが提案したのは、完全なる和平の実現のため王と母后をトゥール近郊のフジェール城で対面させることだった。

会見は九月五日に行われたが、もともと打ち解けない息子と母は和解するどころか反発を強める結果にしかならなかった。

さらには、会見が遠因となって、「第二次母子戦争」が勃発することになるのである。というのも、会見の眼目は、マリ・ド・メディシスをパリの宮廷に帰還させ、国務会議に出席できるよう取り計らうことで、提案を行ったのは、完全和解実現を目指すリシュリューだったが、これにまずリュイーヌが反発した。母后にはリシュリューという「付録」がついてくることが予想されたからである。リシュリューをパリの宮廷に入れたりしたら最後だと恐れたのである。しかし、リュイーヌはこの帰還プロジェクトに表立って反対はしなかった。というのも、パリの宮廷では、マリ・ド・メディシスによってバスチーユに投獄されていたコンデ親王が釈放され、国務会議で帰還反対派に回ったからである。

いっぽう、アングレームの宮廷でも、リシュリューの工作に対する反発が生まれていた。母后がパリに戻ったらそのまま宮廷内に幽閉されてしまうのではないかという反対意見が強くなっていたのである。さらに、コンデ親王が宮廷に戻ったことへの反発が反コンデ派の貴族の間で高まり、母后を中心にし、一大反対勢力を結成しようという動きが強まってきたのである。

その結果、帰還実現の望みはリシュリュー一人の手に委ねられる格好となった。リシュリューは双方の宮廷を頻繁に行き来し、マリ・ド・メディシスの帰還を実現し、戦争を回避しようと懸命に働いたが、状況は日々悪化し、戦争は避けられない勢いになった。

一六二〇年七月七日、リシュリューの努力も空しく、第二次母子戦争の戦端が開かれた。ルイ一三世が主戦派のコンデ親王の意見を入れて、母后側について王国からの分離を宣言したノルマンディーに攻め込んだからである。ルイ一三世が先頭に立って指揮する王軍は意気盛んで、ノルマンディーからメーヌ地方を回ってアンジュー地方へと兵を進め、八月七日には、母后軍の要衝ポン・ド・セでの攻撃を開始した。

いっぽう、母后軍の内部では、深刻な対立が起こっていた。大貴族たちの間で主導権争いが生じ、軍隊を総引き揚げする大貴族も現れた。ポン・ド・セの攻防戦では、レー公爵軍がそのまま王軍に寝返るなど、母后軍は総崩れとなり、ポン・ド・セはついに陥落した。和平交渉は八月八日に、リシュリューとリュイーヌの間で開始されたが、リシュリューの交渉術の巧みさにより、母后は自軍の大敗北にもかかわらず、アングレームの和約で認められた権益のすべてを保全されることとなった。

八月一三日、ついに母と子は恩讐を越えて和解した。

リュイーヌはリシュリューに枢機卿の座を約束し、ルイ一三世はローマ教皇大使にリシュリューの昇格を求める書簡を送った。

リシュリューはこれでようやくルイ一三世の信頼を勝ち得ることができたと思った。出世の道がパリの宮廷でも開かれたと感じたのである。

だが、甘かった。こうした場合、権力にある側のほうが常に一枚上手なのである。リュイーヌはルイ一三世がリシュリューを嫌い抜いていることを知っていたので、表面的にはリシュリューを枢機卿に推薦するふりをして、裏ではもう一人の候補であるトゥールーズ大司教を推した。

リシュリューは再びアングレームの宮廷に戻るほかなかった。リュイーヌが王の側近として残っている限り、リシュリューの出る幕はなかったのである。

それからほぼ一年後の一六二一年一二月一五日、リシュリューのもとに思いがけない知らせが届いた。リュイーヌがプロテスタント軍との戦いのさなかに、病死したというのである。ここから、リシュリューの運命は突如大きく開かれることになるのである。

国際情勢の変化に伴う王との和解、枢機卿就任

ルイ一三世の寵臣リュイーヌは全軍の最高司令官である大元帥（コネッタ－ブル）の位に上り詰めていたが、戦争はまったくの素人だったので、一六二〇年九月に始まったプロテスタントとの内戦でも不手際の連続だった。天王山の戦いであるモントーバン要塞攻防戦でもリュイーヌが出した不用意な突撃命令のため王軍は多数の死傷者を出し、包囲戦特有の流行病も蔓延したので、王軍は包囲を解かざるをえなかった。

大元帥の面目丸つぶれである。こうしたとき、小心の指揮者というのは名誉挽回とばかり、理不尽な行動に出ることが多いが、リュイーヌも例外ではなく、近くにあるモヌール

というプロテスタント系住民の小都市を攻撃し、報復として町に火を放つよう命じたので、王軍の内部からもリュイーヌへの非難が高まった。

そんなときである、熱病がリュイーヌを襲ったのは。リュイーヌは高熱で苦しんだ挙句、一六二一年一二月一五日、あっけなく息を引き取った。ルイ一三世の打撃は大きかった。ルイ一三世は決して凡庸な君主ではなく、理性や判断力にも優れていたが、一人ではものを考えられないという欠点を持っており、常に強力な補弼《ほひつ》者が必要だったのである。

そのため、リュイーヌが消え去るや否や、我こそは真の補弼者と自任する人間がいちどきに現れて王を取り囲んだ。しかし、ルイ一三世は猜疑心が人一倍強かったので、誰一人信じることができなかった。そんな状況の中で、にわかに影響力を強めていったのがマリ・ド・メディシス王太后である。

リシュリューは、マリ・ド・メディシスに、母としての資格でのみ王に仕えるという謙虚な姿勢で臨むように忠告し、自身に対するルイ一三世の警戒心を解こうと努めたが、王の心を捉えるまでには至らなかった。王はまだリシュリューに手玉に取られるのではないかという疑念を捨ててはいなかったからである。

だが、国際情勢が緊迫し、どうしてもリシュリューの知恵を借りなければならないときがやってくる。三年前の一六一八年にボヘミアのプロテスタント同盟と神聖ローマ皇帝フェルディナント二世との間で勃発したボヘミア・プファルツ戦争の影響で、イタリア・ドイツ・オーストリアを結ぶヴァルテリン回廊（馬蹄型の山脈）地帯の緊張が高まり、フランスが介入を検討せざるをえない状況が出てきたのである。

プロテスタントとの内戦ならまだしも国際情勢となると、王の周囲には、誰も適切な助言を与えることのできる人間がいない。そこで、ルイ一三世は母后の意見を聞くというかたちで間接的にリシュリューの具申を受けるようにしたが、この過程で、リシュリューへの評価が大きく変わってきたのである。

その紛れもない証拠は、一六二二年九月五日、リシュリューが晴れて枢機卿に任命されたという事実であった。一二月二二日にリヨンのサン＝ジャン大聖堂で行われた枢機卿就任式には、ルイ一三世が自ら出席し、リシュリューに枢機卿の証である緋色の帽子を授けた。

しかし、ここからいきなりリシュリュー時代が始まったわけではない。ルイ一三世はこの期に及んでもリシュリューに対する疑念を拭い去ることができなかったのである。そのため、リシュリューと母后が期待した宰相への任命の知らせは届かなかった。

その大きな理由は、実質的に宰相の地位を占めていた大法官シュリーとその息子のブリュラール・ド・ピュイシユがリシュリュー排除に懸命に努めていたことにある。リシュリュー嫌いの王にも異存はなく、幸運の女神はシュリー親子にほほ笑むかに見えた。

ところが、状況は一六二三年一月に一変する。公費横領が発覚し、シュリー親子は大臣の位を解かれてしまったのだ。リシュリューは思ったことだろう。「いよいよ、おれの時代だ」と。だが、年譜を見ると、シュリー親子解任からリシュリューの宰相就任までは一年と八カ月という空白がある。この間、リシュリューは一六二四年四月から国務会議への出席こそ許されたものの、権力を自由に行使できたわけではない。

宰相格で政治を取り仕切っていたのは凡庸なラ・ヴィユヴィル侯爵だったからだ。ルイ一三世はリシュリューの有能さはわかっていたのだが、どうしても国政を委ねる決心がつかなかったのである。思うに、この空白の期間こそ、ルイ一三世とリシュリューの関係を象徴しているのではなかろうか? すなわちルイ一三世は、巷間言われているように国家元首の責任感から好き嫌いを超えて実力優先でリシュリューを選んだわけではなく、できることなら凡庸でも安心できる宰相で行きたかったのだ。だからこそ、ラ・ヴィユヴィルを選んだのである。しかし、内外の情勢、とりわけ三十年戦争の開始によって緊迫の度合いを強めていた国際関係がそうした選択肢を許さなくなってきたのである。

もちろん、リシュリューも黙って指をくわえていたわけではない。国務会議に加わるや、ただちにラ・ヴィユヴィル追い落とし工作を開始し、汚職を暴くパンフレットを配下の者に書かせてこれを宮廷中にばらまいたのである。

潔癖な王にとってこの陰謀の効果は絶大だった。一六二四年八月一三日、ラ・ヴィユヴィルがサン＝ジェルマン宮殿の王の居室に入っていくと、ルイ一三世はいきなり解任を告げた。ラ・ヴィユヴィルはそのまま近衛隊長トレームによってアンボワーズの城に連行され、幽閉されてしまった。

王はただちに国務会議を召集すると、ラ・ヴィユヴィルとその義父のボーマルシェの解任の決定を伝えた後、リシュリュー枢機卿の方を向いて、おもむろに内閣を組織するように命じたのである。

ときに、リシュリュー三九歳。ルイ一三世はまだ二三歳の若い国王だった。ここから、国王と宰相の、信頼関係とは決して呼べない、歴史に類を見ない不思議な二人三脚が始まるのである。

決闘の禁止と王権の強化

リシュリューの悪いイメージづくりに「貢献」すること大であったアレクサンドル・デュマの『三銃士』は、物語の発端を一六二五年の四月に置いている。つまり、リシュリューが宰相の座に就いてから八カ月後のことで、以後、リシュリューを敵役としてストーリーは進行していくが、物語の主なテーマであるダルタニャンと三銃士との友情を裏から支えているのが決闘という習慣である。決闘こそ、デュマが彼らを「男の中の男」として描くための不可欠な要素であり、物語の背景としてルイ一三世統治期の初期を選んだのも、決闘が帯剣貴族の存在証明として歴史上最も盛んに行われた時期だからである。

とりわけ、ダルタニャンと三銃士が属する王の近衛銃士隊とリシュリューの親衛隊はライバル同士で、ことあるごとにいがみ合い、決闘を行ったことになっている。その様があまりにすさまじいので、もし、これが本当のことだったら、五体健全な男は宮廷からいなくなってしまうのではないかとリアリズム的な推測を働かせたくなるが、実を言うと、ルイ一三世とリシュリューが頭を悩ませていたのが、まさにこの決闘という習慣だったのだ。決闘の猖獗《しょうけつ》は国家にとって大きな損失だったのである。

というのも、国家にとって重要なのは、軍隊の中核である帯剣貴族を打って一丸と成し、国内の反対勢力（プロテスタントおよび大貴族）や外国軍と対峙させることにあるからだ。つまり、暴力は外に向けなくてはならないのである。それなのに、近衛兵と宰相の親衛隊がいがみ合って殺し合いを続けていたのでは、早晩、自滅は避けられない。

というわけで、王の信頼を得て宰相に就任したリシュリューが最初に手掛けたのが、決闘禁止令違反者に対して厳罰で臨むことであった。これまで、決闘禁止令はアンリ四世治下の一六〇九年以来、何度か出されていたが、ほとんど効き目がなかったので、リシュリューはこれを強化する方針を打ち出した。

その具体的表れは、一六二六年に改めて発せられた厳しい決闘禁止令に見ることができる。決闘に参加したものは理由を問わずに死刑に処するという内容である。『三銃士』を歴史的な観点から検討すると、ダルタニャンと三銃士のリシュリューに対する反発はこの決闘厳罰化への不満であったと見ることができる。決闘こそ帯剣貴族の存在証明と考える彼らにとって、決闘を禁止されたのでは生きる意味がなくなってしまうからである。事実、一六二七年五月、この禁止令に対して正面から刃向かう者が現れた。アンリ四世の造営したロワイヤル広場で三対三の決闘を行ったモンモランシー＝ブットヴィルという名門貴族である。モンモランシー＝ブットヴィルはもう一人の貴族とともに逮捕され、死刑判決を受けたが、このときにより強硬だったのはリシュリューではなくルイ一三世だった。

「パリ高等法院の司法官も、ほぼ全員が貴族ということもあって、王令にしたがって死刑を宣告したものの、国王の恩赦を期待して執行を翌日と決めた。しかし国王ルイの決意は固い。モンモランシー＝ブットヴィル夫人が足元に身を投げ出し、夫を赦してくださいといくら頼んでも、ルイは押し黙ったままだった。あとでお付きの者に、可哀そうな女性だが、自分の権威をどうしても保たねばならない、と言ったとされる。それでも国王は一応、国務会議のメンバーに意見を求めている。リシュリューは終身刑への減刑を提案したが、やはり国王はどうしても恩赦を与えない。

翌日、二名の囚人はグレーヴ広場で斬首される。この事件で多くの貴族たちは、国王の定めた法律に従わないこと、つまり国王への不服従の代償がいかに大きいか痛感したことだろう」（長谷川輝夫、前掲書）

フランス王妃の恋の鞘当てから、イギリスとの外交問題へ

このようにして、決闘禁止令によって国内の「暴力」を強力な軍隊へとまとめ上げた王権はそれを国内と国外の対抗勢力に向かって放つことができるようになったわけだが、まだフランスにとっては大きな懸案となっていた事項が二つあった。

一つはラ・ロシェルという難攻不落の要塞都市を拠点とする国内のプロテスタント勢力とそれを支援するイギリスの動向である。

もう一つは、宗教戦争に端を発して三十年戦争へとなだれこんだ神聖ローマ帝国におけるカトリック勢力（皇帝軍、ローマ教皇軍、スペイン軍）とプロテスタント勢力の戦いの趨勢《すうせい》である。分邦化に向かいつつあった神聖ローマ帝国が、もしこの戦いの結果、国家統一へと向かったら、それはフランスにとって大きな脅威となるにちがいない。だから、神聖ローマ帝国の内戦からは目が離せない状況にあったのだ。

では、こうした二方面の危機に対して、フランスはどのように対処すべきか、リシュリューは宰相就任にあたって熟慮を重ねた結果、とりあえずはイギリスに対する宥和《ゆうわ》策から始めることにして、イギリスのチャールズ皇太子とルイ一三世の妹のアンリエットを結婚させる決意を固めた。

ところが、この婚姻政策が思わぬ余波をもたらす。アレクサンドル・デュマに『三銃士』のメイン・ストーリーを提供すると同時に、ラ・ロシェル攻防戦へのイギリス軍の参戦と

いう事態を引き起こすことになるのである。

発端は、一六二三年にチャールズ皇太子がバッキンガム公という寵臣を同伴してパリをお忍びで訪れたことにある。バッキンガム公というとわれわれは由緒正しい貴族を連想するが、実は、レスター州の郷紳《きょうしん》ジョージ・ヴィリアーズがバイ・セクシュアルだったイギリス国王ジェームズ一世に寵愛され、バッキンガム公爵という最高の爵位を与えられたにすぎない。

パリを遊び歩いていたチャールズ皇太子とバッキンガム公は、母后マリ・ド・メディシス所有のリュクサンブール宮で王室総出演のバレエの公演があると知り、見物に出掛けた。

このときのバレエに女神役で出演していたのが王妃のアンヌ・ドートリッシュである。スペイン王家から嫁いだアンヌはブルボン王朝歴代の王妃の中では抜群の美人である。それが透ける衣装の女神に扮したのだから、美人には目のないバッキンガム公がほれ込まないわけがない。

しかし、お忍び旅行では王妃に言い寄ることもできず、空しく故国に引き揚げた。

ところがそれから二年後の一六二五年の五月、思わぬチャンスが巡ってくる。三十年戦争で反スペインの共同戦線を張ることとなった英仏が急接近、王として即位したチャールズ一世とアンリエット王女（アンリ四世の娘、ルイ一三世の妹）との結婚式がパリで執り行われることとなったのだが、このときバッキンガム公はアンリエット王女をイギリスに連れて帰るという大役をおおせつかったのである。というのも、チャールズ一世は所用で結婚式には出席できず、代理のホランド卿を立てて結婚式を行ったからである。

さて、問題のラブ・アフェアーはこの結婚式の祝典の最中に起こったのである。

「ルイ十三世は、イギリスのカトリックが保護されることを条件に、この結婚に同意したという。しかし、あまり気が進まなかったのだろうか、ルイは病気を理由に祝賀行事には姿を見せていない。

一方、国王不在の隙をさいわいとばかりに、バッキンガム公がイギリス特命大使としての立場を利用して、王妃アンヌに近づくのである。（中略）たくみに操る宮廷フランス語もさることながら、イギリスから二十七着の服をトランクに詰めてやってきたほどのダンディぶりに、アンヌもたちまち恋の虜《とりこ》になる」（同前）

実は、この世紀のラブ・アフェアーにはいくつかの伏流が複雑に流れ込んでいた。

一つは、バッキンガム公がチャールズ一世から託されてきた任務である。チャールズ一世はフランス国内のプロテスタント勢力と連携する親英派貴族の一派をフランス宮廷内につくることを目論み、バッキンガム公にその任務を託したのだった。バッキンガム公は、おのれの美貌を使ってフランス宮廷の女性たちに取り入ることにしたが、そのとき導きの糸になってくれたのがシュヴルーズ公夫人だった。

シュヴルーズ公夫人は旧姓をマリ・ド・ロアンといい、モンバゾン公爵の娘で、例のリュイーヌ大元帥の妻に納まっていた。しかし、それ以上に重要なのは、彼女が孤独な王妃アンヌ・ドートリッシュのコンフィダント（秘密を告白する女友達）だったことである。互いに秘密を打ち明けあう危険な遊びに王妃を誘い込んだ彼女は、リュイーヌ大元帥夫人でありながらシュヴルーズ公爵と不倫の関係にあることを告白して王妃を楽しませたが、あまりに親しげなその関係がルイ一三世の疑念を呼び、宮廷から追放されてしまった。しばらくしてリュイーヌが死ぬと、彼女はシュヴルーズ公夫人に納まり、宮廷復帰を果たしたが、追放されたときの恨みを忘れず、ルイ一三世に一泡吹かせてやろうと虎視眈々《こしたんたん》と機会を狙っていた。できるものなら、国王をコキュ（妻を寝取られた男）にして恥をかかせてやりたいというのが彼女の願いだったのだ。

だから、バッキンガム公が接近してきたときには、渡りに船でこれに応じた。王をコキュにするには最高の逸材である。そこで、王妃に向かってバッキンガム公の美点を吹聴すると同時に、自分は国王代理であるホランド卿の愛人となっていると打ち明け、不倫の楽しさを教えたのである。ことほどさように、女性には、自分が不倫していると友達も不倫に誘い込みたがる危険な性癖があるようだ。

ところで、このラブ・アフェアーをより複雑にしているもう一本の伏流があった。それは、なんと、リシュリューが王妃アンヌ・ドートリッシュに恋していたということである。

枢機卿の恋についてはさまざまな説があるが、そのうちで最も露骨なものは、宮廷のスキャンダルを拾って歩いたことで有名なタルマン・デ・レオの次のような意見である。

「《枢機卿は》（中略）《王を憎んでおり、王の健康を危ぶみ、王位の維持は困難と踏んでいた。つまり彼は王妃を抱き込み、王太子をもうけさせるよう助力しようとした。その目的を達するため、彼女が理由も分からないまま、王ならびに母后と厳しく対立するよう仕向けた》」（ギー・ブルトン『フランスの歴史をつくった女たち　第3巻』田代葆訳、中央公論社）

「本当かしら」と眉に唾したくなるような記述だが、かつてはホラ話と言われたタルマン・デ・レオの『逸話集』は最近の研究では意外に真実を衝いているという見方に変わってきているのと、案外、このあたりが真相かもしれない。いずれにしろ、王妃とリシュリューがルイ一三世を挟んで微妙な位置関係にあったのは事実なのである。

かくて、三つの伏流が一つに合わさって噴出したのがアミアン事件である。一六二五年六月、イギリスに旅立つアンリエット王女を母后とともにアミアンまで見送りにきていたアンヌ・ドートリッシュは、恋人と永久の別れになるのかと嘆き悲しんでいたが、その姿を見たシュヴルーズ公夫人は仲介役を買って出て、バッキンガム公との庭園のデートをセッティングしたのである。

「美貌のイギリス男はまるっきりのぼせ上がっていたので、理性を失い、《猪突猛進》をやらかした。王妃の身体をその両腕で抱きしめると、彼女を草の上に押し倒し、荒々しい仕草でスカートを捲り上げ《辱め》ようとした。この獰猛さにびっくりしたアンヌ・ドートリッシュはもがき、助けを求めた。

お付きの者たち全員が馳せ参じた。

そのとき、王妃はシュヴルーズ夫人の腕の中に身を投げかけ、少々どぎまぎしているバッキンガムの前で、大泣きに泣いた」(同前)

これまた「本当かしら」と思わせる記述だが、少なくともこの最後の部分は多くの証言があるので本当である。

そして、このアミアン事件がやがてラ・ロシェル要塞攻防戦を巡る英仏戦争の導火線となるのである。

『三銃士』はリシュリューを一貫して敵役扱いしているが、だからといって『三銃士』が歴史を無視して、勝手な人物造形をしているわけではない。ときにデュマは歴史に立ち返り、リシュリューについて鋭い分析を示している。たとえば、ラ・ロシェル攻囲戦の原因はアンヌ・ドートリッシュ王妃を巡るリシュリューとバッキンガム公の鞘当てにあるとしているが、まさにその通りだろう。

「リシュリューは、誰も知っているように、王妃に恋をしていた。(中略)したがって、リシュリューにとっては、この際、フランス王国の敵を撃退するという目的のほかに、恋のかたきをうつ意味もあったのだ。（中略）イギリスに勝てば、バッキンガムに勝つことになる。リシュリューはそう確信していた。

（中略）

一方、バッキンガム公も王国の名誉を先頭にかざしながら、ひそかに枢機官と同じような野心に燃えていた。公も個人としての復讐である。かつて使節としてフランスに渡ろうと考えた時どうしても望みをとげなかった怨みがある。今度は、ぜひ、征服者として乗りこむ気概だった」（『三銃士（下）』生島遼一訳、岩波文庫）

デュマを奔放な想像力で歴史を捏造する小説家と侮るなかれ。支配者の考え一つで歴史が大きく変わる可能性を秘めていたこの動乱の時代には、バッキンガム公とリシュリューの恋の恨みがラ・ロシェル要塞攻防戦となって現れたのはほぼ事実なのである。少なくとも、バッキンガム公に関しては、恋と戦争は完全に一つのものであった。最も権威あるリシュリュー伝の作者であるフィリップ・エルランジェも「ラ・ロシェル攻囲戦は、一人の女の美しさが決定的な役割を果たすことになるヨーロッパ最後の戦争となるだろう」（エルランジェ、前掲書）と、デュマと見解を一にしている。

イギリスと組んだユグノーの大反乱、ラ・ロシェル攻囲戦

ラ・ロシェル攻囲戦は、ユグノーの頭目であるロアン公の弟スビーズ公が、ラ・ロシェ

ル沖合のレー島で王国海軍のモンモランシー公と攻防戦を繰り広げたあげく、一六二六年に敗れてイギリスに亡命したことに端を発する。スビーズ公はイギリスの参戦を導くために、リシュリューに対するバッキンガム公の嫉妬と憎悪をかきたてる作戦に出て、見事これに成功する。バッキンガム公はチャールズ一世の許可を得ると、一六二七年六月、自ら「クレオパトラ艦隊」と命名した一〇〇隻の大艦隊を率いてポーツマス軍港を出帆し、翌月にはレー島に上陸してフランス陸軍のトワラ元帥が守備を固めるサン＝マルタン＝ド・レー要塞への攻撃を開始したのである。ラ・ロシェルのユグノーもこれに呼応して、徹底抗戦の準備に取り掛かった。

このとき、リシュリュー率いるフランスはかなり不利な状況にあった。というのも、一六二一年から断続的に続いていた宗教戦争で戦費を使いつくし、国庫はほとんど空っぽになっていたからである。当時は傭兵が主体だったから、彼らに払う金がなければ戦争はできないという事情があったのだ。そこでリシュリューは徴税請負人たちから軍資金をかき集めるとラ・ロシェルへ急いだが、ラ・ロシェルの市議会はリシュリューの降伏勧告に断固とした拒否返答を寄越した。

かくて、一七世紀最大の内戦と呼ばれたラ・ロシェル攻囲戦が開始されたのである。一六二七年一〇月上旬のことである。レー島ではイギリス軍がサン＝マルタン＝ド・レー要塞のフランス軍を攻囲していたが、そのレー島とラ・ロシェル要塞をフランス軍が遠巻きに攻囲していた。つまり、二重の攻囲戦が展開したのである。

ルイ一三世とリシュリューはラ・ロシェル近くのエトレ城に本陣を敷き、ここから攻囲戦の指揮を執った。戦略の中心は兵糧攻めである。ラ・ロシェル要塞は難攻不落で、多数の巨砲を装備していたため、兵糧攻め以外には考えられなかったのである。

といっても、ラ・ロシェルは軍港で海に向かって開いているし、対岸のレー島はバッキンガム公率いるイギリス軍が占拠しているため、包囲網は思うようには完成しなかった。

だが、秋が深まり、天候が厳しくなると戦況が大きく動いた。レー島でサン＝マルタン＝ド・レー要塞を攻囲していたイギリス軍の間で疫病が蔓延し、戦病者が増加するとともに兵士たちの戦意がいちじるしく低下したのである。かくてはならじとバッキンガム公は一一月五日に要塞の総攻撃を命じたがこれが惨めな失敗に終わり、さらに地続きのロワ島から上陸したショーンベルク率いるフランス軍に背後を襲われてイギリス軍は二〇〇〇人以上の損害を出すはめになる。

こうなったらもはや撤退しかない。一一月八日、バッキンガム公の「クレオパトラ艦隊」はレー島を脱出するとポーツマスに向かった。途中、チャールズ一世から出撃許可をもらったホランド卿の援軍艦隊と落ち合ったがすでに後の祭りだった。

バッキンガム公の独りよがりの戦いで大迷惑を被ったのは、ラ・ロシェル要塞に閉じこもった市民たちだった。孤立無援に陥った市民たちは国王軍との和平の道を探ったが、ルイ一三世の回答が無条件降伏以外にないと知ると、市議会は徹底抗戦を決議した。

一方、リシュリューは新たな攻囲作戦を検討していた。バッキンガム公の艦隊が戦力を補充して戻ってくる前に、港の出入り口に船を沈め、その上に石を積んで堤防を築くというものである。計画はバッソンピエール元帥の指揮で実行に移され、一六二八年三月、全長一五〇〇メートル、高さ二〇メートル、幅八メートルの大堤防が完成した。堤防の外には、軍艦が待機してイギリス軍の急襲に備えた。

イギリスでは、ほうほうの体で逃げ帰ったバッキンガム公に対して世論が厳しくなり、再遠征にも反対したが、チャールズ一世はなんとか寵臣に花を持たせてやろうと再遠征を決定した。ただし、艦隊の指揮はバッキンガム公ではなく、王族のデンビー卿に委ねられることとなった。あまりに無能すぎる司令官に将兵が反発したからである。

しかし、八月の中旬に出帆したデンビー艦隊は、ラ・ロシェルの沖合まで行きながら、数回の攻撃を試みただけで、あっさりと引き揚げてしまった。あわてたバッキンガム公はポーツマスまで出向いてなんとか再出撃を準備させたが、努力はそこまでだった。というのも、八月二三日の夕食後、バッキンガム公はフェルトンという清教徒の中尉によって暗殺されたからである。『三銃士』ではリシュリューの命を受けた妖婦ミレディーがフェルトンを巧みに誘導したように書かれているが、リシュリューのスパイ網はイギリス中に張り巡らされて、イギリス政府がフランスにとっても最も好ましい結論（つまりバッキンガム公の暗殺）を導き出すよう工作していたというから、ハニー・トラップ説もありえない仮定ではない。

しかし、バッキンガム公は葬りさられたが、その遺志はイギリス政府に受け継がれることとなる。リンゼー卿に率いられた一五〇隻のイギリス艦隊が九月一七日にポーツマスを出港すると、下旬にはラ・ロシェル沖に勇姿を現したからである。兵糧攻めで飢餓状態に陥っていたラ・ロシェル市民は熱狂して迎えたが、なんたることか、リンゼー艦隊はアリバイでもつくるように数回の攻撃を試みただけで舳先《へさき》をイギリスに向けると、そのまま帰帆してしまったのである。

ところが、このような絶望的な状況にあっても、ラ・ロシェルの市民の士気はいまなお盛んだった。餓死者続出でも、徹底抗戦の構えを崩さない。だが、一六二八年一〇月二八日、さしもの市民の我慢も限界に達した。一年の籠城の後、ついに降伏したのである。戦端が開かれたときには二万八〇〇〇人を数えた町の人口は降伏時には六〇〇〇人を割っていた。ルイ一三世はほとんど処刑を行わず、寛大に戦後処理を行った。抵抗する者は徹底して弾圧するが、〝服従する者には寛大な態度で臨む国父〟というルイ一三世の評判がこれによって確立されたのである。

内憂外患、度重なる王弟ガストンの陰謀とスペイン抗戦

こうして、ユグノー最大の拠点ラ・ロシェルが陥落したにもかかわらず、リシュリューはあい変わらず内憂外患に悩まされていた。しかも、内憂と外患が密接に結びついていただけに一層始末が悪かった。

まず内憂からいくと、その最大の原因は、ムッシューと呼ばれる王弟ガストン・ドルレアンの存在だった。ガストンは、七歳年上のルイ一三世とちがって母后マリ・ド・メディシスの溺愛を受けて育ったせいか、小心者の癖に威張り屋という度し難い性格の持ち主となっていたが、ルイ一三世が病弱な上に継子に恵まれなかったことから、いずれ王位はガストンに行くと予想する宮臣や大貴族の支持を受け、宮廷内の反リシュリュー派が形成されるたびに頭目としてかつぎ出されていたのである。

事実、ガストンはそれまでも何回か、妖婦シュヴルーズ公夫人の企てた枢機卿暗殺計画の一翼を担っていた。

きっかけは、リシュリューが推し進めたモンパンシエ公令嬢とガストンの結婚話だった。モンパンシエ家というのは王家に匹敵するほどの大資産家でその令嬢と結婚すれば、ガストンには莫大な持参金がもたらされることになるので、母后のマリ・ド・メディシスも大乗り気だった。また、ガストン本人も、ルイ一三世に跡継ぎが生まれない以上、結婚で男の子が生まれれば、王位と同時に財産が転がり込んでくるわけで、反対する理由はなかっ

た。

ところが、シュヴルーズ公夫人はこの結婚に断固反対だったのである。シュヴルーズ夫人は、リシュリューの計画はなにもかも気にくわなかったのだ。そこで、モンパンシエ嬢との結婚を予定していたソワッソン伯に接近した後、ガストンの養育係だったドルナノ元帥を味方に引き入れると、ただちに反対党を結成し、ガストンに結婚を断らせることに成功した。しかし陰謀を察知したリシュリューによってドルナノ元帥が逮捕されると、一味を解散して雲隠れした。

だが、ほとぼりが冷めるとシュヴルーズ夫人はまたも暗躍を開始し、今度は直接、リシュリュー暗殺計画に手を染めた。陰謀の中心となったのは、アンリ四世と愛妾《あいしょう》ガブリエル・デストレとの間にできたヴァンドーム公セザールとフランス大修道院長アレクサンドルの兄弟である。段取りはこうだった。まず、フォンテーヌブロー近くのリシュリューの別荘をガストンが訪問する。議論が白熱したタイミングを見計らって、シュヴルーズ夫人があらかじめ刺客として抱き込んでいたシャレー侯爵にリシュリューを刺し殺させるというものだったが、陰謀はスパイ網を宮廷にも張り巡らしていたリシュリューの知るところとなり、寸前で挫折した。リシュリューが先制攻撃をかけ、ガストンをフォンテーヌブロー宮殿に訪問し、すべてはお見通しだと匂わせながらガストンを恫喝すると、ガストンはとたんに腰が砕けて、モンパンシエ嬢との結婚に同意してしまったからである。

これを知ったシュヴルーズ夫人は烈火の如くに怒ってガストンをなじり、再び暗殺計画に加わらせた。しかし、リシュリューは役者が一枚上だった。今度もすばやく情報をキャッチすると、ガストンがシャレー侯爵と一緒にいるところを一網打尽に逮捕した。ガストンは諦めて結婚契約に署名し、シャレー侯爵は斬首された。シュヴルーズ夫人は当時独立国だったロレーヌ公国に亡命した。ガストンとモンパンシエ嬢との間には女の子が一人生まれたが、モンパンシエ嬢は産後の肥立ちが悪く、若くして身罷《みまか》った。その女の子はフランスで最も裕福な二つの家の財産を受け継ぎ、マドモワゼル（王弟の娘のこと）と呼ばれたが、その男勝りの性格から「グランド・マドモワゼル」と呼ばれるようになり、フロンドの乱においては反マザランの先頭に立って、テュレンヌ率いるルイ一四世の軍隊に向かってバスチーユ城塞から大砲をぶっ放すことになるのである。

以上は、ラ・ロシェル攻囲戦の前に起こった陰謀事件だが、攻囲戦が成功裏に終わった後も、ガストンを神輿《みこし》としてかつぐ陰謀事件は絶えなかった。しかし、ガストンが攪乱《かくらん》要因であっても、それが、外患であるスペイン問題と関係していなければ、老獪《ろうかい》なリシュリューにとってはそれほど厄介なことにはならなかったかもしれない。だが、現実には、この外患が内憂とリンクしてしまったのである。

スペイン問題とは、具体的には、北イタリアのマントヴァ公国の君主であるゴンザーガ公爵家に男子の公位継承者がおらず、ゴンザーガ家の分家筋に当たるヌヴェール公が公位継承権を主張したことに端を発する。フランスに帰化したヌヴェール公が君主となったら、スペイン領であるミラノ公国の喉元にフランスの合口が突き付けられる格好になる。おまけに、マントヴァ公国の飛び地でミラノ公国に隣接する属領モンフェラート伯領にはカザーレ要塞があったため、スペインはマントヴァ公国がフランスの支配下に入ったら、北イタリア全体が脅かされると恐れ、一六二八年五月にカザーレ要塞攻撃を開始した。リシュリューはラ・ロシェル攻囲戦から戻ると、ルイ一三世に強く進言してカザーレ要塞救援のための派兵を決定した。一六二九年一月のことである。

こうして、以後、三〇年に及ぶ、仏西三十年戦争が勃発した。この戦争はドイツを戦場とするドイツ三十年戦争とリンクして、ヨーロッパの覇権を決する大戦争へと発展していくことになる。

マントヴァ戦争に介入した緒戦においてはフランス軍は勝利し、またドイツ三十年戦争においても神聖ローマ皇帝軍を牽制するのに成功したが、まさにこの国外における勝利が国内におけるリシュリュー失脚の危機を招くことになったのである。

リシュリュー失脚の危機！　母后マリ・ド・メディシスの裏切り

原因はルイ一三世とリシュリューがラ・ロシェル攻囲戦とマントヴァ戦争のためにマリ・ド・メディシス母后を摂政に立てて国内政治を一任していた間に彼女の勢力が増大

し、宮廷内にリシュリューに対する一大反対派が形成されていたことにある。とりわけ、リシュリューの懐刀だった国璽尚書《こくじしょうしょ》マリヤックが実力を蓄え、反対派の中心となったことがリシュリューにとっては痛手だった。では、なにゆえに、かつては一心同体だったマリ・ド・メディシスとリシュリューの間に亀裂が生じたのだろうか？

「王太后がリシュリューに対して高飛車に出た背景には、彼女を支持する『篤信派』が控えていたことも手伝っていた。カトリック防衛とプロテスタント撲滅こそが自らの義務と信じ、スペインに与《くみ》すること、イギリスをカトリックに改宗させることなどを願っていた人々である。その指導者ベリュル枢機卿が没したのは痛手であるが、国璽尚書のマリヤックがいるではないか。マリヤックは『ミショー法典』と呼ばれる一六二九年の王国改革案を示した人物である。このとき王太后は、この改革を実施するにはまず平和でなければならず、ハプスブルク家と対決することなどもっての外《ほか》だ、と考えていたのである」（長谷川輝夫、前掲書）

マリ・ド・メディシスとマリヤックの「篤信派」が強気になって反リシュリュー派を形成したのは、リシュリュー更迭《こうてつ》に関してルイ一三世の合意を取り付けているという確信があったためである。

一六三〇年九月二一日、マントヴァ戦争に出陣していたリシュリューと落ち合って戦略を協議するためにリヨンにやってきたルイ一三世は国務会議を開催した後、高熱を発して重体に陥った。そして二九日には、懺悔聴聞僧のシュフラン神父が呼ばれ、臨終に王妃と母后が立ち会うことになった。そのとき、二人は瀕死の王からリシュリュー追放の確約を得たと信じたのである。

あと数時間で、布告役人の「王は死んだ。新王万歳!」の言葉と同時にガストン一世が誕生すると誰もが思っていた。すでにマリ・ド・メディシスを中心にして、リシュリュー排除の新内閣の組閣人事が行われ、国王薨去と同時にリシュリュー逮捕の王令が出される手筈《てはず》となっていた。アンヌ・ドートリッシュ王妃はというと、モンパンシエ嬢が死んで独身に戻っていたガストンと結婚し、もう一度、王妃になることに決められていた。

ところが、三〇日の朝になっても、布告役人はバルコニーに姿を現さなかった。なんと、ルイ一三世は奇跡的に回復し、すっかり元気を取り戻していたのである。

それから一カ月後、パリに戻った宮廷では、母后と王妃が共同戦線を張って、王に約束の履行を迫っていた。一一月一一日の朝、リュクサンブール宮殿でルイ一三世と母后が密談中という情報を入手したリシュリューは例によって先制攻撃のつもりで母后の居室に現れたが、母后の激しい拒否と罵倒にあい、床にひざまずき、泣いて詫びたが、ついに許しをもらうことはできなかった。王は修羅場にうんざりしたように、リシュリューにその場から去るように命じると、サン・シモン侯爵とともにヴェルサイユの離宮に向かった。翌日に狩りを予定していたからである。

リシュリュー失脚の噂はその日のうちに宮廷に広まった。人々は新内閣の首班には国璽尚書マリヤックの弟であるマリヤック元帥が予定されていると噂した。

リシュリューは逃亡の準備を進めていた。かつての主人コンチーニを襲った悲劇が脳裏に蘇り、自分が二の舞を演ずるのではないかと恐怖した。

ところが、その夜、ヴェルサイユ離宮にいるルイ一三世から呼び出しを受けたリシュリューが恐る恐る出廷すると、王は「この世で最も忠実なしもべ」と呼びかけ、「私は母よりも国家に責務を負うている」と断言した。政権を引き続き担当せよという命令である。ことほどさように、たとえ、君主の寵愛を失ったと思っても、臣下は最後の最後まで諦めてはいけないのだ。気まぐれな君主はいつ何時、意見を変えるかわからないからである。

喜び勇んでパリに帰ったリシュリューはただちに反撃を開始し、マリヤック兄弟の逮捕を命じた。弟のマリヤック元帥は反逆罪で有罪を宣告されて、斬首された。兄の国璽尚書マリヤックは二年の幽閉の後、絶望の果てに死んだ。陰謀に加担したとされたバッソンピエール元帥はバスチーユに投獄された。マリ・ド・メディシスはというと、リシュリューが故意に流した「母后逮捕」の噂におびえてスペイン領ネーデルランドに亡命、ヨーロッパを転々とした後、フランスに戻ることなく一六四二年七月に世を去った。この大逆転の一日を称して、フランス史では「欺かれた人々の日（ジュルネ・デ・デュープ）」という。欺かれた人々とは、ルイ一三世の約束を信じて欺かれた母后たちのことを指す。

一方、ルイ一三世との一体感を確信したリシュリューは、以後、絶対王制の確立を目指して着実に歩を進めていくことになるのである。

国民の恨みを買った中央集権化政策

リシュリューが今日から見れば偉大というほかない業績を残したにもかかわらず、フランス中から憎まれていたのはなぜかというと、中央集権化という大目標達成のために、国民のあらゆる層に犠牲を強いたからである。

まず、「川上」の方から行くと、国家意思の決定機関である枢密国務会議のメンバーの入れ替えである。リシュリューは陰謀が企てられるたびに、連座した母后や王族や大貴族をメンバーから外し、代わりに息のかかった法服貴族を補充していくことで、最終的には枢密国務会議を自派で固めるのに成功した。つまり、執行権力を強化することで国家意思の迅速な適用を図ったのである。

次に「川下」に移ると、こちらは、アンリ四世の時代からあったアンタンダンと呼ばれる地方長官を制度化したことが大きい。先祖伝来の領地を所有する大貴族が徴税、治安、司法などの実質的権力を保有している地方に、リシュリューは国王の親任官であるアンタンダンを派遣し、権力を一元化して中央集権化を徹底させたのである。明治維新でいえば「廃藩置県」に相当するものだが、実は「廃藩置県」そのものがリシュリューに始まる近代国家フランスの中央集権化（郡県化）政策に起源を持つものである。

このアンタンダン制度における眼目は、租税負担の公平化を名目とした直接税の効率的な徴収にあった。大貴族支配の地方では領主と領民がなれあいの関係にあり、国が直接税の取り立てを命じても効率的にことが運ばなかったが、リシュリューは、三十年戦争介入で軍事費が増大すると、一六三六年からは収税執行吏が小銃隊を帯同することを許し、租税滞納者は債務監獄にぶち込み、滞納金の支払いがなされるまで財産を差し押さえたのである。

このような三十年戦争介入を契機とする強権措置は当然、民衆ばかりか、彼らの保護者を自任する大貴族たちの反発を招き、各地で大規模な反乱を引き起こすことになるが、リシュリューにとってはそうした反発はとうに織り込み済みであった。当代一の頭脳の持ち主であるリシュリューに「戦争介入→軍事費増大→徴税強化→民衆反乱→鎮圧→支持の低下」という筋道がわからないはずはないのだ。では、なぜリシュリューはあえて三十年戦争介入という道を選んだのだろうか？

フランスの存亡を賭けた三十年戦争介入

それは、ヨーロッパの覇権を争っていたフランス、スペイン、神聖ローマ帝国という三つの大国において中央集権化の動きが急速に広まってきたためである。三国の中で一番早く中央集権化に成功した国が他国を制するとリシュリューは考えたのだ。

事実、後世の視点から見ると、この時期にリシュリューが現れて一気呵成《いっきかせい》に中央集権化を達成したからこそフランスは大陸の覇権を握ることができたのだ。反対に神聖ローマ帝国は中央集権化に失敗したために覇権争いから脱落し、一九世紀後半にプロイセン主導のドイツ統一がなされるまで、領邦国家に留まらざるをえなかった。

では、リシュリューは、大陸列強のこの中央集権化争いにどう対処したのか?

自国の中央集権化を加速する一方で、他国、とりわけ神聖ローマ帝国の中央集権化を遅らせるという二つの政策を同時に遂行したのである。

具体的に言えば、プロテスタント諸侯同盟の撲滅で中央集権化を図る神聖ローマ皇帝フェルディナント二世の政策を妨害するためにプロテスタント諸侯同盟を援助する一方で、国内的にはラ・ロシェル攻囲戦をはじめとして、ユグノーの拠点を次々に攻撃するというかたちになって現れた。一見するとあい矛盾した政策だが、中央集権化競争という観点から見れば一本の太い線で結ばれているのであり、それこそがリシュリューの掲げた「国家理性」にほかならない。

とはいえ、リシュリューとしては、当然、国内の中央集権化が第一であり、三十年戦争への直接介入はできれば避けたいというのが本音であった。そのためスウェーデン王グスタフ・アドルフが一六三〇年に三十年戦争に介入し、ドイツに上陸してプロテスタント諸侯との連携を探ると、フランスから年三〇万フランの資金援助をする密約を交わし側面支援する方針を取った。

ところが、軍事的天才グスタフ・アドルフが破竹の勢いで進撃を開始し、次々と皇帝軍の拠点を陥落させると、リシュリューは突然態度を変える。もし、グスタフ・アドルフを盟主とするプロテスタント諸侯同盟がドイツ全体を制して、ドイツがプロテスタント的に統一されてしまったなら、それはそれでフランスにとって大きな脅威となるからだ。よって、このプロテスタント的統一も回避しなくてはならない。

そのため、リシュリューはドイツとフランスの緩衝地帯にあたるロレーヌ公国に出兵し、バイエルンの首都ミュンヘンを陥落させたグスタフ・アドルフを牽制することにした。

だが、一六三二年一一月にリュッツェンの戦いでグスタフ・アドルフが戦死したことでスウェーデン軍の勢いが止まり、二年後の一六三四年九月にネルトリンゲンの戦いでスウェーデン軍とプロテスタント諸侯連合軍がスペイン王子フェルナンド（スペイン王フェリペ四世の弟）率いるスペイン軍と皇帝軍の同盟に大敗を喫すると、リシュリューは熟慮の末、プロテスタント側に立っての参戦を決意する。というのも、スペイン軍がベルギーのブリュッセルに向かい、フェルナンド王子がフランドル総督となって、オランダを窺う姿勢を見せたからである。

リシュリューの予想では、スペイン軍と皇帝軍が勝ち進んで三十年戦争がハプスブルク同盟の勝利に終わったら、フランスは挟撃されて消滅するほかない。よって、オランダ・スウェーデンと攻守同盟を結んだうえで、スペインに宣戦を布告しなければならないのである。こうして一六三五年五月、フランスはプロテスタント側に立って三十年戦争に直接介入し、ルクセンブルクに侵攻してオラニエ公（オレンジ公）率いるオランダ軍との合流に成功した。

しかし、緒戦での勝利は長く続かなかった。オランダではフランドル総督軍の攻勢に押され、ロレーヌ公国やイタリアでも劣勢に立たされ、リシュリュー率いるフランスは、大西洋を除くすべての方位からの攻撃にさらされることとなった。なかでも脅威が迫っていたのは北のベルギー方面だった。フェルナンド王子率いるスペイン軍がフランス国境を越えて侵攻を開始したからである。一六三六年五月のことである。

スペイン軍は破竹の勢いで進撃し、七月にピカルディ地方を荒らし回った後、アミアンに進路を向け、八月にはソンム川沿いのコルビー要塞を包囲した。もし、この要塞が陥落したら、アミアンは風前の灯火である。次にはスペイン軍はアミアンから南下して一気にパリに迫るだろう。実際、コルビー攻囲戦が始まると、パリでは巨大なパニックが広がった。恐怖に駆られたパリ民衆は家財道具を荷馬車に載せ、南に向かう街道に殺到したのである。

同時に、パリではリシュリューに対する非難の声が高まった。国内では敵対するプロテスタントの側に立っての参戦であるから、カトリック陣営からは当然のようにリシュリューの更迭でスペインとの和平を探ろうという動きが出てきた。

実を言うと、これはスペイン当局が目論んだ背後操作でもあった。というのも、フランス深く侵入したスペイン軍の間では、兵站線《へいたんせん》が伸びきっていることを理由に消極論が出てきていたのだ。パリまで一気に進撃すべきという積極論もあったが、フェルナンド王子自身が消極論に傾いたため、進撃は一六三六年八月一七日のコルビー陥落で小休止した。当分は、パリの情勢を見ようというわけである。リシュリューが更迭されれば、大きな犠牲を払ってまでパリ陥落を狙わなくてもよい。そのため、フェルナンド王子は盛んに「敵はフランス国民ではなく、カトリックに敵対しているリシュリューである」というプロパガンダを展開した。

実際、パリではいつリシュリュー失脚のニュースが流れてもおかしくない情勢だった。リシュリューを支持する声は民衆の間はもちろん、政府内部でも少数派となっていたのだが、そんな中、一人だけ断固としてリシュリュー支持を表明していた人物がいた。ほかでもないルイ一三世である。

はにかみやルイ一三世の跡継ぎ問題と宮中スキャンダル

ルイ一三世は、コルビー包囲が続く八月上旬、パリ全市民に一致団結を呼びかけた。民衆にパリ防衛軍に参加するよう懇請すると同時に、裕福な市民には傭兵を雇うための資金援助を訴えたのである。王はルーヴルであらゆる階層の市民代表と直接会見し、彼らを抱き締めながら国家総動員への協力を呼びかけた。

効果はてきめんだった。あれほどに自分本位だったパリ市民が首都防衛のために一致協力を開始したのである。ルイ一三世は、普段ははにかみ屋で内気だが、危機に臨んでは真価を発揮するタイプの偉大な国王だったのである。

リシュリューも国王の信頼に応えて国家総動員体制を瞬く間に整えると、あらゆる手段を使ってかき集めた軍隊を首都防衛に向かわせた。三カ月後の一一月九日、コルビーを死守していたスペイン守備隊が降伏した。すでにスペイン軍の本隊は兵站線の寸断を警戒してブリュッセルに戻っていたので、これでフランス軍は国境から外国軍をほぼ駆逐したことになる。コルビー解放が知らされると、テ・デウムの鐘がノートル＝ダム大聖堂の鐘楼から打ち鳴らされ、パリ中が熱狂した。

このように、コルビー奪還で決定的な危機は回避されたが、フランスが当面の敵であるスペイン軍に勝利したわけではないので、不安定な状態はなお続いた。来るべき全面戦争に備えて増税を強行したリシュリューに対して社会の各方面から怨嗟《えんさ》の声が上がっていた。しかし、実を言うと、そうしたこと以上にリシュリューを悩ませている問題があった。ルイ一三世とアンヌ・ドートリッシュの間に、結婚二〇年を経過しても世継ぎが生まれないことだった。

原因はルイ一三世の極端なセックス嫌いにあった。セックスをおぞましいものと思い込んでいる王はアンヌ・ドートリッシュの寝室には近づかなかったのである。

「なんとかしなければならない」とリシュリューは考えた。幸いなことに、ルイ一三世は完全な女嫌いではない。好みの女性に積極攻勢をかけさせたら、あるいはセックス嫌悪症も治癒するかもしれない。そうなれば、王子誕生への道も開ける。

そんな折も折、リシュリューのもとにルイ一三世がマリ・ド・オトフォールという母后付きの侍女に恋したという噂が届いた。そこでリシュリューはオトフォール嬢にいろいろと指示を与えて、王の行動を遠隔操作することにした。曰く、王の風変わりな求愛行動には目をつぶり、王をベッドに引き込むタイミングを待てと。機会はすぐに訪れた。

「ある晩のこと、かなり強烈なうずきに見舞われた彼女は、王に飛びつき、彼をしゃにむに寝台に誘った。

ルイ一三世はもがき、彼女をふりほどこうとし、四苦八苦した。彼としては、若い娘が非理性的な懊悩《おうのう》に取り憑かれるなどということは想像を絶することだったので、それを彼女に言った」（ギー・ブルトン、前掲書）

結局、オトフォール嬢の大胆な試みは失敗に終わり、王は愛妾から遠ざかった。この失敗に懲りたリシュリューは宮廷の美女の中からできる限り純情可憐な乙女を探すことにした。お眼鏡にかなったのはルイーズ・ド・ラ・ファイエット嬢。リシュリューはお膳立てしてから、ラ・ファイエット嬢が得意の歌を披露しているところを王に見学させた。果たせるかな、王はラ・ファイエット嬢に一目惚れした。リシュリューは思惑通りにことが運んだとほくそ笑んだが、これがとんだ誤算だった。ラ・ファイエット嬢は王の純情な求愛に感動し、ベッドには誘わなかったのだ。

業を煮やしたリシュリューはラ・ファイエット嬢がパリのサント＝マリー修道院に入るように陰謀を巡らした。絶望した王は修道院を頻繁に訪れて面会を乞うたが、ラ・ファイエット嬢から逆にフランスに王太子をもたらす責務を果たすようにと説教された。どうやら、これが効いたらしい。というのも、一六三八年九月五日、アンヌ・ドートリッシュはサン＝ジェルマンの城でめでたく王太子を産み落としたからだ。後のルイ一四世である。

この奇跡のような出産劇には諸説あり、ルイ一四世はルイ一三世の子供ではないとする見方が有力だが、どの説もこのドラマの演出者はリシュリューであるとする点で一致している。リシュリューの深慮遠謀によってアンリ四世の庶子に当たる貴族が王妃のベッドに送りこまれ、王の代役を務めたというのである。たしかに、これならブルボン王朝の血統はつながっており、傍系とはいえY染色体の正統性は保たれることになる。いかにも王権至上主義者のリシュリューらしい発想ではある。

いずれにしろ、王太子の誕生で王弟ガストン・ドルレアンが陰謀を巡らして王座を狙う危険性は遠のいたように思われたが、意外な伏兵が待ち構えていた。

オトフォール嬢のもとに戻ったルイ一三世がセックスを迫られて往生しているのを見たリシュリューは、サン゠マールという絶世の美少年を王の小姓として参内《さんだい》させ、王の愛情がこの少年に移るように仕向けたのだが、これがいけなかった。少々薬が効きすぎたらしく、王はこの少年にすっかり夢中になり、王室衣装寮長官から側近中の側近である主馬頭《しゅめのかみ》（グラン・デキュイエ・ド・フランス）に取り立てて、完全な恋人扱いするに至ったのである。

といっても、王にはセックスへの根強い嫌悪感があるので関係はプラトニックなものに留まった。ヘテロであるサン゠マールは夜な夜なマリオン・ド・ロルムという当代一の高級娼婦のところに通いつめ、昼だけ王の相手を務めることにした。ところが、そうしたサン゠マールのいい加減さが逆に王を恋の虜にしたのである。サン゠マールに邪険にされると王はいっそう恋にのめりこみ、サン゠マールなしでは一刻も過ごせなくなってしまった。それを知ったサン゠マールは増長し、王を鼻先であしらうようになった。そのため国家存亡の危機にあっても王は国事に専心できない状態に陥った。

リシュリューにとっては大きな誤算だった。そこで、リシュリューは一大決心をして、まずマリオン・ド・ロルムを自分の愛妾としてサン゠マールと手を切らせ、ついで、サン゠マールがヴァルテリン回廊問題の当事者マントヴァ公の娘マリ゠ルイーズ・ド・ゴンザーグと結婚したいと言い出すと、裏から根回しして王にこれを拒否させた。

この措置がサン＝マールとマリ＝ルイーズをともに激しく怒らせたのである。サン＝マールが自尊心を傷つけられて深い恨みを抱いたのは当然であるが、マリ＝ルイーズもその昔、王弟ガストンとの結婚話がリシュリューの反対で頓挫したことから、再びリシュリューへの憎しみを募らせるようになった。

かくて、サン＝マールとマリ＝ルイーズを核とする反リシュリューの一大党派が形成されることとなる。計画の頭脳となったのはフランソワ＝オーギュスト・ド・トゥという法服貴族の若者である。二人目の王子を産んだばかりで、王と不仲なために王太子を王に奪われるのではないかと恐怖を募らせていたアンヌ・ドートリッシュに対する同情から陰謀に加わったとされる。サン＝マールとマリ＝ルイーズとド・トゥの三人は鳩首《きゅうしゅ》協議して陰謀の計画を煮詰めていった。一六四〇年の暮れのことである。

クーデター未遂事件とリシュリューの死

反リシュリュー党の看板にかつがれたのはまたしても王弟ガストン・ドルレアンだった。ガストンは宮廷内の親スペイン派を介してスペインと連絡を取り、戦争終結を見込んだ陰謀計画を練り上げていった。スペインがスダン近くに一万八〇〇〇人の軍隊を集結させて機を窺《うかが》い、リシュリューの更迭ないしは暗殺が実行されるや、軍隊をフランス領内に侵攻させ、一気に平和条約を締結して戦争の終結に持ち込むという段取りになっていた。

スペインはこの時期、ポルトガルの独立やカタロニアの離反など多くの国内問題を抱えていたばかりか、傭兵に払う賃金が枯渇して、全線において士気が低下していたので、和平は望むところだったのである。

では、フランスの状況は一六四〇年代に入るとどのように変化していたのだろうか？ 一六三〇年代後半のアンタンダンによる徴税強化をきっかけに起こった民衆反乱がリシュリューとルイ一三世の断固たる対応によりことごとく鎮圧された結果、一六四〇年代には国内はほぼ安定状態にあった。また、徴税強化で民間から吸い上げた金で軍隊を整備する一方、地方の中小貴族に軍隊でのポストを与えて働き場所を確保してやったことが功を奏し、戦力は格段に増強されていた。一言で言えば、リシュリューが強引に推し進めてきた中央集権化政策がここへ来てようやく実を結んだのである。

だから、リシュリューとしてはこの段階でスペインと和平交渉に入るなどもってのほかだった。勝利は目前まで来ているのである。ここで手を緩める必要はまったくない。

だが、こうした強靭な意思とは裏腹に、リシュリューの肉体はあらゆる病気に蝕《むしば》まれつつあった。一六四一年に入るともはや椅子に座って執務することすら不可能になり、王に帯同したペルピニャン遠征では担架に載せられての移動となった。一六四二年六月九日、遠征の途中でアルルに立ち寄ったリシュリューのもとに王妃からの手紙が届けられた。サン＝マールの一味がスペインと交わした密約の写しが同封されていたのだ。王妃は陰謀が露見した場合、二人の王子を王に取り上げられるのではないかという恐怖に耐え切れず密告に及んだのである。

リシュリューは陰謀の全容を知ると、忠臣の国務卿シャヴィニーを呼び寄せ、ナルボンヌにいる王のもとに手紙を届けさせた。

六月一二日、サン゠マールの陰謀加担を信じるに至った王はサン゠マールとド・トゥの逮捕命令を出した。九月一二日、リヨンで開かれた裁判の結果、二人の首謀者は大逆罪で死刑を宣告され、断頭台の露と消えた。ガストンは王位継承権の放棄と引き換えに赦免《しゃめん》され、またもや死罪を免れた。

この陰謀騒動で、尽きかけていたリシュリューの生命力はいたずらに消費されたようである。一六四二年一二月二日、喀血《かっけつ》して重体に陥ったリシュリューは、サン゠ジェルマンの城から見舞いに訪れた王に向かって次のようにささやいた。

「陛下、いよいよ最後のお別れを告げねばなりません。お暇をいただくにあたり、私は、陛下の王国がかつてないような栄光と名声に達しましたことを大きな慰めとしたいと存じます。陛下の敵はすべて打ち負かされ、屈従しております」（ガブリエル・アノトー&ラ・フォルス公爵『リシュリュー枢機卿の物語』〈*Richelieu* [Flammarion, 1943]〉、筆者訳）

リシュリューは残された遺族の保護を願い、宰相の後継者としてマザラン枢機卿を推した。王は運ばせた卵の黄身を手ずからリシュリューの口に運んでやった。翌々日の一二月四日、枢機卿リシュリューは静かに息を引き取った。享年五七。文字通り、フランスに全身全霊を捧げた一生だった。

それからほぼ半年後の一六四三年五月一四日、リシュリューのあとを追うようにルイ一三世も崩御した。享年四一。後世がルイ一三世に与えた愛称は「ルイ・ル・ジュスト（Louis le Juste）」、つまり「公正王ルイ」。たしかに、私利私欲に流されず、国家理性のために、必ずしも好きではなかったリシュリューを常に支持しつづけた公正な国王であった。

リシュリューなくしてルイ一三世なく、ルイ一三世なくしてリシュリューもなかった。そして、この不思議なコンビがなかったなら、ルイ一四世もフランス絶対王政も存在しなかったのである。

嫌われ者リーダーの栄光ここに極まれり、ではなかろうか？

リシュリュー年表

一五八五年　九月　リシュリュー、パリで誕生。

一五九〇年　　父フランソワが急逝。

一五九四年　アンリ四世、シャトルの大聖堂で載冠式を
挙行。

一五九八年　リシュリュー、パリの名門コレージュ・ド・ナヴァールに入学。

一六〇二年　リシュリュー、軍人養成機関であるプリュヴィネルのアカデミーに入学。

一六〇六年　リシュリュー、再びコレージュ・ド・ナヴァールに入る。

一六〇七年　アンリ四世、リシュリューをリュソン司教に任命。

四月　リシュリュー、ローマ教会から正式に司教の叙階を受ける。

一六〇八年		ソルボンヌの神学部で博士号取得。神学部教授会に加えられる。リュソン司教区に赴任。
一六一〇年	五月	アンリ四世、暗殺される。王太子がルイ一三世として即位。王太后の摂政政治が始まる。
一六一四年		リシュリュー、教区の代表として全国三部会に出席。
一六一五年	一一月	リシュリュー、宮廷司祭に任命される。
一六一六年	一一月	国務官となり外交と戦争を担当。
一六一七年	四月	ルイ一三世による親政開始。
一六一八年		三十年戦争勃発(〜一六四八年)。
一六一九年		「第一次母子戦争」勃発。
一六二〇年		「第二次母子戦争」勃発。
一六二二年		枢機卿に任命される。

一六二四年　首席国務大臣（宰相）に任命される。
一六二六年　城代の地位を廃止、国防用を除くすべての城塞の取り壊しを命令。
一六二八年　プロテスタントの拠点、ラ・ロシェルを攻囲戦で攻略。
一六三〇年　マリ・ド・メディシスがリシュリュー宰相の失脚を図るが、ルイ一三世が拒否（「欺かれた人々の日」）。
一六三一年　三十年戦争においてスウェーデンと同盟。
一六三五年　スペインに宣戦布告（フランス・スペイン戦争）。リシュリュー公爵位がつくられ、「フランス貴族」（Pair de France）の称号が彼に与えられた。「フランス語の純化」を目標にアカデミー・フランセーズを創設。
一六四二年　一二月　パリの居館のパレ・カルディナル（現パレ・ロワイヤル）で逝去。後に建造されたソルボンヌ教会に埋葬される。

リシュリュー(一五八五〜一六四二年)の生きた時代

文豪アレクサンドル・デュマの名作『三銃士』で腹黒い陰謀家として徹底的に悪者として描かれているのが、フランスの宰相にして枢機卿を務めたリシュリュー公爵アルマン＝ジャン・デュ・プレシ・ド・リシュリューである。フランスの通貨がユーロになる以前は一〇フラン札に肖像が印刷されていた。デュマが悪役として描いた人物だが、フランスの中央集権化を推し進め、ヨーロッパの大国としての地位を築いたと見る向きも多い。

一五八五年、国王アンリ三世に仕える宮廷判事だった父親の三男として生まれたリシュリューは、やがて僧職の道に進む。当時、僧職は軍職とともに権力につながる道の一つであった。二二歳でソルボンヌ神学部で博士号を取得し、神学部教授会に加入した経歴からもその秀才ぶりがわかる。その後は地方の司教として働くが、その能力は中央にも聞こえていた。後にリシュリューの生涯を大きく左右するのがルイ一三世だが、まずはその母親マリ・ド・メディシスの取り巻きになる。しかし、宮廷に渦巻く権謀術数のなかで謀反の噂を立てられ国外追放の憂き目にあったこともある。

一方で、ルイ一三世とマリ・ド・メディシスは一次、二次にわたる「母子戦争」を引き起こすほど不仲だった。その和解の橋渡しをしたことで、リシュリューは枢機卿のポストを約束されるが、ルイ一三世に嫌われていたため、リュソン司教区に戻らざるをえなかった。

しかしやがてカトリック（旧教徒）とプロテスタント（新教徒／ユグノー）の対立が激化し、三十年戦争（一六一八～一六四八年）も勃発していた。ルイ一三世はリシュリューを嫌っていたのだが、反リシュリュー派が失脚し、リシュリューの有能さに頼り、事態を任せるしかなかった。かくして、枢機卿に任命され、二年後には宰相のポジションも手に入れる。リシュリューが三九歳、ルイ一三世が二三歳であった。ルイ一三世とリシュリューの二人三脚体制が始まった。

宰相となった後も、カトリックとプロテスタントの対立は続いていた。その最大のものがラ・ロシェル攻囲戦であった。大西洋岸に位置するラ・ロシェルではプロテスタント（ユグノー）の自治が認められていたが、ルイ一三世が親カトリック政策を取ったことからプロテスタントは抵抗勢力を組織しはじめる。フランスはラ・ロシェル封鎖という手段に出るが、ユグノーを支援したのがイギリスだった。ラ・ロシェル攻囲戦の裏には、フランス王妃の恋の鞘当ても絡んでいた。リシュリューがルイ一三世の王妃アンヌ・ドートリッシュを愛していたことは周知の事実だったが、イギリス艦隊を率いたバッキンガム公もアンヌ・ドートリッシュに思いを寄せていたのだ。

攻囲戦のさなかバッキンガム公は暗殺されてしまうが、デュマの『三銃士』では、リシュリューが仕向けたこととして描かれている。

その後リシュリューは、何度も暗殺計画にさらされる。フランスの中央集権化を推し進める過程でどの階層の国民も犠牲を強いられることになり、フランス国中から嫌われることにもなった。しかしフランスがヨーロッパでの覇権を握るために、国をまとめる中央集権化は必要であった。内憂外患に対処して今日のフランスという国家の礎を築いたリシュリューは、病気のため一六四二年、五七歳でこの世を去る。

(文責・集英社　学芸編集部)

第4章

「台湾人」のための「台湾」を築いた中華民国総統

蔣経国

ド・ゴール、オスマン、リシュリューときて、さて「本当は偉かった嫌われ者リーダー」の四人目として誰を選ぼうかと思ったとき、頭に浮かんだのが、フランス人でも、英米人でも日本人でもなく、意外にも、台湾（中華民国）の蔣経国《しょうけいこく》元総統であった。

その理由についてはこれから順を追って述べていくつもりだが、一つには、われわれ日本人の多くがあまりに台湾のことを知らなすぎたことへの反省がある。

もちろん今日では、われわれも台湾がトルコ、ポーランド、フィンランドと並ぶ親日国であることを知っている。また、中国との緊張関係を含みながらも、台湾がアジアでは日本に次ぐ民主化の進んだ国であることも承知している。

しかし、アジアの情勢に疎い私は、侯孝賢《ホウシャオシエン》監督の『悲情城市』が一九九〇年に日本で公開されるまで、台湾が親日国であることを知らないばかりか、完全に民主化された近代国家になっていることすら意識に入っていなかった。

というのも、われわれ団塊の世代にとって、一九六〇年代から七〇年代にかけての台湾は朴正熙《パクチョンヒ》政権下の韓国と並ぶ最悪の軍事独裁ファシスト国家というイメージしかなく、よもや、その国で体制の側からの民主化が実現しようとは夢にも思わなかったからである。

すなわち、われわれの台湾のイメージを一言で言えば、金日成《キムイルソン》から金正日《キムジョンイル》に権力が引き継がれた北朝鮮の反共版であり、すべての自由を強権的に圧殺する蔣介石《しょうかいせき》・蔣経国親子が独裁的に君臨する「蒋王朝」のそれであった。もっとも、当時は、台湾に関する情報は極端に少なく、わかっていたのは、息子の蒋経国というのは父親の蒋介石よりももっとひどい奴で、民主化運動弾圧の先兵たる特務機関を牛耳る「嫌われ者ナンバー・ワン」であるということくらいであった。そして、台湾についてのこの否定的なイメージはその後も長く続いたのである。

だから、一九九〇年に、台湾の歴史最大の事件である二・二八事件を描いた『悲情城市』が日本で公開され、ラスト近く、国民党軍に逮捕された青年たちが「埴生《はにゅう》の宿」を歌いながら刑場に引かれていくシーンを見て、仰天すると同時に深く感動し、にわかに台湾の歴史に興味を持つようになったのである。なぜなら、二・二八事件を映画に描けるほどに台湾は民主化され、表現の自由を得ているという事実を知ったからだ。

二・二八事件とは、一九四七年二月二八日、つまり今から約七〇年前に、台北市で発生し、その後、台湾全土に広がった民衆反乱、および、これに対して、中国国民党政権が加えた大弾圧を指す。

一九四五年八月一五日の玉音放送で、日本の敗戦が決まり、カイロ宣言とポツダム宣言を受けて、台湾は連合国軍の委託を受けて中国国民党政府が統治することとなった。これを台湾では「光復」と呼ぶ。

蔣介石は、台湾を中華民国の一省「台湾省」とし、その行政長官兼警備総司令として陳《ちん》儀《ぎ》を任命した。

陳儀は蔣介石軍二個師団を引き連れ、一〇月一七日に基隆《キールン》軍港に上陸した。台湾人は祖国の軍隊が上陸するとあって歓喜し、大挙して基隆に見物に出掛けたが、彼らの目の前に現れたのは、旧日本軍とは似ても似つかない、むしろ敗残の軍隊と呼べるような見すぼらしい兵隊たちだった。やがて、国民党の支配が始まるようになると、失望は怒りに変わった。国民党の腐敗とモラルの低さは激しく、厳しくはあったが治安が良く不正も少なかった日本統治時代と比較して、台湾の人たちは「犬去りて、豚来る」、つまり、番犬として役に立った日本人が去り、ただ貪欲なだけの国民党がやってきたと嘆いたのである。

そんななか、一九四七年二月二七日夜、台北市内で闇タバコを売っていた四〇歳の女性が官憲に捕まり、殴打される事件が起こった。これを見た民衆が騒ぎだすと、恐怖した官憲は威嚇発砲したが、その銃弾が無関係な台湾人に当たって、その男性は死亡。これに怒った民衆が市庁舎に押しかけると、憲兵隊は無差別に機関銃を乱射、事件は一気に拡大し、台湾全土が台湾人と国民党軍の間で内戦状態となった。

知らせを受けた行政長官兼警備総司令の陳儀は蔣介石に至急電を打ち、指示を仰いだ。

蔣介石は精鋭部隊の第二一師団と憲兵隊を急派し、鎮圧に当たらせた。その結果、日本統治時代に高等教育を受けたエリートの多くが裁判なしに逮捕・監禁、処刑された。犠牲者の数は、一九九二年に台湾の行政院が行った調査で一万八〇〇〇人から二万八〇〇〇人の間と推定されている。

この二・二八事件の結果、台湾においては日本統治時代から台湾に住んで日本国籍を有していた本省人と光復後に大陸から渡ってきた外省人との間に深刻な亀裂が生じ、それが今日にまで及んでいるのだが、われわれ日本人の多くは戦後、長い間、そのことをほとんどまったくと言っていいくらいに知らなかったのである。

そうした台湾についての無関心、無知蒙昧《もうまい》状態を一掃したのが『非情城市』なのだから、映画の力というのはまことに偉大だと言わざるをえない。この映画一本で、日本人は一気に台湾贔屓《びいき》になってしまったのである。

そして　その流れを決定づけたのが、一九九四年に李登輝《りとうき》総統と司馬遼太郎との間で行われた対談（「週刊朝日」一九九四年五月六日―一三日号）である。

この対談と『李登輝伝』を読んだ私は、李登輝の中に、日本ではとうに失われた「理想的な日本人」を見いだして狂喜すると同時に、日本の政治家の中には李登輝に匹敵するような偉人は一人もいないと深く恥じ入らざるをえなかった。

だが、そのときにはまだ、李登輝の登場とそれに続く台湾の民主化を導いた本当の演出者は彼を副総統に起用した総統・蒋経国だったとは気づかなかった。李登輝の証言を待つまでもなく、蒋経国こそは民主化への舵切りを開始した人物であり、彼がいなければ李登輝の総統就任もありえなかったにもかかわらず、である。

「特務の黒幕」蒋経国は、いかにつくられたのか

しかし、蒋経国に本格的に注目するようになったのは、恥ずかしながらごく最近のことにすぎない。二〇一二年の四月に翻訳された唐宝林《とうほうりん》『中国トロツキスト全史』(鈴木博訳、論創社)という本を読んでいて、次のような箇所に突き当たったからである。

「蒋経国は、一九二五年十月にソ連に赴いて中山《ちゅうざん》大学に入学し、八週めに共産主義青年団に加入した。ソ連人は蒋経国を『ニコライ同志』とよび、特に目をかけた。(中略)いまや、蒋経国はなにはばかることなくトロツキー派の側に立ち、討論に参加した。人びとは演壇に立つ蒋経国をつねに見ることができた。つねに一抱えの書物を抱えており、マルクス、レーニンの関連する論点を引用して、トロツキーの立場を擁護した」

なんと、戦後、「特務の黒幕」として台湾一の嫌われ者となりながら一九八〇年代に自ら民主化への先鞭《せんべん》をつけるという大逆転を演じた総統・蒋経国は、そのソ連留学生という出発点においてはトロツキストであったのだ!

では、蒋経国は、いかなる経緯を辿《たど》ってトロツキストから台湾特務機関の黒幕となり、そしてそこから一転して、民主化の路線を自ら敷くという、世にも不思議なジグザグ人生

を歩んだのだろうか？

これが蔣経国の伝記を簡単に調べたときに私が感じた疑問である。果たして、蔣経国は、たんに振幅の大きいだけの移り気な人物であったのか、それとも時代によって有為転変《ういてん ぺん》を強いられながら一義的人生を貫いた硬骨漢であったのか？

よくはわからない。だが、それにもかかわらず、蔣経国が「嫌われ者こそが真の歴史をつくる」というこの本の趣旨にぴったりの人物であることだけははっきりとわかった。というよりも、これだけお誂《あつら》え向きのサンプルはないような気がしたのだ。

実際、蔣経国は、在職中は「嫌われ者ナンバー・ワン」だったにもかかわらず、死後の名声がダントツという点でも、ド・ゴールやリシュリューと似ている。現在、台湾における実質的な「国父」は蔣介石ではなく、蔣経国になっているのである。

「蔣経国は、台湾における民主化黎明期の指導者である一方、それ以前は蔣介石の子として、『特務政治の黒幕』でもあった。このため、民進党周辺を中心に『かつての一党専制政治と白色テロの責任は蔣経国にもある』と断罪する声もある。しかし、一般世論を総合してみると、38年間にわたった戒厳令を解除し、中台交流解禁や政党結成解禁、報道管制緩和を決断するなど、政治民主化の扉を開いた人物としての評価のほうが高い」（本田善彦『台湾総統列伝　米中関係の裏面史』中公新書ラクレ）

というわけで、専門外であるにもかかわらず、本章は蔣経国を取り上げることにする。もしかすると、蔣経国は、二〇世紀の巨人の一人とされる父・蔣介石よりも偉大なリーダーであるかもしれない。そんな予感がしてならないからである。

江南《こうなん》『蔣経国伝』（川上奈穂訳、同成社）によれば、蔣経国は旧暦の一九一〇年三月一八日（新暦四月二七日）、蔣介石の故郷である浙江《せっこう》省奉化《ほうか》県渓口鎮《けいこうちん》に生まれた。母親は毛福梅《もうふくばい》。蔣介石の母である王采玉《おうさいぎょく》夫人が一五歳の息子のために選んだ四歳年上の妻である。

蔣経国が生まれたとき、父親の蔣介石は日本の軍人養成学校（東京振武学校）に留学中であった。その事実と息子が父親に似ていないこともあって、一部には、親子の血のつながりを疑う向きもあったようだが、『蔣経国伝』は、蔣介石は留学中も休暇になると実家にしばしば戻っており、また当時のモラリティからして、そうした憶測は「取るに足らない噂にすぎない」と否定している。

ただ、蔣介石が母親からあてがわれた年上の嫁になじめず、二三歳でできた息子を溺愛することがなかったのは事実である。それどころか、蔣介石は美男子だったこともあって女出入りが激しく、蔣経国が五歳のとき、第二夫人の姚冶誠《ようやせい》を家庭に連れて帰って妻妾同居を始めた。さらに、この複雑な家庭に、もう一人の男の子が日本からやってきたのである。これが蔣経国の弟として育てられた蔣緯国《しょういこく》だが、関榮次『蔣介石が愛した日本』

（ＰＨＰ研究所）によると、緯国の母親が日本人であることは確かだが、父親は実は蔣介石ではなく、後に国民党右派の要人となる戴季陶《たいきとう》であった。子として認知できない事情があったため、蔣介石が親友に代わって自分の子供として育てたのだという。

このように、一九一一年の辛亥革命勃発後は革命運動に奔走して家庭を顧みなかった蔣介石だが、跡取り息子の教育だけはさすがに心配だったらしく、まず自分が子供時代にならった顧清廉《こせいれん》という漢文学者に蔣経国を預けて四書五経を覚えさせた後、上海に連れ出して万竹小学校の四年に編入させた。これが一九二二年のことである。

ついで蔣経国は、一九二四年に同じ上海の浦東《ほとう》中学校に進学したが、このころから中国の歴史が激しく動き出し、しかも、その動因となったのが蔣介石であったため、その息子もおのずと渦の中に巻き込まれることになるのである。

一九二五年五月、上海のイギリス租界で起こった五・三〇事件に加わった一五歳の蔣経国は学校当局ににらまれて除籍処分となり、父親のいる広州に向かう。父親が設立した黄《こう》埔《ほ》軍官学校に入学し、国民革命軍に参加しようとしたらしい。だが、蔣介石はこれを許さず、息子を北京に送り、海外補習学校という外国語学校に入学させることにした。

モスクワの中山大学に留学、蔣経国トロツキストになる

だが、蔣経国はこの北京の学校にも長く在籍することはなかった。というのも、突然、

彼の前にモスクワの中山大学留学という道が開けたからである。

時は一九二三年に溯《さかのぼ》る。中国で革命運動が盛り上がるのを見たコミンテルン（共産主義インターナショナル）は孫文《そんぶん》の国民党と接触を試み、ソ連外交使節団長ヨッフェを孫文と会談させた後、一九二四年には政治顧問ボロディンと軍事顧問ガリンを送って国共合作を受け入れさせることに成功した。

こうした過程で生まれたのがモスクワの中山大学である。これは孫文の死の直後にソ連側が提案して急遽つくられた中国人留学生用の革命幹部養成学校で、国民党と中国共産党の幹部の師弟が送られた。前者には蒋経国、廖承志《りょうしょうし》（廖仲愷《りょうちゅうがい》の息子）、于秀芝《うしゅうし》（于右任《うゆうじん》の娘）、後者には左権《さけん》、楊尚昆《ようしょうこん》、王明《おうめい》（陳紹禹《ちんしょうう》）、それにフランス勤工倹学運動参加の鄧小平《とうしょうへい》などがいた。ちなみに、中山大学の中山というのは孫文の号「中山」から取ったものである。

蒋介石は、当初、共産主義への不信感から息子を中山大学へ留学させるのに消極的であったというが蒋経国本人が強く希望したために最終的に折れたらしい。後に、蒋介石はこの選択を強く悔やむことになる。

こうして、激しい革命的情熱に燃えた一五歳の少年は一九二五年一〇月に留学生仲間と一緒に船で上海を出発、ウラジオストックからシベリア鉄道に乗って一一月にモスクワに到着する。

モスクワのアラハン通りに面した中山大学での待遇はよく、留学生たちが必要な日用品に不自由するということはなかった。学生には全員、ロシア風の名前が与えられた。蔣経国はニコライで、以後、ロシア滞在中はニコライ同志として通ることになる。

学級は二〇人前後の小人数制で、ロシア語、各国革命史、唯物論哲学、マルクス主義経済学、それに軍事や地理も教えられたが、多くの時間は討論に当てられ、自己批判や相互監視を通して、共産主義的人間の育成が図られた。

校長はトロツキー派の幹部カール・ラデックで、トロツキー派の観点から中国革命史を講義した。蔣経国はこのラデック校長に深く傾倒したらしく、自伝『わが生活』の中で次のように回想している。

「中山大学のラデック校長は、わたしに中国史を教えてくれた先生である。中国の種々の問題に心から熱中し、つねに放課後わたしと個人的に討論した。トロツキーの創始した学派の指導的人物の一人であったので、わたしにトロツキーが偉大な領袖《りょうしゅう》であることを詳述した」（唐宝林、前掲書）

講義が始まって三週間目に行われた始業式ではトロツキー自らが演説し、その圧倒的な弁舌で観衆を魅了した。蔣経国の感激は人一倍強かった。

かくて、蔣経国は最も熱心なトロツキー派の学生の一人となり、ついにはその党派の首領と見なされるまでになったが、このトロツキー派への関与が彼の運命を大きく変えることになるのである。

当時、対立を深めつつあったスターリンとトロツキーは中国革命に対する方針で全面対決するに至り、あらゆる局面を捉えて活発に論戦を繰り広げていた。国民党を革命政党として国共合作を推進しようとするスターリンに対して、トロツキーは、国民党はブルジョワ政党にすぎず、早晩、革命を裏切るだろうと予言し、スターリンの国共合作路線を激しく非難したからである。

この文脈からすると、孫文の死(一九二五年三月)後、一九二六年三月に国民党の頭目となった蔣介石の息子である蔣経国は、トロツキーよりもむしろスターリンに与《くみ》すべきように思われるが、ラデック校長の思想に染まって完全なトロツキー派となっていた蔣経国は、血脈とは反対に断固たる態度で国共合作の批判を展開していたのである。

そして、皮肉にも、このトロツキーや蔣経国の主張は、一九二七年四月一二日に完全に正しいことが証明された。上海財閥の支持をとりつけた蔣介石は、上海の暗黒組織の助けを借りて、この日の朝、共産党系の労働者武装行動隊を急襲し、共産党員やそのシンパの多くを逮捕・殺害したのである。俗に言う「四・一二クーデター」である。

四月一四日、クーデターのニュースがモスクワに伝わると、トロツキー派はここぞとばかりに反スターリン・キャンペーンを展開したが、そのとき、最高の宣伝材料として使われたのが、ほかでもない、蔣経国が蔣介石に向かって発した親子絶縁宣言である。この絶縁宣言はタス通信(現・イタルタス通信)によって全世界に発信された。

「革命を裏切った者は中国労働者の敵だ。これまでは私の父親、良き友であったが、敵陣営に走った以上、今よりのち敵となった」(江南、前掲書)

トロツキー派は、自派の中国革命路線の正当性が歴史的事実によって証明されたとスターリンを攻め立てたが、当時すでにロシア共産党内を多数派工作によって固めていたスターリンにとっては、歴史的事実など、なにほどのものでもない。自分の主張に合わなければ、歴史的事実の方をねじ曲げてしまえばいいのである。

かくて、スターリンによる強引なトロツキー追い落とし工作が始まった。一九二七年一〇月、スターリンはトロツキーとジノヴィエフを中央委員会から除名し、一一月七日の一〇月革命記念日に中国人留学生を含むトロツキー派の学生が反スターリンのデモを行って規律を乱したことを口実に弾圧を開始した。

中山大学でも校長のラデックが解任され、スターリン派の副校長ミフが校長に昇格して、トロツキー派学生に対する思想統制を強めた。その挙句、「四・一二クーデター」直後の国民党系学生の強制帰国に続いて、一九二七年末、トロツキー派中国人学生全員の追放が決定されたのである。

こうしてソ連を追われて帰国したトロツキー派の中国人学生は祖国に戻ると、中国共産党中央とは異なる「レーニン主義反対派」を各地に結成し、中国共産党創設者の陳独秀《ちんどくしゅう》を同志に引き入れて一九三二年に一斉逮捕されるまで苦難の抵抗を続けることになる。

人質として各地を放浪させられ、苦労から学ぶ日々

いっぽう、われらが蒋経国はというと、トロツキー派の学生たちと一緒に帰国することを希望したが、これは拒否された。中国共産党のモスクワ代表団が、蒋経国の帰国は蒋介石の国民党を利することになるという理由を挙げて、ソ連国内留置を当局に要請したからである。

要請は容れられ、蒋経国はトロツキー派中国人学生としてはただ一人、ソ連に取り残されることになった。

「わたしは失望のあまり、ソ連の赤軍に加入することを申請した。承認されたのち、モスクワ駐在の第一師団に配属され、はじめて軍人として生活することになった」（蒋経国『わが生活』。唐宝林、前掲書）

スターリンとコミンテルンは、蒋経国を人質として手元に置いて、いずれ蒋介石の国民党との取引に利用しようと考えたのか、赤軍入隊直後に蒋経国をレニングラードの赤軍軍政学院に進学させることにした。蒋経国の在学期間は短かったが、成績は抜群だったため、レーニン大学の中国人留学生の指導員助手に任命された。しかし、せっかく手に入れたポジションもすぐに手放さなければならなくなる。蒋経国を蛇蝎《だかつ》のように忌み嫌う中共モスクワ代表団の代表・王明がスターリンに働きかけ、蒋経国をモスクワ郊外の電気工場に見習い工として派遣する命令を引き出したのだ。

「工場はモスクワ郊外にあり、宿舎は市の中心にあった。毎日、満員電車で揉まれて出勤する身分となる。早朝、パンの配給券を貰うのだが、時には手に入らないこともあり、そういうときは空腹を我慢するしかない」（江南、前掲書）

しかし、王明はこうした処分では手緩《てぬる》いと考え、スターリンに対して蔣経国をアルタイ金鉱に追放するよう要請したが、スターリンはそれを容れず、モスクワ近郊のコルホーズに追放するよう命じた。このコルホーズでの体験を蔣経国は『私のソ連生活』の中で次のように回想している。

「初めて入村したとき、外国人ということで、どの家もベッドさえ提供してくれなかった。しかたなく第一夜は教会の車庫で寝た」「長時間の畑仕事を終えて教会の車庫に戻り、倒れるように横になると、そのまま眠り込む。夜中に一人の老婆が私を呼び起こし、『ちょっと起きなさい、ここは寝る場所じゃないよ。私の小屋でお休み』と、温かく声をかけてくれた」（同前）

まさに、ミリエル神父に出会う前のジャン・ヴァルジャンである。声をかけてくれたのはソフィア婆さん。蔣経国はすっかり婆さんにかわいがられ、その粗末な小屋で暮らすようになった。やがて農民たちにも受け入れられ、村の「ソヴェート主席」に当選したが、そうなると王明が黙ってはいない。

かくて、蔣経国の流浪の旅が始まった。工場から農村へ、農村から工場へ、そして、小さな地方駅で荷物搬送労働者もやった。それでも試練は終わらなかった。アルタイの金鉱で半年働かされた後、一九三三年からはウラル重機械工場で見習い工員として働くよう命じられたのである。しかし、どんな逆境にあっても、蔣経国の才能と人徳は抜きん出ていたのか、ウラルでは副工場長に抜擢《ばってき》された。

「仕事が順調なら愛の花も咲く。ファーニャと呼ぶ女工がいて、二人は愛しあう仲となる。彼女は孤児で、金髪、青い目のロシア少女特有の魅力をそなえ、技術学校を卒業したばかりであった。（中略）一九三五年三月、インター・ナショナルの悠長な歌声のなか、二人は末永い契りを誓いあった」（同前）

これが後の台湾のファースト・レディとなるファーニャ、中国名・蔣方良《しょうほうりょう》である。

一九三五年の暮れ、蔣経国夫妻には長男（中国名・蔣孝文《しょうこうぶん》）が、翌年には長女（中国名・蔣孝章《しょうこうしょう》）が生まれた。もはや政治は遠い世界になりつつあった。

だが、それから一年後、蔣経国は突然、モスクワ外交部に呼び出され、家族を連れて帰国するよう命じられた。歴史に名高い西安《せいあん》事件が一九三六年一二月に起こり、第二次国共合作が成ったため、スターリンは国民党との取引に応じて人質の解放に同意したのである。

父との再会、蒋介石のもとで再出発

西安事件をきっかけに第二次国共合作が成ったことで、一九三七年三月、突如、モスクワに呼び出された蒋経国は妻ファーニャと二人の子供を連れてシベリア鉄道に乗り込み、ウラジオストック経由で四月の中旬に上海に着いた。

しかし、中華民国の首都・南京《なんきん》で蒋介石との再会が実現したのはそれから二週間たってからのことである。蒋介石が蒋経国の母である毛福梅と離婚し、孫文夫人宋慶齢《そうけいれい》の妹・宋《そう》美齢《びれい》と結婚していたということもあったが、実際のところは、共産主義アレルギーが強かった蒋介石が、息子の「洗脳」を極度に警戒していたことが原因だった。

ソ連にいた蒋経国が、一九二七年の「四・一二クーデター」糾弾集会に続いて、スターリンに強いられたとはいえ一九三六年に「プラウダ」紙に蒋介石を非難する公開状を発表していたことが災いしていた。しかし、周囲のとりなしもあって、親子はようやく対面にこぎつけた。そのとき、蒋介石は息子に、故郷の渓口鎮でしばらく休養しながら、孫文と王陽明《おうようめい》の著作を再学習するよう命じた。

「これが、複雑な中国の政治環境の中で蒋経国が必要とした最低限の『思想改造』、日本風にいえば『禊《みそぎ》』であった。ソ連的なるものと共産主義の過去を消去したという儀式が政治的に必要であったのである」（若林正丈『蒋経国と李登輝　「大陸国家」からの離陸？』岩波書店）

中華民国総統の「太子」として蒋経国のキャリアが始まったのは、一九三八年春、江西《こうせい》省の省都・南昌《なんしょう》においてである。資格は保安処少将副処長職。事実上の地域最高責任者である。江西省南部（贛南《かんなん》）は毛沢東《もうたくとう》が根拠地とした井崗山《せいこうざん》に近く、中共（中国共産党）の勢力が強かったが、中共軍の撤退後、軍閥が戻り、暴政を敷いていた。麻薬、博打、売春、賄賂などが横行してしばらく前のコロンビアのメデジン地方のようなアナーキーな状況を呈していた。

しかし、蔣経国はソ連で鍛えられたチェーカー（国家治安部）的な組織戦術で対抗し、麻薬・賭博の撲滅、暴力団の封じ込め、賄賂役人の摘発などを行う一方、教育・経済、および国民党の幹部候補生の養成などのプラス面でも目覚ましい成果を挙げた。

その結果、貧農層から高い支持を集め、「蔣青天（公正な役人）」と讃えられると同時に外国のマスコミからも注目されたが、その評判は国民党幹部からは好意的には受け取られなかった。

「彼らの反応は『贛南行政地区のやり方はソ連社会主義の中国版だ』であった。より露骨な意見は『蔣経国は正真正銘の共産党だ。贛南はいまにも赤化する』とすらいった」（江南、前掲書）

蔣介石はこうした非難に黙殺で応えたが、蔣経国の突出ぶりが目立ちはじめると態度を一変し、首都・重慶《じゅうけい》に蔣経国を召還して、三民主義青年団中央幹部学校の教育長に任命した。

その結果、江西省南部における蔣経国の企ては頓挫《とんざ》し、元の木阿弥となった。国民党は地方豪族層に基盤を置いていたので、彼らの利権はアンタッチャブルだったのである。

こうして中央に戻った蔣経国だが、ここからの歩みは決して容易なものではなかった。というのは、国民党内部における蔣介石の権力は盤石なものとはいえず、いたるところで、反蔣介石派の強い抵抗に遭遇したからである。しかし、モスクワの「中山大学」で学んだ経験のある蔣経国にとって、政治はお手の物だから、すぐに抵抗を退けて反対派を排除し、生徒や教員の間に着々と人脈を築いていった。後に台湾に渡ってから蔣経国の手駒として動いたのは、このときの中央幹部学校関係者だった。

だから、もし、経国が中央幹部学校の経営に専念することができたならば、蔣介石がかつて校長を務めた黄埔学校で成功した以上に子飼いの国民党幹部の養成に成功していただろうが、時代状況がそれを許さなかった。一九四五年、日本軍の敗色が濃厚になると、ソ連の後押しを受けた中共軍の攻勢が開始されたからである。

スターリンの領土的野望と闘う蔣経国

それに先立つ一九四五年六月、日本敗戦後の満州と外蒙古《がいもうこ》の処遇を巡ってスターリンと交渉するためにモスクワに赴いた蔣経国は、スターリンと一対一で談判に臨んだが、そのときスターリンが外蒙古にとどまらずツァーリ時代の租借地をすべて取り戻す意図を抱いているとを知った。蔣経国の正論では、ルーズヴェルトとのヤルタ密約を盾にして領土的野心を剝き出しにするスターリンを動かすことはできなかった。

果たせるかな、一九四五年八月九日に日ソ中立条約を破棄して満州になだれ込んだソ連軍は文字通り「略奪軍団」と化し、日本軍の兵器はおろか民間の施設や資材まですべてをシベリア鉄道で持ち出しはじめた。接収は長期に及びそうな気配である。

これは、明らかにヤルタ協定違反である。驚いた蔣介石は、国民政府軍事委員会東北行営外交部特派員に蔣経国を任命し、東北地方（満州）を完全占領したソ連との交渉に当たらせた。蔣介石がこの重要な役に息子を起用したのは、蔣経国がロシア語が堪能でロシア人の性格を熟知していると見たからである。蔣経国もその期待に応えようと努力し、スターリンとの二度目の単独会談を行ったが、所詮、スターリンの敵ではなかった。スターリンが恐れるのは力だけだったが、国民党政府には、その肝心な力がなかったからである。

「スターリンも蔣介石が親米派だと充分承知しており、全力を上げて延安を支援し、共産軍が独り立ちしたとき、ソ連は悠々と撤退すればいいとやはり計算していた。この難題を前に、経国の使命は一つとして成功の望みはなかった」（同前）

ソ連軍は撤収を引き延ばして居座り続け、国民政府軍の進駐はことごとく妨害された。その間に中共軍は着々と歩を進めて満州各地に橋頭堡《きょうとうほ》を確保していった。

こうして抗日戦に勝利したにもかかわらず、中華民国は日本の残した財産をソ連に横取りされたうえに、林彪《りんぴょう》率いる中共軍に東北地方の支配権を譲り渡すことになったのである。失意の蔣経国は東北での職務を解任されて南京に戻った。一九四六年四月のことである。

しかしながら、完全に失敗に終わったスターリンとの交渉において蔣経国に得るところがなかったかといえば、決してそうではない。その反対である。ソ連で嘗《な》めた辛酸にもかかわらず、少しは残っていた共産主義への幻想がスターリンとの会談で霧のように消えたからだ。蔣経国は、スターリンおよび共産党の本質を正しく理解すると同時に、パワー・ポリティクスの何たるかを学ぶことができたのである。

スターリンとの交渉の詳細は『蔣総統秘録』（古屋奎二編著、中央日報訳）に出ているので、われわれは蔣経国に向かって本音丸だしで答えるスターリンの言葉を介して、独裁者の国際政治観を知ることができる。この会談はその後の国際情勢を知るうえで非常に参考になると思えるので、以下にそれを要約しておこう。

まず、スターリンが外蒙古を独立させてソ連の影響下に置く（つまり、外蒙古を分捕る）と露骨に主張したのに対し、蔣経国は次のように正論で答えた。

すなわち、中国が七年にわたって対日抗戦を続けてきたのは、失われた領土を回復するためである。それなのに、外蒙古を失うとなったら、国民は「国土を売り渡した」と言って政府を糾弾するはずで、そうなったら、抗日戦などおぼつかなくなる、云々。
　これに対してスターリンは、蔣経国の主張には道理があるが、しかし、今はそちらのほうが援助してきてくれと言ってきているのであって、逆ではないと主張し、「すべては力関係なのだ」とでも言いたげに次のように本音を語った。
「もし、中華民国に力があって、自分で日本をやっつけることができるのであれば、私はもちろん要求なんか持ち出しはしない。現在君のところにはそれだけの国力はない。それなのに、そんな話をしようとするのは、それこそ無駄口というものだ」（小谷豪治郎『蔣經國傳　現代中国八十年史の証言』プレジデント社）
　これに対して蔣経国が、外蒙古は人口も少なく、産業もないので、なぜソ連がそれほど固執するのか解らないと反論すると、スターリンはあっさりと、外蒙古を欲するのは軍事戦略的観点からだと答え、地図を持ってきてこう言った。
「もし、一つの軍事（的力量を持った）国家が、外蒙古からソ連に侵攻し、シベリア鉄道を切断するようなことになったならば、ソ連はそれでお仕舞いさ」（同前）
　これを聞いた蔣経国は、次のようにスターリンの論理的矛盾をついた。つまり、ソ連はいま対日参戦を用意していて日本を打ちのめすのだから、日本はその「軍事国家」に当たらない。日本でないとしたら、それは中国になるのだが、いまソ連は中国を相手に二五年の友好条約を結ぼうとしている。ならば、外蒙古を脅《おびや》かす敵は存在しないではないか？

するとスターリンは日本についてこう断言したのである。
「君の言っている話は間違っている。第一に、日本を叩き潰した後、日本が外蒙古を占領してソ連に侵攻してくることは二度とないといったが、それは一時的にはそうであっても、永久にそうであるとは言えない。たとえ日本が戦争に敗れたとしても、日本民族はまた立ち直ってくる」(同前)
理由を問うた蔣経国にスターリンは、ある意味、深い歴史認識に根差した確信を述べたのである。
「どのような力量でも消滅させることのできないものはこの世界にはないが、ただ〝民族的な力〟というものだけは消滅させることはできない。特に日本民族は、その点では消滅させることはできないのだ」(同前)
スターリンは続けて、日本は遅かれ早かれ再起するが、アメリカの支配下に入ったら、わずか五年で再起すると断言した。
かのスターリンにこれだけ買いかぶってもらえるとは、日本民族の一員としてはありがたい限りだが、おそらく、スターリンは思いのほかに痛手を負ったノモンハン事件の教訓から、日本の「民族的な力」を過大に評価していたにちがいない。
しかし、差し当たっての問題は蔣経国とスターリンだから与太話はこれくらいにして、スターリンが蔣経国に漏らした「本当の本音」について述べておかなくてはならない。スターリンは蔣経国に向かって、外交官に対するのではなく、一人の支配者に対するように真面目な顔でこう言ったのである。

「条約というものは頼りにしようとしても信用できないものなのだ。さらにつけ加えると、君にはもう一つ錯誤がある。君は中国にはソ連を侵略する力がないといったが、現在ではそんな話をしてもいいが、しかし中国が統一をし始めたら、他のどの国よりも進歩が速い」（同前）

蔣経国は「これはスターリンの『心の底から出た言葉』であった」と書き、「スターリンは、われわれ（中国）が強大になるのを恐れていたのである。だからその目的のためには、手段を選ばず、さまざまな計略を使ってわれわれを圧迫し、分裂させ、離間させようと企んでいたものと考えられる」（同前）と結論している。

実際、その後の中国情勢はスターリンが描いた絵のように進んでいった。しかし、そんなスターリンにとっても誤算だったのは、国民党政府のあっけない瓦解であった。スターリンは中共と国民党が消耗戦を続けて、中共支配の北部と国民党支配の南部に分裂することを望んでいたようだが、現実には、この蔣経国との第一回会談から四年余りのうちに、国民党は台湾に放逐されてしまうのである。

では、蔣経国は亡国の瀬戸際に立った祖国で、どのように振る舞い、どのようなことを考えたのだろうか？

しかし、その前にまず次のことを確認しておかなければならない。蔣経国が東北地方で挫折して南京に戻った一九四六年四月の時点で、冷戦はすでに開始されていたにもかかわらず、アメリカの認識はソ連に比べてはるかに甘かったということである。とりわけ、中国におけるアメリカの影響力は非常に弱くなっていた。抗日戦争に際しては国民党に援助を惜しまなかったアメリカが、対中共戦争においては国民党を見限って援助を停止し、自壊に任せたのである。これに対し、スターリンはここぞとばかりに中共に肩入れし、日本軍の残していった武器弾薬や施設をそのまま中共軍に渡すなど援助を惜しまなかった。

その直接的な原因は、ルーズヴェルトの死去で大統領となったトルーマンと特使ジョージ・マーシャル（後の国務長官）が国民党政権の腐敗と内部抗争にサジを投げ、資金援助や武器貸与はドブに金を捨てるようなものと決めつけて、武器禁輸措置を取ったことだろう。

たしかに国民党の腐敗と内部抗争はすさまじく、南京の蔣介石のもとで片腕として働き始めた蔣経国もこの二つの中国的な「悪」におおいに悩まされることになるのである。

汚職やインフレとの戦いで、四面楚歌に

蔣経国は、主に、中央政治学校と中央幹部学校が合併してできた国立政治大学、国民党と三民主義青年団が合併した新組織、および青年軍復員委員会などにおいて党務を担当したが、そこで直面したのは、陳果夫《ちんかふ》・陳立夫《ちんりつふ》兄弟の党派である「ＣＣ系」との派閥抗争だ

った。陳兄弟は蔣介石の親友だった陳其美《ちんきび》の甥で、党務を牛耳っていたので、蔣経国が政治大学の教務長に任命されるや、自分たちの領分が侵されることを恐れて、学生たちを扇動して排斥運動を始めたのである。

なぜこうした現象が起きるのかといえば、賄賂社会である中国では地位と利権が密接に結びついているため、既得権益者たちは、自分たちの地位を脅かされると察知するや否や、猛烈に抵抗を示すのである。

しかしながら、党務関係における実害は、一九四八年夏に、蔣経国が経済統制委員会委員に任命されてインフレ退治に上海に乗り込んだとき受けた抵抗と比べればなにほどのものでもなかった。

前年の夏以来、東北地方に根拠地を得た中共軍の活動が活発化したことにより、国民党が支配する中国南部では生活物資が不足し、インフレがひどくなっていたが、それに乗じて国民党幹部と結託した悪徳商人たちが食糧の買い占めに走ったため、インフレはハイパー・インフレに近づいていた。中でも人口が集中している上海の食糧不足とインフレはすさまじく、暴動が発生して無政府状態に近づいていた。

蔣経国は一九四八年八月下旬に上海の中央銀行内に事務所を設置すると、「言行一致」をモットーに苛酷な統制経済政策を実施した。汚職官吏や悪徳商人を摘発するために投書方式を採用し、警察の力を借りて闇市や隠匿物資の摘発に邁進した。逮捕された中にはインサイダー取引にかかわった証券会社幹部や買い占めに従事した上海財閥の一員も含まれていた。

こうした一連の統制経済政策は庶民の喝采を呼び、「上海の虎狩り」と絶賛されたが、富裕階級からは目の敵にされ、蔣経国は四面楚歌の状況に陥った。上海財閥の孔宋《こうそう》一族の関連会社である揚子《ようす》公司に対する取り締まりは、宋美齢の強力な介入により尻すぼみに終わった。さらに追い打ちをかけるように、一〇月の末には中央政府が経済政策を転換して、統制経済の廃止と食糧の自由売買を決定したため、蔣経国は二階に上ってハシゴを外された格好となり、辞表を提出して上海を去らざるをえなかった。

たとえて言えば、蔣経国は、フランス革命前夜にルイ一六世から財政の立て直しを任されながらマリー・アントワネットの介入によって辞職に追い込まれた蔵相ネッケルとよく似ている。富裕層というのはたとえ亡国の瀬戸際にあっても自分たちの特権を絶対に手放そうとはしないものなのである。経国は「反省録」と題した日記に次のように書いている。

「総括して言えば、七十日間少なからず心血を注いだつもりだ。だが、まったく何も得なかったわけではない。経済学を一部とはいえ学んだし、数多くの苦痛に満ちた経験も得た。前途には幾重にも困難が待ち受けている。将来を考え過去を顧みて心中に感慨深きものがある」（同前）

国共内戦の激化、国民党政府の敗退と台湾移転

蔣経国が上海でインフレ退治に奔走していた間に、政治情勢は悪化の一途を辿っていった。この時期の国共内戦を時系列で追うと次のようになる。

● 一九四八年九月〜一一月の遼瀋《りょうしん》戦役。国民党軍、四七万人殲滅《せんめつ》される。林彪の中共軍七〇万人東北地方を制圧。

● 一九四八年一一月〜一九四九年一月の淮海《わいかい》戦役。国民党軍八〇万人、中共軍六〇万人が対峙。国民党軍五五万五〇〇〇人が殲滅される。

● 一九四八年一二月〜一九四九年三月の平津《へいしん》戦役。五二万の国民党軍が殲滅された。

この間、危機の深刻化に気づいた蔣介石は、宋美齢をワシントンに派遣したが、トルーマンの態度はつれなかった。軍隊派遣も軍事援助も行わないというのである。トルーマンは、蔣介石が一九四八年の大統領選挙で共和党のデューイに肩入れしたことを根に持ち、「できればあいつらをみんな監獄にぶちこみたい」と周囲に漏らしていたのである。

かくて、命運尽きた蔣介石は下野を決意し、一九四九年一月二一日に引退を発表した。

だが、その直前に重大な決定が行われていたのである。蔣介石は、最悪の事態を予想して、国民党政府の台湾移転を決め、蔣経国に上海の中央銀行の準備金（純金と純銀）を持ち

出して台湾に運ぶよう指示していたのである。

蒋経国は上海での統制経済実行の経験から、金本位制の準備金が台湾での再起にとってどれほど重要であるかを理解していたので極秘のうちに移転を行った。中央銀行副総裁の李宗仁《りそうじん》が中共との和平工作に準備金を使う恐れがあったし、銀行内部には中共のスパイが多数侵入していたからである。

搬出作戦は見事成功したが、中国本土は決定的な危機に見舞われていた。中共軍が上海に迫っていたのだ。

上海陥落直前の一九四九年五月七日に輸送船・江静号で蒋介石とともに上海を後にしていた蒋経国は戦況視察のためにいったん上海に戻ったが、もはや陥落は不可避と見て飛行機で上海を立ち去り、舟山島《しゅうざんとう》の定海《ていかい》空港に着陸した。ときに五月一六日のことだった。

翌一七日、蒋経国は父に随行して定海飛行場を離陸、澎湖《ほうこ》諸島の馬公《まこう》の空港に着陸した。

一九四九年一〇月一日、北京で中華人民共和国の成立が宣言された。

一方、国民党政府は、首都としていた重慶が一一月三〇日に陥落、一二月に中央政府機構や残存兵力、国家財産のすべてを台湾に移転し、一二月七日、台北を臨時首都と定めた。かくて、蒋介石と蒋経国の親子は重慶を脱出。成都を経て、一二月一〇日に台北・松山空港に着いた。かくして二人は、明末《みん》の鄭成功《ていせいこう》と同じように、大陸反攻を夢見ながら、台湾支配を開始したのである。

思春期の経験から、独裁的性格を帯びた蔣経国

蔣経国の生涯を概観してみるとき、われわれは、人生において最も大切な思春期を彼がモスクワの「中山大学」で過ごしたという事実の重さに目を留めざるをえない。すべては、この時期に決定されていたのである。げんに、江南の『蔣経国伝』(前掲)は、蔣経国の功罪のバランスシートを作成してから、次のように結論づけている。

「人間の思想とは、その成長時における環境と、その後の訓練によって左右される。経国は先には熱狂的なマルクス・レーニン主義者であり、のちに国民党員となった。主義は異なるが統治方式には、多くの共通点がある。すなわち独裁政治、一党専制などである。(中略)

本人がどう思おうと、傍目からみれば彼は独裁者である。ソ連から持ち返ったノートは、彼に多大なメリットを与えた。同時に彼は『聡明な政治家』(ハリマンの言)であり、良心的な独裁者(Dictator with heart)、また時代に逆行せず人民のために誠心誠意働く人間である」

つまり、中華民国=国民党が中華人民共和国=中国共産党に駆逐されて台湾に引きこも

って以来、蔣経国が蔣介石の片腕としてキャリアをスタートさせ、次に第六、第七代総統として台湾で行った統治は、その悪い面も良い面もすべて、彼がモスクワの中山大学でたたき込まれたマルクス・レーニン主義的な幹部養成教育に因る、ということなのである。

というのも、中山大学の教育の眼目は、トロツキー＝ラデックの左翼反対派によるものだったとはいえ、スターリン派とまったく同じ「少数の中核的共産党員が独裁的に大衆を指導する」というレーニン主義的な組織論にあったからだ。つまり、トロツキー派教育であっても、民主主義的手続きを全否定するレーニン主義的な「プロレタリア独裁＝共産党独裁」が本質であることに変わりはなく、独裁者・蔣介石の跡を継いだ蔣経国が独裁者となったのは当然の帰結だったのである。そして、そのレーニン主義的独裁の本質は、蔣経国がソ連のゲー・ペー・ウーに相当する台湾の特務機関を受け持っていた一九五〇年代から六〇年代にかけては、白色テロを特徴とする抑圧政治となって現れ、民衆を恐怖のどん底にたたき込んだのである。

しかし、いきなり、蔣経国による特務政治といっても、日本の読者はピンとこないだろうから、とりあえず台湾に撤退してからの蔣介石・蔣経国親子と国民党の跡を辿ってみることにしよう。

アメリカに見捨てられ、台湾に追い詰められる国民党

一九四九年一二月、かろうじて台湾に落ちのびた蔣介石は「大陸反攻」を声高に叫んで、国民党残党の士気を鼓舞しようと努めたが、誰一人としてそれを信じる者はいなかった。国民党軍の実態はといえば、兵士よりも将校の方が多いという文字通りの敗残兵の集まりで、六〇万の軍隊は命からがら台湾へ逃げのびてきたというのが正しかった。

なお悪いことに、頼みの綱のアメリカから見捨てられようとしていた。一九五〇年一月、トルーマン政権は台湾海峡不介入を宣言し、中共軍による「台湾解放」を傍観するという態度に出たのである。トルーマンは国民党の金権体質と腐敗を極度に嫌い、いくら援助しても金をドブに捨てるようなものだと固く信じていたのである。

実際、一九五〇年の台湾は非常に危機的な状況にあった。

まず、台湾の内政だが、これは一九四七年二月二八日に起こった「二・二八事件」の後遺症で、日本統治時代に日本語で教育を受けた本省人たちは、新たに支配者となった外省人に強い反発を抱き、インテリの多くは中共による台湾解放を内心、待ち望んでいたのである。

また、中共が組織した「台湾工作委員会」はスパイ網を国民党政権や軍隊の内部に張り巡らし、中共の台湾侵攻に呼応して蜂起する準備を進めていた。

一方、蔣介石は、前年の後退戦の最中に総統職を副総統の李宗仁に譲って「下野」して

いたにもかかわらず意気軒高《いきけんこう》で、いささかも希望を捨ててはいなかった。事実、一九五〇年三月に総統に復帰すると、大陸での失敗を謙虚に認めながらも、国民党には徹底的に党内の改造に努めるよう訴えた。蔣介石にとって幸いしたのは、これまで国民党の宿痾《しゅくあ》となっていた腐敗堕落した幹部たちが中共軍に寝返ったり、あるいは海外逃亡したりして、ほとんどいなくなっていたことである。国民党には、意外にも、実力のある忠臣が残って、自動的に「粛清」が完了していたのである。

その典型は、黄埔軍官学校教官のときに蔣介石に認められて腹心となって以来、蔣介石の下で要職を歴任していた陳誠《ちんせい》将軍だった。陳誠は台湾撤退を視野に入れた蔣介石から一九四八年末に台湾省主席に任命されるや、台湾全土に戒厳令を施行する一方、小作料の大幅引き下げを含む農地改革を実施して二・二八事件以来離反していた民心を取り戻すことに努め、同時に通貨切り下げを断行してハイパー・インフレの退治に乗り出していた。

また、国民党軍の台湾撤退にあたっては、蔣介石直属部隊を優先し、それ以外の部隊については武装解除を行ったうえで再編したので、反蔣介石派による反乱の芽が摘み取られる結果となり、蔣介石が目指した「粛軍」がここでも期せずして実現したのである。

一九四九年の二月には、蔣介石を見限ったトルーマン政権が陳誠を首班とした新政権を樹立するよう誘導したようだが、陳誠はこれにも心を動かさなかった。この意味で、最も苦しいときに忠臣に支えられた蒋介石は幸せな指導者だったと言える。

蒋介石は総統に復帰すると、「国民党の自己改造」の一環として、行政院長（内閣総理大臣に相当）に陳誠を、台湾省主席にはプリンストン大学で博士号を授与された民主派の呉国《ごこく》を、また陸軍総司令官にはヴァージニア軍事学院出身の孫立人《そんりつじん》将軍を任命したが、これは実力本位の人事であると同時に、国際情勢の急変を見据えた「親米」的な人事でもあった。蒋介石は、第三次世界大戦がまもなく起こり、アメリカは台湾防衛のために戻ってくると固く信じていたのである。

しかし、蒋介石のカンは完全に外れたように見えた。一九五〇年四月には海南島《かいなん》が、五月には舟山群島が陥落し、いよいよ、中共軍の台湾本土上陸作戦が秒読みの段階に入ってきたからである。

万事休す、と、蒋介石以外の誰もが思ったまさにそのとき、奇跡が起こった。

朝鮮戦争勃発とアメリカの援助再開

一九五〇年六月二五日、金日成率いる北朝鮮軍が突如、休戦ラインの三八度線を越えて韓国に侵攻し、朝鮮戦争が始まったのである。

トルーマン大統領はただちに台湾海峡不介入の方針を転換し、第七艦隊を急派すると同時に、国民党政府に対する大規模な軍事援助を決定した。

第三次世界大戦にまでは至らなかったものの、蔣介石の読み通りに状況が動いて、国民党の台湾は滅亡寸前で救われたのである。

しかし、皮肉にも、蔣介石の「大陸反攻」の野望も、この朝鮮戦争勃発で頓挫することになる。その辺りの事情について、若林正丈は『蔣経国と李登輝』（前掲）で次のように分析している。

「ここに、共産党による『台湾解放』が挫折して、蔣介石が待望した『内戦の国際化』が実現したかのごとくであるが、第七艦隊の台湾海峡派遣を明らかにした前記トルーマン声明は、共産党軍の台湾攻撃阻止の意図とともに、国府に対しても『大陸反攻』行動の停止を要求していた。ゆえに同声明は『台湾中立化宣言』と称されることがある。共産党の『台湾解放』が阻止されたばかりでなく、蔣介石の『大陸反攻』の夢もまた封じ込められたのである」

一言で言えば、朝鮮戦争の勃発による冷戦の激化で、蔣介石と国民党は台湾に引きこもって内政に専念するほかなくなったのである。

幹部候補生の理想の師となる蔣経国

では、こうした状況の変化にあって、われらが蔣経国はどのように行動していたのだろうか？

小谷豪治郎『蔣經國傳』(前掲)の年譜を見ると、一九五〇年に蔣経国は国防部総政治部主任、国民党幹部訓練委員会主任に就任したとある。

国防部総政治部というのは、軍のイデオロギー担当の最高責任者で、小谷によれば、「そのやり方だけを見れば、ソ連の軍隊組織が政治将校によってマルクス・レーニン主義をたえず兵士に吹き込むのと、まったく同様であった」(同前)。

一方、国民党幹部訓練委員会というのは、民間の国民党員をイデオロギー的に改造するための中央改造委員会の下部組織で、蔣経国がこの組織の主任に就任したことは、「その後の経国の軍・党・政の分野における積極的な活動の出発点となる」(同前)。

つまり、台湾における国民党再出発にあたって蔣経国に割り振られた役目というのは、軍・民における幹部候補生のイデオロギー教育の部門であり、モスクワの「中山大学」に在籍した蔣経国にとってはまさにうってつけであった。

事実、蔣経国は一九五一年には政治工作幹部学校、一九五二年には中国青年反共救国団をつくり、「自強忍耐」「滅共復国」をスローガンとする理論武装教育を開始した。教える内容は正反対ながら、その方法と組織は「中山大学」の引き写しであった。

そして、教育者としての蔣経国は非常に有能かつ誠実であり、全身全霊をもって青年たちの教育に当たったので、これら組織のOBは後に彼の手足となって働く中核部隊を形成することとなる。**権力を得るためにも、また、権力を維持するにも、若い時から精魂こめ**

て育てた部下というのは、絶対的忠誠を誓う味方となるのだ。

しかしながら、戦後の台湾政治において蔣経国が果たした役割はこうしたイデオロギー教育の分野だけではなかった。もう一つ、一九五〇年から兼務していた「総統府機要室資料組主任」という一見どうでもいいような閑職的な肩書こそが蔣経国をして、台湾政治における暗黒面の主役たらしめることになるのである。

特務機関のトップとして恐怖政治を行う

では、「総統府機要室資料組」とはどのような組織であったのか?

「この委員会［政治行動委員会＝引用者注］は、秘密組織であったが、指揮・連絡の上で公文を発する必要から『総統府機要室資料組』の名称を用いた（高明輝『情治檔案《とうあん》』）。後に国民党の特務組織からドロップアウトした孫家麒《そんかき》によれば、名称上組織の位階は低いが、蔣経国の印鑑が押されている限り、その公文は特務系統のみならず、党と行政系統の位階を越えて威令が効いた。五〇年代、蔣経国のこの『資料組』は、党・行政院・軍にまたがって計二四の単位をそのコントロール下に置いており、そのありさまはあたかも『小型の行政院』『地下の小朝廷』の如くであったという（孫『蔣経国窃国内幕』）。特務は、蔣経国が初めて本格的に手にした生々しい権力であった」（若林正丈、前掲書）

特務の仕事は、表向きは台湾内部に浸透していた中共シンパの工作員の摘発だったが、実際には、容疑者を逮捕状なしに拉致監禁して拷問し、関係者の名前を白状させるという乱暴な手法が用いられたため、日本の特高警察の場合と同じように、偽りの自白と冤罪の連鎖を引き起こしたのである。いわゆる「白色テロル」である。

しからば、その「白色テロル」はどのような人たちを対象にしていたのだろうか？　若林正丈はその白色テロの被害者として三種類の人たちを挙げている。

①「真の共産分子」が拷問の苦しさに負けて供述した関係者だが、実際には、外郭組織である「読書会」の類に参加しただけのシンパ。

②「真の共産分子」を取り逃がした担当特務が、上司への言い訳のために、その代役として検挙した兄弟・親戚・友人。

③日本統治時代に左傾化していたインテリ。彼らは何らかの対立関係にあった人たちの密告によって犠牲となった。

このほか、たんに「真の共産分子」に宿や食べ物を提供しただけの友人・知人や、外省人について不平を述べただけの人とか、極端な場合は、政権内部や特務機関内部での対立で犠牲になった人も少なくなかった。

しかも、特務機関による白色テロルが恐ろしかったのは、逮捕も裁判も投獄も処刑もすべて秘密裏に行われたため、家族は本人が失踪してからかなり後になってようやく逮捕・処罰された事実を知るということだった。

要するに、スターリン体制やナチズム体制などと同じく、恐怖（テロル）による一元支配で国民を封じ込めることを目的としていたので、国民は「特務の元締めとしての蔣経国の視線」に脅えながら、日常生活を送るほかはなかったのである。

こうして、蔣経国は、ソヴィエト・ロシアでゲー・ペー・ウー長官のヤゴーダ↓ベリヤが、またナチス・ドイツでゲシュタポ長官のヒムラー↓ハイドリッヒが演じたような「憎まれ役ナンバー・ワン」という役割を一九五〇年から一五年近くにわたって演じ続けることになる。

そして、ヤゴーダやベリヤが、またヒムラーやハイドリッヒが、ブハーリンやレームといった表の権力者との衝突を引き起こしたように、蔣経国も必然的に、蔣介石の下で働く国民党の大物と対決せざるをえなくなるのである。

既得権力者の大者とも対立する蔣経国

蔣経国が体験したそうした表権力との抗争の最初は、蔣介石によって台湾省主席に任命されていたリベラル派の呉国楨との対立だった。

江南の『蔣経国伝』によると、きっかけは、「政治部」「救国団」など蔣経国が率いる組織が申請した予算案を、呉国楨が台湾省主席として却下したことにある。根に持った蔣経国は呉国楨への復讐の機会を窺《うかが》っていたが、それはまもなく、台湾マッチ会社事件として顕在化する。台湾マッチ会社が製作した『民国四十年』という映画が蔣介石に対する不敬的内容を含むとして、特務機関が社長の王哲甫《おうてつほ》を逮捕したのに対し、王と親しかった呉国楨が抗議し、釈放を命じたことから、蔣経国との決定的な対決にまで発展したのだ。この事件は結局、両者痛み分けに終わったが、対立は解消しなかった。

決定的対立は、台湾省副保安司保安副司令の彭孟緝《ぼうもうしゅう》が蔣経国の指示を受けて無令状逮捕を繰り返したため、呉国楨が台湾省主席の権限でこれに介入しようとしたときに訪れた。一九五三年三月、万策尽きた呉は蔣介石に辞表を提出して、五月にはアメリカに亡命せざるをえなくなる。これがいわゆる呉国楨事件である。

次に、蔣経国が衝突した表舞台の大物は、陸軍総司令官だった孫立人である。孫立人は既述のように（274ページ参照）アメリカで学んだ軍人で、国民党の主流である黄埔系軍人とは異なった個性を示していた実力者だが、蔣経国が国防部総政治部主任となって軍人のイデオロギー教育に乗り出すと、対立は表面化する。というのも、冷戦開始によって軍事顧問団を派遣していたアメリカ国務省、およびそのリベラルな流儀になれた孫にとって、蔣経国のレーニン主義的な軍人教育は容認できないものと映ったからである。

対立は一九五四年には決定的なものとなり、孫立人は陸軍総司令官を解任されて総統府参軍長という閑職に回されたばかりか、部下が蔣介石に対する反乱を企てたという嫌疑をかけられて一九八八年まで軟禁状態に置かれることになるのである。

この二つの例からもわかるように、レーニン主義が骨の髄までしみとおった蔣経国は、アメリカ型のリベラリズムとはまったく相容れないどころか、民主主義とは何かを理解していなかったのではないかと思われる。それどころか、蔣経国にはどうもアメリカそのものが好きになれなかった節がある。これなど、思春期における影響がいかに大きいかの証拠となるのではなかろうか？

このほか、蔣経国率いる特務機関が引き起こした暗黒事件は数多い。そのうちの一つが、国民党のリベラル派の実力者である雷震《らいしん》が主宰する総合誌『自由中国』弾圧事件である。

一九五七年、蔣介石総統の三選問題が浮上すると、雷震は『自由中国』誌上で中華民国憲法の三選禁止規定を盾にこれに反対する論陣を張ったが、蔣介石はアメリカをおもんぱかったのか、ただちに弾圧には乗り出さなかった。それに勢いを得た雷震は新党創立を企てると同時に地方選挙での不正を摘発するキャンペーンを展開したのである。しかし、それでも、蔣介石は即座には反撃に出なかった。こうした過程について江南『蔣経国伝』は次のように解説している。

「国民党・共産党ともに独裁主義だが、手段はそれぞれ異なる。毛沢東は堂々と一党専制を唱えるが、国民党は民主政治の看板を掲げ、よほど権力の中枢に関わることでないかぎり、寛大な態度を見せる。だが、その根本を揺るがせるようなものは、絶対に許容しない」

では、「その根本を揺るがせるようなもの」とはなんだったのか？

それは二・二八事件以来封印されていた外省人と本省人との対立と、蔣介石その人に対する批判である。『自由中国』はこの二つの点でルビコン川を渡る記事を掲げてしまったために、蔣介石、というよりも蔣経国と特務機関の逆鱗に触れたのである。一九五九年二月雷震は台北裁判所からの出頭命令を受ける。これは威嚇だったようだが、雷震が徹底抗戦の構えを見せたため、当局は一九六〇年九月、ついに雷震を逮捕、軍事法廷で懲役一〇年の刑を言い渡した。

この雷震事件を機に蔣介石は憲法の三選禁止規定を解除して三選を果たし、事実上の終身総統となったが、海外メディアにおいては、国民党と蔣介石・蔣経国親子は回復不可能な悪評を受ける結果となった。

そして、この白色テロルの横行する警察国家というイメージはその後、一九八〇年代まで長く続き、その警察国家が一切の外圧によらず、「自らの力」で民主主義国家へ変貌を遂げようとは世界中の誰もが想像だにできなかったのである。

そう、蔣経国一人を除いては。

「五・二四事件」によってアメリカと対立、失脚

一九五〇年代に「特務の黒幕」として台湾国民から蛇蝎のように忌み嫌われていた蔣経国が、死後には、台湾の事実上の「国父」(名目上の国父は当然、蔣介石)として崇敬されるに至ったのは一つの「奇跡」と呼ぶほかかない。しかし、そのキャリアの中には、明らかに雌伏を強いられていた時期もあった。一九五七年に起こった「五・二四事件」から一九六三年までの六年間である。

一九五七年の三月、革命実践研究院の劉自然という職員がアメリカ軍事顧問団のレイノルズ軍曹の自宅に侵入しようとして射殺されるという事件が起こった。同年五月二四日、アメリカの軍事法廷は正当防衛を理由にレイノルズに無罪を言い渡したが、劉自然の妻がこれに抗議し、アメリカ大使館の前で座り込みを始めると、同情した群衆が集まってきて暴徒化し、大使館内に侵入、内部を破壊した。暴動はその日のうちに鎮圧され、アメリカ側も蔣介石の謝罪を入れて事件を不問にした。これが俗に「五・二四事件」と呼ばれている騒動の「表向き」の解説である。

しかし、事件にはどうやら「裏」があり、米軍物資の横流し事件がからんでいたためアメリカ側が早目の幕引きを図ったというのが実情のようである。では、なぜ、これが蔣経国謹慎の理由になったのかといえば、アメリカ大使館に侵入した暴徒の一部が蔣経国の関係する救国団の一員で、かなり組織的に行動し、大使館からなにがしかの書類を持ち出そ

う目論んでいたことが原因だったといわれる。アメリカは事件の背後にアメリカ嫌いの蔣経国の意志が働いていたと見たのである。

「台湾は民衆の自発的な行動と弁解し、経国はこの事件の全過程で一切表に出なかった。アイゼンハワーの声明は『無組織の行動とは思えない』というもので、これで蔣介石も慌て出した。内幕を知る者によると、蔣介石は癇癪《かんしゃく》を起こし経国は杖で打たれたという」(江南、前掲書)

これはあくまで噂にすぎず、真相は闇の中だが、一つ明らかなことはこの事件以降、蔣経国の名前が政治の表舞台から消え、「あたかも人びとに忘れ去られたようであった」(同前)ことである。

退役軍人を鼓舞してインフラ整備、自ら汗をかく

では、この「忘却の時代」に蔣経国はいったいどこで何をしていたのか?

「官職は、『行政院国軍退役将兵補導委員会主任委員』で、主として復員軍人を指導して、全長三四八キロもある横断道路建設を実施することである。それには支線も含まれ、彼は常に高山・峡谷の間を奔走し、道路建設の先鋒役になっていた」(同前)

「行政院国軍退役将兵補導委員会」、通称「補導会」というのは、大量に除隊した職業軍人をどのように処遇するかを巡って設立された委員会で、一つ間違えば社会問題になりか

ねない爆弾を抱えていた。というのも、国共内戦時代に大陸で雇い入れられた将兵は教育程度も低く、台湾に身よりもないうえ、老兵化していたので、軍事援助とひきかえに軍隊の精鋭化を求めるアメリカからは、一刻も早く案件を処理するように要請されていたからである。

補導会の主任委員となった蔣経国は、アメリカから受けた四二〇〇万ドルの経済援助を原資として、退役軍人たちを台湾の中央山脈を横断する道路建設に従事させることにして、その陣頭指揮に立った。退役軍人たちは気力や勇気はあっても技術も経験もなかったので、道路建設は文字通り、モッコとシャベルの人海戦術に頼らざるをえなかったが、蔣経国は将兵と寝食をともにして、この困難な任務によく耐えた。

他の部分では蔣経国に対して批判的な記述も多い江南の『蔣経国伝』も、この事業に対しては次のような手放しの称賛を蔣経国に与えている。

「三年一〇カ月かけてようやく全線開通となったが、経国は黙々とこの偉大な任務を完成した。これも五・二四事件の副産物といえようが、もし経国の自己犠牲の精神、風雨に曝され、野宿もいとわぬ刻苦奮励の気概がなければ、とうてい考えられない功績である。元来彼には社会主義的本質がある。だが、台湾入り後、地方政務に携わる機会がなく、復員軍人対策に行われた貫通道路建設の一貫工事を通じて、ソ連から帰国以来はじめて、彼の本来の理想である社会事業を実現したのだといえる。そして時とともにその功績は輝きを増した」

こうした蔣経国の奮闘努力をひそかに観察していたのがアメリカである。アメリカ政府は国民党への経済援助が無駄金となっているという批判を政府内部からも受けていたので、CIAを通じて蔣経国の援助金の使い方を注意深く監視していたのだが、蔣経国が退役軍人を使って見事に東西貫通道路建設を完遂したのを確認すると、五・二四事件のさいにかけた「隠れ共産主義者」という疑惑を解除した。かくて、一九六〇年代に入ると、蔣経国はようやく次代を担う新しい台湾の指導者として国内外で認められるに至ったのである。

最大のライバルの死、ナンバー・ツーの地位に返り咲く

そうした評価上昇を後押しするかたちとなったのが、台湾のナンバー・ツーである陳誠の死である。陳誠は既述のように、台湾への撤退という国民党の最も困難な時期にも蔣介石を裏切らず、副総統・行政院長（内閣総理大臣）として蔣介石を支えたばかりか、「表舞台」で台湾の内外政のすべてを切り盛りしてきたが、それゆえに、特務という「裏舞台」を握る蔣経国とはいつかは衝突せざるをえない運命にあり、もし陳が持病の肝臓病悪化で一九六三年に引退し、二年後に死去しなければ、経国の運命はまた変わっていたかもしれない。この点について、江南は同書で次のように指摘している。

「●蔣介石が五〇年代に世を去っていれば、経国が陳誠から順調にバトンタッチされたかどうか疑問。
●陳は一八九八年生まれで、享年わずか六十八歳。もし仮に彼が蔣介石と同じくらい長命で蔣介石の後を継いだとすれば、八十三までは生きるわけだから、経国の出番は早くても七十歳の老人になってからとなる。いかにやり手でも、それでは、腕のふるいようがない。
●もし蔣介石が、健康で執務のできる陳氏を力ずくで引きずり降ろし、厳氏［厳家淦《げんかかん》＝引用者注］に首をすげ換えたとしたら、内部の団結にひびが入り、新しい問題を抱えることになる」

もっともな指摘である。言い換えれば、東西貫通道路建設で「復権」を果たした蔣経国にとっても、また台湾にとっても、一九六五年にナンバー・ツーの陳誠が死去したことは神の配慮とでも言うしかない偶然であり、蔣介石から蔣経国への権力委譲が順調に進んだのも、この陳誠の死があったためである。

といっても、いきなり、陳誠の後を蔣経国が襲ったわけではない。老練な蔣介石は息子への権力委譲にもステップを置く必要ありと判断し、陳の代わりに財政家の厳家淦を行政院長に据えた。厳は典型的なイエスマンで、蔣介石に不幸があったとしても、代わって権力を握る恐れは少なかったのである。

一方、陳誠に代わって「表舞台」に登場した蔣経国の歩みは順調だった。すなわち、一九六三年に訪米してアメリカから「合格証」をもらうと、翌年には国防部副部長に就任し、六五年には国防部長官に昇任してマクナマラ国防長官の招請によって三回目の訪米を果たし、国際的にも次代の台湾指導者として「認知」を受けた格好となる。さらに、一九六九年には行政院副院長（副総理）となり、いよいよ、蔣介石に代わって政治の前面に登場することとなったのである。

ニクソンの北京訪問、国際的に孤立する台湾

だが、この一九六九年という年は、台湾にとっては戦後最大の危機の始まりであり、事実上のナンバー・ワンの地位に上った蔣経国の舵取り一つで台湾の運命が大きく左右される時期でもあった。

なぜなら、一九六八年末に民主党のハンフリー候補を破って大統領に当選した共和党のニクソンは一九六九年初頭の就任演説で北京政権との関係改善を打ち出したからである。台湾は一九七一年に国連を脱退して議席を失い、また七二年二月にはニクソンの北京訪問が実現し、日本も同年九月に田中角栄首相が北京を訪れて「日中共同声明」を発表し、台湾の国民党政権との国交断絶に踏み切った。

さらに、悪いことは重なるものらしく、内政においても台湾に暗雲がたちこめはじめていた。一九六九年七月、避暑に向かう途中で蔣介石が交通事故に遭遇して胸を強打し、以後、体力は目に見えて衰えていった。その結果、台湾の運命は、内政、外交とも、蔣経国一人の手に託されることとなったのである。

だから、もし、一九七〇年の四月二四日、ニクソンの北京接近阻止の目的で訪米中だった蔣経国がプラザ・アテネ・ホテルの前で台湾独立派のテロリスト・黄文雄《こうぶんゆう》の凶弾に倒れていたら、台湾はその後、どのような運命を辿っていたかわからない。テロリストたちは、「蔣経国さえ殺害すれば、御曹司のいない台湾は、たちまち継承問題で混乱するだろう」と考えて凶行に及んだというが、目論みが成功していたら、まさにその方向に進んでいったにちがいない。だが、私服警官が寸前にテロリストを発見し、右腕をつかんだため、銃弾は上向きに発射され、蔣経国の背中をそれた。そして、ここから、台湾の運命は急激に反転を開始するのである。

インフラ整備、不正撲滅をスローガンに国家大改造

「七二年五月、蔣介石が五期目の総統職に就くと、ついに蔣経国は行政院長（首相）の職に就任し、政策決定の重心は行政院院会（閣議）に移った。蔣経国はもはや『太子』ではなかった。党・軍・政・情報・治安、さらには財政・経済まで、『党国』体制の各セクターに他

に優越する威信を持ち、国家運営の重荷をその双肩に担う『強人《ストロングマン》』であったのである」（若林正丈、前掲書）

では、ストロングマンとなった蔣経国が打ち出した政策とはいかなるものだったのだろうか？　それは「十大建設」と呼ばれる次のような壮大な国家改造プロジェクトであった。

①南北高速道路建設／②台中港築港／③北回り鉄道敷設／④蘇澳港拡張／⑤石油化学工業創設／⑥高雄鉄鋼所創設／⑦高雄造船所創設／⑧西部縦貫鉄道電化／⑨桃園国際空港建設／⑩発電所建設

この「十大建設」の内容を見ると、歴史に詳しい人なら、そこにソ連が一九二〇年代から打ち出しはじめた五カ年計画や一〇年計画、さらにはルーズヴェルトのニューディール政策、あるいは戦後日本の旧満州国官僚による高度成長計画といった政府主導の巨大プロジェクトを連想するにちがいない。事実、これら三つの国家プロジェクトと蔣経国の「十大建設」にはその根幹に国家権力の大幅介入によるインフラ整備と産業振興という「共産主義」的な発想法が存在しているという共通点がある。

言い換えると、一九七〇年代に権力を握った蔣経国にとって、「十大建設」は、一〇代でモスクワの中山大学で学んだ「理想」の実現にほかならなかったのである。

しかし、理想は理想として、実現の可否は財源にかかっている。では、蔣経国は「十大建設」の財源をどこから捻《ひね》り出したのだろうか？

一つは、徹底的な不正の摘発による。アメリカが国民党政権に常に不審の念を抱いていたのは援助金が政府高官に渡るや否や砂に水をまくように吸い取られて消えていったからだが、蔣経国はこの国民党の宿痾を摘出するために、「特務」を通して培った情報網を駆使して、腐敗官僚の一斉摘発を行った。

「彼は清廉で、金銭に汚い役人を最も嫌っていたが、首相に就任することによって、その理想を実現するチャンスを得た。彼の唱える『十大革新』には清廉政治の実現があり、まず自分の親族の王正誼《おうしゅうぎ》からメスを入れたのであった。（中略）経国は汚職、贈賄行為を厳しく処罰すると同時に、兼務を禁止し、各部会の首長および政務委員は、すべて公私部門の兼任を辞めさせた。その点で彼は、いささかの私情も許さなかった」（江南、前掲書）

蔣経国時代の到来とともに行われたこうした「厳格な正義の履行」は、国民党の圧政ばかりかその不正にも苦しんでいた庶民の喝采を呼んだが、やがて彼らも影響を被ることになる。若林正丈『蔣経国と李登輝』（前掲）には知り合いの台湾実業家の話として次のような言葉が引かれている。

「行政院長になると、かれは企業に対する徹底的な脱税摘発をやった。政治大学の財政学科の卒業生をそっくり調査局へ送って研修させ、その後で国税局に入れ、まず大企業から、そして中堅どころ、と徹底的に摘発をやって、今日の税制の基礎を作った。企業をやってもうからないのではないかとの感じが、当時企業界にも広がった。しかし、蔣経国はそれで浮いた金をいわゆる『十大建設』というインフラ建設にまわした。この時までに戦前に日本が基礎を据えた道路・港湾などのインフラは飽和状態だったから、インフラ建設ができると、景気がよくなって企業も潤うようになった。その後の発展はこのためだ」

「十大建設」の財源確保に与って力があったのは、もう一つ、皮肉にも米中接近による台湾海峡の緊張緩和である。これにより、台湾はそれまで国家予算の大半を消費していた軍事費を半減することができたのである。

「彼は、建設を推進しながら、一方では国防予算を八〇%から一九七四年には四八・九%まで削った」（江南、前掲書）

このように蔣経国が、一方では不正摘発を行い、一方では軍事費の削減を行って「十大建設」の財源を確保できたのは、彼がすでに党・軍・政・情報・治安、財政・経済に至るすべての実権を握る「ストロングマン」となっていたからなのだろう。もし、蔣経国が民主政治によって選ばれた首相にすぎなかったら、言い換えると、これだけの権力を自分一人に集中していなかったら、不正官僚から大規模なサボタージュを受けると同時に軍人からも猛反発を浴びて、たちまち権力の座から引きずり降ろされていたにちがいない。権力を駆け登る過程で準備してきたストロングマン体制がすべての面で好都合に働いたのである。

"本省人エリート"の起用を進める新しい人材登用システム

しかしながら、蔣経国が旧来の特権層を切り崩してつくり上げたストロングマン体制がいかに強固なものであろうと、その新体制を下から支える新しい支持基盤がつくられていなかったとしたら、やはり、この大胆な改革も志半ばに終わっていたかもしれない。

では、蔣経国のストロングマン体制を支えることになったのはいかなる社会層であったのか?

「蔣経国は、権力継承の最終段階に入ると、新たな人事政策を打ち出した。その眼目は、戦後二〇年の社会・経済的発展のなかで上昇してきた本省人のエリートを、選択的に取り込み、政権の支えとすることにあった。蔣経国自身も、またその部下も、この政策を『省籍』を連想させる呼称で呼ぶことはしなかったけれども、外国のマスコミなどでは、これは『台湾化』と称された」(若林正丈、前掲書)

おそらく、この台湾化政策には、互いにバインドされた複合的な側面があったにちがいない。

一つには、国民党の台湾撤退以来二〇年が経過し、大陸から一緒に移動してきた国民党エリートのストックが尽きかけてきたこと。権力はもともと腐敗しやすいのに加えて、大陸から引きずってきた「道徳的腐敗」という国民党の宿痾がエリート層から自浄能力を奪い、わかりやすい言葉で言えば官僚が「使えない人間」の集団と堕してしまったのである。モスクワの「中山大学」で鍛えられたレーニン主義エリートであった蔣経国には、こうした国民党内の自浄作用の欠如は耐え難いものに映っていたのである。

そのため、蔣経国は、自分がこれまでに培ってきた各種のエリート養成機関をフルに使って、新しいエリートの育成に乗り出したのだが、とりあえずは日本統治時代に日本語で教育を受けたテクノクラートの採用で急場を凌《しの》ぐことにした。これらのテクノクラートには、日本教育による道徳観念が植え付けられていたから、モラルハザードが少なかったものと思われる。

具体的に言うと、一九七二年に行政院長に就任すると、蔣経国は閣僚の中の本省人の割合を増やし、それまでの三人から七人とした。

そして、このときに台湾大学の教授から抜擢されて農業問題担当政務委員として入閣したのが四九歳の李登輝だったのである。

歴史人口学者のエマニュエル・トッドは一九七六年に早くもソ連の崩壊を予言した『最後の転落　ソ連崩壊のシナリオ』(石崎晴己監訳、藤原書店)の中で、「抑圧コスト」なる概念を提唱している。

共産主義国家だろうとファシスト国家だろうと抑圧体制を敷く国家においては、国民の自由を抑圧するための経費（とりわけ人件費）がかかるが、その経費が国民総生産の一〇％を超えるようになると、国家財政の破綻を招き、体制の崩壊へと突き進むという考え方である。ソ連はこの抑圧コストの重みで自壊したのである。

だが、同じ抑圧体制であっても、ファシスト国家は政治的自由はないが商業的自由（職業選択の自由と居住の自由を含む）が確保されている分、両方の自由を持たない共産主義国家に比べて、抑圧コストが半分で済む傾向がある。なぜなら、共産主義国家においては商業的自由の欠如ゆえに必然的にブラックマーケットが出現するから、これを取り締まるため抑圧コストがかかるうえに、国営・公営部門の空洞化（みんなが仕事をサボって非合法な内職に走る）が生じるので、国家的生産力は半減するからである。

この意味で、同じレーニン主義的で抑圧的な党が支配する国家でありながら、台湾の方が中国よりも、早くテイク・オフができたということは十分に理解できる。しかし、それでもなお、ファシスト国家においては抑圧経費が大きな負担となることに変わりはない。さらに、ファシスト国家の場合、被支配層から支配層への人材補給ということがほとんどないから、上層部の老齢化という避けられない問題が出てくる。おまけに台湾においては、支配層が大陸から移住してきた外省人であるという要素が加わっていたため、問題は先送りが許されない喫緊の課題となっていた。

だがファシスト国家の老人支配（ジェロントクラシー）が権力に居座る老人たちの自浄作用によって改善されたという例は歴史上ほとんど見ることができない。スペイン、ポルトガル、アラブ諸国、中南米など、最高権力者が死去するまで、抑圧コストがいくらかかろうが、老人たちの保守性ゆえに構造に変化はなかったのである。

だから、抑圧コストのかかるファシスト国家でありながら、ジェロントクラシーを自ら断ち切って最高権力者の死を待たずに構造転換に成功した台湾は、例外中の例外であると言える。

では、台湾だけがこうした困難な構造転換に成功したのはいかなる理由によるのだろうか？　言うまでもなく、一九七二年に行政院長に就任してストロングマン体制を確立した蔣経国が若い本省人を権力に巧みに取り込むことで、ジェロントクラシーの弊害を避けると同時に、抑圧コストを徐々に減らしていったからである。この蔣経国の戦略転換のモデル・ケースとなったのが李登輝にほかならない。

本省人のリーダー李登輝を抜擢、「台湾化」を推進

李登輝は日本統治時代の一九二三年（大正一二年）一月一五日、台湾北部の台北《たいほく》州淡水《たんすい》郡三芝《さんし》庄埔坪村源興居に警察官の次男として生まれた。客家《はっか》の家系で、教育熱心だった父の

影響もあり、受験戦争を勝ち抜いて台湾唯一の旧制高校だった台北高等学校に入学を果たし、一九四二年には京都帝国大学農学部農業経済学科に進学したが、学徒出陣で台湾の部隊に入隊。名古屋の高射砲部隊にいたときに八月一五日を迎えた。

戦後、台湾大学（旧台北帝国大学）に編入学し、台湾出身の育種学の権威・徐慶鐘《じょけいしょう》教授についたが、光復（日本から中華民国への台湾と澎湖諸島の返還）後に台湾を襲った悲劇を免れることはできなかった。すなわち、二・二八事件を契機に国民党の白色テロルが吹き荒れるなか、共産党の外郭組織の「読書会」に参加していたことから、特務機関の注意を引き、農政経済のテクノクラートの道を歩んだにもかかわらず、常に脅えながらの生活を余儀なくされたのである。

一九六五年、李登輝は、博士号取得のために渡米して、六八年に学位を得て帰国し、台湾大学教授に昇進したが、このアメリカ滞在中に、台湾人留学生を自宅に招いてパーティを催していたことが後に大きな危機を招くことになる。というのも、一九七〇年四月に起こった蔣経国暗殺未遂事件で逮捕された黄文雄と鄭自才《ていじさい》がこのパーティの常連だったことから、特務機関の疑いがかかり、執拗な取り調べを受けることとなったからである。

しかし、内政部長になっていた恩師・徐慶鐘と、所属していた農復会の上司・沈宗瀚《しんそうかん》の強力な介入のおかげでなんとか疑いは晴れた。おそらく、二人は蔣経国に、李登輝こそ台湾農業にとって得難い人材であると強調したにちがいない。すると、これをきっかけに蔣経国がこの少壮の農業経済学者に興味を持ち、突如、彼の前に思いもかけなかったような運命が開かれることとなる。

「この二人の紹介により、翌七一年八月、蔣経国に農業問題専門家として紹介された。（中略）蔣経国は、この時の台湾農業に関する李登輝の報告に感心し、李登輝に国民党入党を勧め、李登輝は、この年一〇月、経済学者の王作栄《おうさくえい》（現監察院長）の紹介で入党した。蔣経国のお声掛かりで入党した人物に、特務が監視を続けることはできない。以後、李登輝は政治警察の監視から免れることとなり、そればかりか、翌年、蔣経国の組閣とともに、政務委員として入閣したのである」（若林正丈、前掲書）

確かに、こうしたかたちで人材を権力へと吸い上げていけば、抑圧コストの削減とジェロントクラシーの解消の一石二鳥になるばかりか、外省人と本省人という対立も緩和できる。しかし、それは、一歩間違えば、取り返しのつかぬ混乱の原因ともなりかねない賭けでもあった。なぜなら、外省人と本省人、あるいは国民党と党外勢力（自由主義的外省人＋本省人知識人）の双方に不信と嫉妬の種をまいて、より大きな亀裂を引き起こし、激しい抗争を招く可能性もあったからだ。

だが、蔣経国は賭けに勝ち、俗に「台湾化」と呼ばれる、本省人エリートの権力への取り込み路線へと大きく踏み出してゆく。一九七五年四月五日に蔣介石が死去し、厳家淦総統というショート・リリーフを経て、一九七八年五月に蔣経国が第六代中華民国総統に就任すると、「台湾化」はさらに加速し、李登輝は台北市長に任命される。そのほか、主要ポストの多くに本省人が取り立てられ、「台湾化」はいよいよ現実のものになっていった。

民主化運動の盛り上がりと「美麗島事件」

ところで、抑圧国家が雪解けに踏み切ったときには、きまって、民主化を求める動きが一気に表面に出て過激化し、民衆デモが暴動へと発展する現象が現れるものだが、台湾もこのパターンの例外ではなかった。

上からの「台湾化」に刺激された党外勢力が大同団結し、台湾の運命は台湾住民自身が決めるべきだとして「住民自決」のスローガンを掲げて創刊した月刊誌『美麗島《びれいとう》』が異例の売れ行きを見せたことから発生した「美麗島事件」がそれである。

『美麗島』の発行元である美麗島雑誌社は、結党は禁止されているが出版物の発行は禁止されていないことに目をつけ、読者サービスを名目に事務所を開設したり、大衆集会を各地で催していったが、これが右翼の反発を呼び、街頭での衝突が頻発した。その総決算ともいうべき集会が一九七九年一二月一〇日の世界人権デーに合わせて高雄《たかお》で催されたとき、ついに権力との正面衝突に発展したのである。すなわち、集会許可申請が却下されたにもかかわらず、主催者の判断で集会とデモが強行された結果、デモ隊と警官隊との間で武力衝突が起こり、流血の惨事となったのだ。これが「美麗島事件」ないしは「高雄事件」

と呼ばれる事件である。

江南『蔣経国伝』(前掲)によれば、党外勢力はいささか権力を甘く見ていたところがあり、大衆運動を盛りあげれば大規模な逮捕はないだろうと踏んでいたが、目算は外れ、当局は三日後に大規模逮捕に踏み切って一五二人を逮捕、軍事法廷で幹部の施明徳《しめいとく》、黄信介《こうしんかい》、林義雄《りんぎゆう》ら三二名を起訴した。

江南は、この美麗島事件に関しては、珍しく権力寄りの姿勢を見せ、「国民党にすれば、当時の国内外ともに危機的な状況から、取らざるをえない措置であった」と論評した後、蔣経国が国民党の会議で発した次のような指示を引用して、これを「彼の民主政治に対する共鳴と肯定だ」と高く評価している。

「高雄暴力事件は、きわめて不幸なことであった。しかしこれは一刑事事件にすぎない。容疑者は法的手順を経て公正に処理し、とくに主犯・共犯を明確に区別し、冤罪・放任ともに避けなければならない。本事件については、法的措置を取ることにより、民主法治の道を推進する規定政策を、何としても堅持しなくてはならない」

このように全権を掌握したストロングマン・蔣経国の民主化・台湾化の基本方針に揺るぎはなかったのだが、統制のきかないところでは特務機関の暴走が何度か起こった。

そのうちの一つは美麗島事件の容疑者で公判中の林義雄の留守宅が暴漢に襲われ、八〇歳になる老母と二人の双子の娘が殺害された事件である。留守宅は特務機関の監視下にあったにもかかわらず、暴漢が容易に侵入したことで、世論は特務機関の暗黙の了解のもとに行われた犯罪として、反発を強め、同年に行われた「万年国会」の「増加定員選挙」では、党外勢力が大幅に躍進する結果となった。

これなど、ラ・フォンテーヌが『寓話』で**「賢い敵は怖くはない。怖いのは愚かな味方だ」**と看破している通りで、民主化路線を着実に推進しようとしていた蔣経国には大きな打撃となった。では、なぜ特務機関の暴走が起こったかといえば、それは、この時期、蔣経国の持病である糖尿病が悪化し、政務を部下たちに任せきりにしていたからだと思われる。とくに、タカ派のホープと言われた王昇《おうしょう》が「政工系統」(政治工作・政治作戦を担当する国軍内の部門)を握り、国防部総政治作戦部主任となってからは、特務機関の独断専行が目立つようになっていた。

「蔣経国のこの衰えは、八〇年代に入って、重大な眼疾として現れた。八〇年一月、蔣経国は、前立腺手術で入院、翌年七月から八月にかけて、眼疾で再度入院、さらに、八二年二月、網膜症で入院、一一月になって初めて蔣経国の病気は、糖尿病による末梢神経炎と発表された」(若林正丈、前掲書)

国民党の実力者たちは、蔣経国の再起は不可能と判断し、ポスト蔣経国を巡って権力闘争を準備しはじめていたのである。だから、もし、そのまま蔣経国が死去していたら、民主化が大幅に遅れたばかりか、権力内部でも左右対立による混乱は避けられなかっただろうと予測される。

蔣経国の復活、李登輝の副総統指名

ところが、奇跡が起こったのである。一九八三年、絶望的と見られていた容態が回復すると、蔣経国は権力空白期に独断専行していた部下に厳しい処分を下した。なかでも「政工系統」を牛耳っていた王昇を国防部総政治作戦部主任から解任し、パラグアイ大使として海外に飛ばしてしまったのである。一説には、特務機関の暴走に対して批判を強めていたアメリカ議会に向けた措置だったともいわれるが、とにかく、これで「美麗島事件」以降、顕著になっていた右旋回に終止符が打たれることになる。

もう一つの復帰後の動きは、台湾にとって運命的なものになった李登輝の副総統指名である。

これについては、李登輝自身が『李登輝実録　台湾民主化への蔣経国との対話』（中嶋嶺雄監訳、産経新聞出版）で、一九八四年二月一五日に中山楼《ちゅうざんろう》で開催された二中全会の模様を語っている。下馬評では、副総統の本命は孫運璿《そんうんせん》で、対抗がそれまで副総統をつとめていた謝東閔《しゃとうびん》。ほかに、本省人のホープとして林洋港《りんようこう》、邱創煥《きゅうそうかん》などがいた。会場の中山楼には蔣経国の執務室が設けられていて、呼び出された者はステージ左手の階段を登ってそこにいくようになっていた。

「私が席におさまって間もなく、行政院長の孫運璿が私の身辺に来て、低い声で私に言った。『登輝君、おめでとう！　総統は間もなく君が副総統になるように指名するよ。君に決まることには何も問題がない』。（中略）

孫運璿が私に祝意を述べて間もなく、もう開会の時間が迫っていた時に、謝東閔が上へ登って行くのを私は見た。謝東閔が上へ行く前に、彼に来るようにと護衛長が降りて来た。彼は上へ行ってから五、六分後には降りてきた。謝東閔は降りてきてからは、自分の席に座ったまま沈黙して語らず、顔色はとても良くなかった。

私がSomething happenedだと思うと間もなく、護衛長が私に『総統が貴方に会いたいそうです』と知らせに来た。私が蔣経国に会いに登って行くと、彼は執務室にはおらずに、背後のベッドに横になっていた。彼は、『登輝君、今回は君を副総統に指名するよ』と言った。私はすぐに固辞して、『とんでもありません。私はダメです。資格、能力はもとより、いろいろな面でまだ問題があります』と申し上げた。彼は、『私が見て何も問題はありません。君は必ずうまくやれるよ』と言った。（中略）

後に私が機会を得て総統になり、少し事を成したが、私にとって言えば、最も重要な瞬間は、この一幕であった」

文字通り、台湾の運命が決せられた瞬間であった。

しかしながら、この証言の続きを読むと、われわれが想像する筋書きとは若干異なる思惑が蔣経国にはあったのではないかと思えてくる。つまり、余命いくばくもないことを予感した蔣経国が自分の敷いた民主化・台湾化の路線を忠実に守ってくれるだろう李登輝に台湾の舵取を託したというのではなく、あくまで自分が先頭に立って民主化・台湾化を推進していくために、その政策の忠実な実行者として李登輝を副総統に指名したというのが本当のようだ。げんに、李登輝は「蔣経国はなぜ安心して私を副総統にしたのだろうか」と自問して、こう忖度《そんたく》している。

「第一に、蔣経国は自分がこんなにも早く逝去するとは思っていなかった。彼は糖尿病を患ってはいたが、最後はなんと吐血して死に至ったのであり、これは誰もが思いもよらないことであった。

第二には、私の見るところ、蔣経国は社会主義思想の影響を多少受けてきていた。一般の人は皆、私を一農業経済専門家だと見ていたようだが、しかし彼が私を選んだのは、私が彼と同様の思想を持っており、本当に仕事をやっていける人間だと思ったからではないか。

蔣経国はかねて自分は台湾人であり、国民党は本土化しなければいけないと表明していた。当時は本土化を求める勢いが大変強かった。彼は台湾の本土化を強化し得てのみ、国

民党は生き続けられると考えたのである」（同前）

これは台湾現代史を考える上で最も貴重な証言であり、注意して読まなければならない文章であるが、その真髄を一言で言えば、一九八〇年代後半に起こったすべての変化はストロングマン・蔣経国の脳髄に宿った「国家百年の計」の漸進的実行であり、李登輝はあくまで蔣経国の敷いた路線を強力に推進したにすぎないということである。言い換えると、台湾近代化のグランド・デザインは蔣経国という、かつての「嫌われ者ナンバー・ワン」によって設計され、現実化されていったのだ。

その典型的な例を一つだけ挙げよう。一九八六年二月七日、旧正月の除夜の前日に、蔣経国の引見を受けた李登輝は備忘録に「新年度に党外人士との間にチャンネルをつくって意思疎通を図ることには、私が多く参与するようにとのご指示」と書き留めたが、後にこれに対して次のような重要きわまりないコメントを加えている。

「党外人士との間の意思疎通のチャンネルは、蔣経国総統から提案されたことで、私が進めていたわけでは決してない。私は自らの意思でこの種のことを行うことはできなかったし、そんなことをすれば誤解を招いていただろう。（中略）

党外人士と党外に対する蔣経国の見方は、ますます肯定的で確固としたものになっており、もはや彼らを抑えつけようとは思わなくなっていた。彼はおそらく『党外の勢力は大きいほど良い』と考えていたのではなかろうか。（中略）

畢竟《ひっきょう》、党外の勢力が大きくなれば、国民党内の人はやりにくくなるが、こうすることで彼らは改革を迫られるのであり、こういったことがなければ彼らは変わることができないだろう。およそ指導者というものは、このような考え方をするものであり、ただ単に国民党はいかに発展すべきかといったことだけを考えているのではない」（同前）

思わず、「ふーむ」と唸らざるをえないような言葉である。極端に言えば、これほどに「偉い独裁者」が地上に存在しえたという奇跡にわれわれは驚嘆するほかはないのだ。

そして、歴史は、国民の誰よりも開明的な独裁者であった蔣経国が次々に決定的な決断を下したことを年表にたんたんと記していくのである。（同前、「李登輝先生年表」より抜粋）

一九八六年

九月二十八日　党外人士が民主進歩党の成立を正式に宣言する。

十月七日　蔣経国総統が米『ワシントン・ポスト』誌のインタビューに答えて、蔣経国は政府が間もなく戒厳令を解除しようとしている、また新政党を合法的に組織する問題を積極的に研究していると明言する。

一九八七年

七月十四日　蔣経国総統が台湾地区を一九八七年七月十五日午前零時から戒厳令を解除し、また「国家安全法」を同時に施行すると宣言する。

一九八八年

一月一日「報禁」［新聞の新規発行を禁じ、新聞のページ数を制限した法律］が解除される。

一月十三日　蔣経国総統が午後三時五十分に逝去する。李登輝副総統が憲法に従って中華民国第七代総統を継承したことを宣言する。

ストロングマン・蔣経国は台湾の完全民主化を見届けてあの世に旅立ったのである。最後に民主進歩党結成を認めることにしたときの国民党中央常任委員会で蔣経国が語ったという言葉を掲げて、この項を終えることにしよう。

「時代は変わり、環境は変わり、潮流もまた変化しつつある。このような変遷に対応するためには、執政党として新しい観念、新しいやり方で、民主憲政の上に立って、革新措置を推進しなければならない」（若林正丈、前掲書）

蔣経国 年表

一九一〇年　蔣介石の長男として、清国（現・中華人民共和国）浙江省に生まれる。

一九一一年　一〇月　辛亥革命勃発。蔣介石、革命に加わる。

一九一二年　一月　中華民国建国。

一九一四年　第一次世界大戦勃発。

一九二二年　上海の蔣介石の元に移転。万竹小学校四年に編入。

一九二五年　五・三〇事件で中学生のデモを指導し、中学校から除籍処分を受ける。
一〇月　ソビエト連邦・モスクワ中山大学へ留学。

一九二六年　蔣介石、北京政府を倒し国民党の軍権を掌握、リーダーとなる。国民党、北伐を開始。

一九二七年	蔣介石、上海で反共クーデター（四・一二クーデター）を敢行、権力を掌握し、共産党を弾圧。 南京政府を樹立。国共合作が崩壊。 蔣経国、父への絶縁状となる演説を行い、タス通信が世界に発信。モスクワ中山大学を卒業、帰国が許されず人質同然となる。赤軍研修生となり、訓練を受ける。 蔣介石、毛福梅と離婚。
一九二八年	蔣経国、トルマコフ中央軍政学院に進学、トロツキーに心酔する。スターリン派とトロツキー派の抗争に巻き込まれる。
一九三〇年	ソ連共産党員候補になるも、中国共産党モスクワ支部の反対で党員になれず。その後も同支部の迫害を受け続ける。 トルマコフ中央軍政学院を卒業。モスクワ近郊のシコフ村での農業に従事。
一九三一年	日本が満州国建国。中国は国際連盟に提訴。 反日運動が激化。
一九三三年	蔣経国、ウラル重機械工場で労働に従事。

一九三五年　三月　ウラルにてファーニャ・イパーチエヴナ・ヴァフレヴァと結婚。

一九三六年　二月　長男・蔣孝文が生まれる。

西安事件（蔣介石拉致監禁事件）により共同抗日、国共合作が促される。

一九三七年　蔣経国、ソ連当局より中国への帰国が認められる。父・蔣介石と再会、故郷・渓口鎮で思想改造。

日中戦争勃発。

一九三八年　蔣経国、研修を経て混乱状況にあった贛南へ保安処少将副処長として赴任。アヘン、賭博、売春などの取り締まりを強化し、贛南社会を改善。江西青幹班という幹部養成組織をつくり、優秀な青年たちを集め訓練する。修了生を抜擢し、自分の腹心を育て、自らの派閥を形成していく。

一九四四年　蔣経国、臨時首都重慶において三民主義青年団中央幹部学校教育長に就任。

ソ連が第二次世界大戦に参戦。

一九四五年　八月　第二次世界大戦終結。

	一〇月　台湾が中華民国に編入、陳儀が台湾の実権掌握。蔣経国、国民政府軍事委員会東北行営外交部特派員として長春に派遣され、ソ連との交渉に当たるが難航。その間に中国共産党が東北地方に拠点確保。
一九四六年	国共が内戦に突入。内戦の激化に伴う税収の落ち込みをカバーするための通貨が乱発され、インフレが激化。
一九四七年	中華民国憲法を発布。
一九四八年	中華民国総統を選出する国民大会代表選挙を実施。蔣介石、初代中華民国総統に就任。蔣介石、陳誠を台湾省主席に任命。国民党上海政府、経済政策を断行。国民の財産を金円券と強制兌換。経済統制を敷く。蔣経国、上海経済督導員に任命され、強権で取り締まるも経済統制は失敗、改革は挫折。
一九四九年	陳誠、三七五政策で減税、台湾全土に戒厳令を布告（～一九八七年）。台湾におけるデノミネーションを断行、旧台湾元と金元券との交換も停止。金利を四倍に上げ高金利政策へ。台湾における特務組織再編。北京で中華人民共和国の成立が宣言され国民党、台湾に全面撤退。

一九五〇年	蔣介石、中華民国総統に復職。 蔣経国、国防部総政治部主任に就任、政治組織と特務機関のトップに。 朝鮮戦争勃発。
一九五一年	蔣介石、政治工作幹部学校を設立、校長に就任。
一九五二年	中国青年反共救国団が発足。蔣経国、中央常務委員に就任。
一九五五年	国家安全局の設置。 蔣経国、大陳島からの撤退を指揮。
一九五七年	五・二四事件勃発、蔣経国、謹慎。 蔣経国、行政院国軍退役将兵補導委員会主任委員に就任、除隊兵士のための公共事業、横断道路の建設などを指揮。
一九五八年	中国人民解放軍が金門島へ砲撃を開始（金門砲戦）。 アメリカと中華民国の共同声明が出され、事実上の大陸反抗を放棄。
一九六〇年	蔣介石、総統に三選される。 自由中国事件で編集長・雷震が逮捕、服役。

一九六三年 蒋経国、CIAの招待で訪米、大陸反抗の中止を説得される。

一九六四年 中華人民共和国、フランスと外交関係を樹立、核実験も成功させる。台湾で彭明敏事件が発生、台湾自救運動を主張するが逮捕される。台湾における民主化運動はことごとく取り締まられる。

一九六五年 蒋経国、国防部長就任。ライバル陳誠の死去により、蒋経国の後継に確定。

一九六六年 蒋介石、総統四選。

一九七一年 七月 キッシンジャー米大統領補佐官が北京訪問。
一〇月 国連総会で中華人民共和国の招請、中華民国の追放提案が採択され、中華民国は国連から脱退。

一九七二年 蒋介石、総統五選。蒋経国、行政院長に就任。政策決定権は蒋経国が主催する閣議に移り、蒋経国が党・軍・政治の権力を掌握したストロングマンの地位を引き継ぐ。ニクソン米大統領、中華人民共和国訪問。「台湾は中国の一部である」という「上海コミュニケ」を発表。

一九七三年		産業基盤の整備と重化学工業の振興を目的に「十大建設」が開始される。
		蔣経国の地方視察が始まる。
一九七五年	四月	蔣介石、死去。蔣経国が中国国民党主席に就任して実権を掌握。
一九七八年		蔣経国、中華民国第六代総統に就任。
一九七九年	一月	アメリカと国交断絶。中華人民共和国の鄧小平による祖国統一攻勢の開始。
	一二月	美麗島事件。民主化運動の高まり。
一九八二年		レーガン米大統領、「台湾向け武器売却による米中共同コミュニケ」を発表。
一九八四年		『蔣経国伝』を出した江南が殺害された事件を契機に、アメリカの台湾住民に対する人権保護および推進の条項が発動。
一九八五年		蔣経国、権力の世襲の否定を宣言。香港経由の中国との間接貿易を公認。

一九八六年	蒋介石の生誕一〇〇周年記念式典開催。「蒋経国三条件」のもとに政党結成を認可。複数政党による増加定員選挙実施。
一九八八年	厳戒令を解除。台湾人の大陸親族訪問旅行の解禁。報禁の解除、メディアの部分自由化。
一九八八年	一月 蒋経国、死去。李登輝副総統が総統に就任。

蒋経国（一九一〇～一九八八年）の生きた時代

蒋経国は、初代中華民国総統・蒋介石の息子で、中華民国第六代、第七代総統を務めた人物である。生きている間は「特務政治の黒幕」としてとにかく忌み嫌われていたが、一九八八年に亡くなった後、今では「国父」とさえ見る向きもある。

幼少時代には父と離れて暮らし、その後のソ連留学時代にはトロツキー思想に傾倒するなど、数奇な運命のなかで父に批判的なときもあった。それでも、ソ連から帰国後の一九三八年には蒋介石のもとで国民党の要職に就くようになる。国民党と中国共産党が内戦状態におちいり、国民党は中国大陸から台湾へ移転。その際、蒋介石から上海の中央銀行にあった準備金の持ち出しを命じられたのも蒋経国だった。

台湾移転後の一九五〇～六〇年代に蒋経国が行ったことは特務機関による恐怖政治であった。同時に台湾の国民党政府を国際社会に認知させるべく、アメリカなどに働きかけを行う。しかし、アメリカのニクソン大統領が北京を訪問するなど（一九七二年二月。同年九月には日本の田中角栄首相が北京を訪問）、国際社会は毛沢東の中華人民共和国の方に大きく傾いていた。

さらに朝鮮戦争の勃発（一九五〇年）など、アメリカも台湾に興味を持ち続けることができなくなっていた。台湾は孤立し、蒋経国は台湾の内政に専念せざるをえなくなる。目指したのは、腐敗や癒着にまみれた国民党の再建だった。幹部候補生の教育も熱心に行い、蔣経国自身が信頼を寄せ、また信頼を得ることのできる部下を育成していった。このことが後の「国父」という評価にもつながっていく。

しかし、一九五〇年代のこのときはまだ蔣経国は嫌われ者でしかなかった。中国共産党シンパを摘発する名目で特務機関はリベラル派の弾圧を行っていた。そのことで国民党内の大物との軋轢を生むことにもなる。本省人（日本の統治が終わった一九四五年の「台湾光復」以前に中国大陸から台湾に移り住んでいた人びと）と外省人（「台湾光復」以降に移り住んだ人びと）との対立、父・蔣介石への批判（憲法を度外視して総統三選を果たす）という台湾における二大タブーに言及する政治家に激しい弾圧を加えた。

五〇年代後半になって、またアメリカとの関係が蔣経国の運命に影響を与える。革命実践研究院の職員がアメリカ軍事顧問団軍曹の自宅に侵入しようとし射殺されるという事件が起きる。アメリカの軍事法廷は軍曹を無罪としたが、射殺された男の妻は不服としアメリカ大使館の前で座り込みを始めた。そこに集まった群衆が暴徒化する事態になった。鎮圧後、アメリカは蔣介石の謝罪を受け入れる。一九五七年に起きた「五・二四事件」だが、暴徒のなかに蔣経国の意思で動いていた者がいたというのがアメリカの見方だった。

結果、「五・二四事件」から数年、蔣経国は政治の表舞台から姿を消す。その間、蔣経国が行ったことは退役軍人を動員しての道路などの建設であった。費用は軍事費を削減することから捻出した。また、特務機関のネットワークを利用して腐敗官僚を摘発。前述のように信頼のおける部下も育ってきていた。内向きの数年間のうちに蔣経国は軍、党、政界、情報などを掌握しきっていたのだ。

一九七二年には行政院長に就任。本省人を抜擢するなど、外省人との対立緩和にも尽力した。蓋を開けてみると、内政と向き合った「特務機関の黒幕」が成し遂げていたことは、「民主国家」台湾への準備であった。

（文責・集英社　学芸編集部）

第5章

朝廷を尊重し、内戦を回避した最後の将軍

徳川慶喜

行動と決断に一貫性のない慶喜

どの国の歴史においても、永遠に評価の定まらない人物がいる。原因は何かというと、その人物の行動と決断に一貫性がなく、どう解釈していいかわからないところが多いことだ。歴史家は、人間というものは、自分あるいは自国ないしは自陣営にとってこうするのが一番得になるという合理性に基づいて決断を下し、行動するものという思い込みがあるから、行動と決断に一貫性（合理性の連鎖）がない人物に対しては、どうしても点が辛くなるのである。

この意味において、日本の近・現代史で「評価の定まらない人物ナンバー・ワン」といえば、それはこの人をおいてほかにない。徳川幕府第一五代将軍・徳川慶喜《よしのぶ》である。そう、徳川慶喜ほど毀誉褒貶《きよほうへん》あい半ばする人物はいなかったのである。

その理由は、歴史家が彼の「行動と決断の一貫性のなさ」の解釈におおいに苦しんだことにある。それは慶喜の側近中の側近だった人も例外ではない。

たとえば、膨大な費用と時間をかけて『徳川慶喜公伝』を自ら編纂《へんさん》した渋沢栄一である。渋沢栄一は、幕末に横浜の異人館の焼き討ちを計画するなど尊王攘夷《そんのうじょうい》のテロリストとして出発するが、計画が中止となって逃げ場を失ったとき、一橋《ひとつばし》家に拾われて家臣となり、慶喜が一五代将軍となるに及んで幕臣に転じた人物である。低い身分にもかかわらず、慶喜の信頼厚く、慶喜の弟である民部公子こと徳川昭武《あきたけ》が一八六七（慶応三）年のパリ万国博覧会に派遣されたときには随行としてフランスに渡った。万博終了後、フランス社会の徹底研究を開始しようとした矢先に、幕府崩壊の知らせを受け取ったのである。このとき渋沢が慶喜に対して感じた不可解さこそ、その後の徳川慶喜に対する歴史家の評価を象徴しているように思えるのだ。

「博覧会終了の後、公子の御供で欧羅巴《ヨーロッパ》各国巡回中、本国に於ては、公は幕府の政権を返上なされた。此政変が追々電報若《も》しくは新聞などで海外に伝はつて来たが、殊に驚いたのは鳥羽・伏見の出来事であつた。第一に政権返上が如何なる御趣意であらうかとの疑を持つて居る処へ、此の如《かく》き開戦の事を聞いては、何故に公は斯《か》かる無謀の事をなされたかといふ憾を持たざるを得なかつた」（渋沢栄一『徳川慶喜公伝1』東洋文庫、平凡社「自序」）

こうした強い疑問は、徳川昭武のフランス留学中止で帰国することになった渋沢が、翌年横浜の港に着いたときも、収まるどころか、ますます大きなものになっていった。大政奉還までは理解できなくはないが、鳥羽・伏見の開戦から後の決断と行動は理解を超えていたのである。

「既に大勢を看破せられて政権を返上なされたからは、何故に鳥羽・伏見に於て戦端を開かれたのであるか、仮令《たとい》公の御意中には求めて戦争をしやうとは思召《おぼしめ》さぬでも、大兵を先《さき》供《ども》として入京すれば、防禦の薩長の兵と衝突の起るのは必然の理である、それ程の事を御察しなさらぬ筈はない。果して御察しなされたとすれば、已《や》むを得ざるに於ては、戦争も辞せぬ御覚悟であつたやうにも思はれる。然る時は何の為に大阪から俄《にわか》に軍艦で御帰東なされたであらうか、尋《つい》で有栖川宮《ありすかわのみや》の大総督として東征の際に於ては、一意恭順謹慎、惟命是れ従ふといふ事に御決心なされたのは何故であらうか」（同前）

こうした疑問にさいなまれつづけた渋沢は、慶喜の幽居先である駿府《すんぷ》・宝台院で拝謁がかなったとき、侘住まいの情けなさに号泣し、慶喜が現れたとき、こらえきれず、「宿疑」をぶつけてしまったのである。

「覚えず予《かね》ての宿疑が口へ出て、政権返上の事、又其後の御処置は如何なる思召であらせられたか、如何にして此の如き御情なき御境遇には御成り遊ばされたかと、御尋ね申した処が、公は泰然として、今更左様の繰言は甲斐《かい》なき事である、それよりは民部が海外に於ける様子はどうであつたかと、話頭を外に転ぜられたので、私も心附いて、公子の御身上の事どもを審《つまびらか》に言上した。久し振で公の御無事を拝したのは限りなく嬉しかつたが、胸裏に貯へた宿疑は竟《つい》に解ける機会がなかつた」（同前）

渋沢が後に主君・徳川慶喜の伝記編纂を思い立ったのは、この「宿疑」がきっかけであった。すなわち、渋沢は、明治政府に許されて東京に住まいを移すころになって慶喜がようやく重い口を開き、幕末の激動の時代の思い出を語るのを聞くに及んで、もし、ここで主君の真意を知り得ずんば、謎は歴史の闇の中に永遠に消えてしまうであろうという危機感に駆られ、一流の歴史学者とともに直接、慶喜に疑問点をぶつけながら、『徳川慶喜公伝』を編纂し、出版に踏み切ったのである。

というわけで、渋沢と同じように、徳川慶喜に対する「なぜ？」に衝き動かされているわれわれとしては、この『徳川慶喜公伝』を熟読することにより、「宿疑」を晴らしたいと考える。そう、徳川慶喜という、近代日本の運命を決めた謎の人物を、合理的かつ一元的に解釈する視点はどこにあるのかという「宿疑」に答えるために。

烈公・斉昭の期待を背負い、スパルタ教育を受けた慶喜

徳川慶喜は天保八（一八三七）年九月二九日、江戸・小石川の水戸藩邸で生まれた。父親は水戸藩第九代藩主・徳川斉昭《なりあき》、諡《おくりな》・烈公《れっこう》。母親は京都の有栖川宮家から嫁いだ登美宮吉《とみのみやよし》子《こ》、諡・文明夫人。

斉昭は、現在の日本男子からすると、とうてい信じられないほど「盛んなる」殿様であり、正腹・妾腹合わせて二二男一五女、合計三七人の子をなした。このうち成人したのは一二男六女であった。そのあまりの数の多さゆえか、男子は長男を除いて、生まれた順に「番号＋麿《まろ》」の幼名を付けられた。陸奥守山藩主となった末子の松平頼之《よりゆき》などは「廿二《はたふた》麿」と呼ばれた。なんとも、豪快にしてシンプル極まりない命名法と言うほかない。

ちなみに、徳川慶喜は七番目の男子であったため、幼名は「七郎麿」。ただし、二郎麿、

三郎麿、二三郎麿（四番目）、六郎麿は早世していたので、上には、長兄・鶴千代麿（水戸藩第一〇代藩主・徳川慶篤《よしあつ》）と五郎麿（鳥取藩主・池田慶徳《よしのり》）の二人の兄がいただけだった。

幼年期の徳川慶喜はどんな子供だったかというと、鶴千代麿と五郎麿が覇気に乏しいおとなしい男の子だったのに対し、いたって活発で元気、読書は好まないが、地頭《じあたま》のよい利発な子供だったようである。

「公は体力強健にして、武技をば喜び給へども、文学の道は懶《ものう》くおぼされて読書を好まず、近侍の諫《いさ》めをも用ゐ給はず、されども天資明敏、殊に剛健の気質に富まれしかば、自ら同胞の公達とは異なりて一際秀でさせられたり」（前掲書、「第一章」）

こうした慶喜の「体力強健」「天資明敏」に誰よりも喜んだのは父の斉昭であった。

というのも、斉昭は、藩政改革のためと称して、参勤交代なしの江戸定府《じょうふ》という幕府から与えられた水戸藩の特権を返上し、水戸に帰藩していたこともあり、息子たちを柔弱な江戸風に染まらぬよう、水戸で質実剛健に育てようと心に決めていたからである。

慶喜も生後半年で水戸に戻り、四歳ごろから藩校の弘道館で厳しい指導を受けることとなった。すなわち、文学は『新論』で尊王攘夷運動に火をつけることになる会沢正志斎《あいざわせいしさい》（恒蔵《こうぞう》）と弘道館頭取の青山量太郎（延光《のぶみつ》）、弓術は佐野四郎右衛門、剣術は雑賀《さいか》八次郎、馬術は久木《ひさき》直次郎（久敬《ひさたか》）という豪華スタッフで、いずれも水戸藩ナンバー・ワンの教授たちであった。

とくに、斉昭が力を入れて息子たちに指導するように命じたのは馬術で、馬場で乗るだけではなく、野山を自由に乗りこなすことができなければならないとした。慶喜はこの期待に応え、後年、大名芸とは思えない馬術の名人となったのである。

斉昭は、こんな風に息子たちを評したという。

「五郎（後の池田慶徳）は堂上風にて品よく、少しく柔和に過ぎ、俗にいふ養子向なり。七郎（即ち公）は天晴《あっぱれ》名将とならん、されどよくせずば手に余るべし」（同前）

「尾紀の両家ならば養子に遣るもよろしからん、されど七郎は世子《せし》の控へに残し置きたければ、五郎を出すべし、然らば世子（慶篤卿）の次は七郎となりて便宜なり」（同前）

ことほどさように、斉昭の熱い期待を背負って順調に成長していった慶喜は文字通り「理想の息子」で、歴史家がとくに問題とするようなことは皆無だったが、実を言うと、この問題のないということが問題であった。というのも、父親の斉昭の方におおいに問題があったからである。息子が父親の思い通りに育ったとしても、父親自身に問題があれば、それは息子の問題となってしまうのが道理だからである。

事実、斉昭というのは、その諡・烈公の通り、猛烈にして強烈な個性の持ち主であり、勢い、息子の慶喜としてはこの個性的な父親の影響を強く受けざるをえなかったのである。

しかしながら、斉昭について論じようとすると、そのバックボーンをなす水戸藩の体質と水戸学について第二代藩主・徳川光圀《みつくに》にまで溯《さかのぼ》って考える必要が出てくる。なぜなら、烈公・斉昭について考察しようとすれば、水戸藩と水戸学の基礎を築いたこの人物について最低限の基礎知識を仕入れておかなければならないからである。

徳川光圀のトラウマと『大日本史』編纂につながる尊王志向

かくて、舞台は、時間を二〇〇年ほど溯り、水戸藩成立の時点にまで立ち返ることになる。

水戸藩は、徳川宗家断絶が不可避となるケースを憂慮した徳川家康が、世継ぎスペアーの供給藩として、第九子・義直《よしなお》、第一〇子・頼宣《よりのぶ》、第一一子・頼房《よりふさ》のそれぞれに「親王家」的格式と所領を与えて尾張《おわり》・紀伊・水戸という雄藩を任せた、いわゆる徳川御三家の一つで、尾張藩六二万石、紀伊藩五五万五〇〇〇石に対して、二五万石の所領を封されていた。

当初水戸に入ったのは第一〇子・頼宣だったが、頼宣が紀伊五五万五〇〇〇石に転じたので、当時六歳だった第一一子・頼房が二五万石で入封したのである。

この頼房の第三子が名高い徳川光圀である。

当時はまだ長男が家督を継ぐという直系家族的な風習が確立されていなかったのか、光圀五歳のとき、長兄の頼重《よりしげ》を差し置いて、世子と決まり、翌月から江戸小石川の水戸藩邸で世子教育を受けることとなった。そのために長兄の頼重は讃岐《さぬき》高松藩一二万石に入封となった。三代将軍・家光の意志を反映したとも言われるが、定かなことはわかっていない。長ずるに及んで、光圀はこの世子決定を大きなトラウマと感じるようになる。なにかしらの不正が働いて、自分が世子となったのではないかという「原罪意識」が生まれたからだ。この原罪意識がその後の水戸藩の性格に少なからぬ影響を与えるのである。

というのも、原罪意識が災いして素行不良となり、問題児扱いされていた光圀は、一八歳のとき、『史記』伯夷《はくい》列伝を読んで強い感銘を受け、以後、行いを改めて学問に邁進《まいしん》するようになったが、この「回心」が水戸藩という特殊な藩をつくり上げるきっかけとなったからだ。

では、「回心」を導いた『史記』伯夷列伝とはいかなる内容であったのか？

孤竹国《こちくこく》の先王の遺言により、長男の伯夷は王座を三男の叔斉《しゅくせい》に譲ったが、叔斉はそれは許されないとして王位に上ることを拒否したため、二人は、王位を次男に譲ってともに国を出て、名君文王の支配する周《しゅう》の国に向かった。ところが、周に着いたとき文王はすでに亡く、世子の武王が悪逆で知られる皇帝（殷《いん》の紂王《ちゅうおう》）を滅ぼそうと軍を起こすところだった。それを見た二人の兄弟は、父が死去したばかりなのに、主君の紂王を討つのは孝にも仁にも反すると諫めたが、聞き入れられなかったため、後、周が殷を滅ぼして天下を取っても、周の粟《あわ》を食べることを潔しとせず、餓死したと伝えられる。

光圀は、このエピソードを読んで、自分の「内」なる非正統性に不必要にこだわりつづけるのではなく、むしろ、正統性を外に求め、「政治としての正統性」「歴史としての正統性」を徹底追求するならば、そのとき初めて、内なる原罪意識から免れうると判断したにちがいない。

その結果、生まれたのが、光圀の最大の業績と称えられる『大日本史』の編纂事業である。というのも、『大日本史』の編纂の目的は、儒教の正名《せいめい》論に基づいて歴史のアンパイアを務め、歴史のそれぞれの転換点で、誰に大義名分があったかを決めようとする「歴史正統性」の試みにあったからだ。

ところがである。この「歴史正統性」の試みをあまりにも徹底追求したために、光圀はとんでもない結論に達してしまったのだ。

つまり、日本の歴史の正統性を求めるとなったら、当然、万世一系の天皇家に行き着くが、そうなると、鎌倉幕府以来の武家政権は、少なくとも論理的には、徳川幕府も含めて、「王位簒奪《さんだつ》者」と見なすほかなくなるのである。

これは困ったことになった。内なる非正統性の疚《やま》しさから逃れるために、外に正統性を求めたところ、自らがその一員である徳川幕府の正統性を否定せざるをえなくなってしまったからだ。

これぞまさしくオイディプス王の神話である。すなわち、テーバイの王オイディプスは、国に災いをもたらした犯人は、父を殺し、母と交った男だというデルポイの神託を受け、犯人探しを始めるが、それは自分であるとわかり、両眼をえぐって放浪の旅に出る、というギリシャ神話に、その自己言及構造がよく似ているのである。

とはいえ、さすがの光圀としても幕府の存立理由まで否定するわけにはいかないから、キリスト教の三位一体論にも似たアクロバットを用いて徳川幕府の存在を「正当化」しようと試みる。

日本は世界無比の万世一系の皇統を誇る神国であり、その頂点に位置するのが天皇であることは確かだが、天皇は自らの身を守る武力を持たないので、日本全国の統治を征夷大将軍に託するというかたちで徳川幕府に権力を託したのである。よって、徳川幕府の権力は「正当」なものである。しかし、本当に正統性があるのは天皇だから、幕府もまた原則としては尊王を優先しなければならない。

つまり、正統性権力と実質的権力を当面切り離し、どちらにも「正統性」と「正当性」があると認定したのだが、光圀自身は明らかに、それが幕府と自らを欺《あざむ》くための詭弁《きべん》であることに気づいていた。しかも、それが極めて危険な詭弁であることも。

ただ、当面はこの詭弁が幕府に気づかれることはないと踏んでいた。オイディプス王による犯人探し、つまり『大日本史』の編纂には膨大な時間と人員を要することがわかっていたからである。

事実、『大日本史』編纂事業は、修史のために設けた史局が「彰考館」と名前を変えるころには、収拾不可能なほどに拡大していた。徹底性を求める光圀は京都まで人を派遣して貴重な歴史書を収集させたばかりか、それを判読し、資料として利用し、執筆させるための修史員をどんどん増員していったからだ。その結果、水戸藩の台所は、すでに光圀の代において抜本的な改革を施さなければならないほどに悪化していたのである。

財政の困窮と内部対立、常に二つの火種が潜んでいた水戸藩

ところが、光圀の跡を襲って第三代藩主となった綱條《つなえだ》（諡・粛公《しゅくこう》）は、光圀が自分の子供を差し置いて長兄で讃岐高松藩主・頼重の次男を養子にもらいうけ、水戸藩主とした人物だったせいか、光圀に負けぬほどプライドが高く、財政改革に乗り出すどころか、その反対の挙に出たのである。水戸藩の筆頭儒学者だった青山家の末裔・山川菊栄《きくえ》は『覚書 幕末の水戸藩』（岩波文庫）で、その愚かな振る舞いをこう愚弄している。

「光圀の没後（一七〇〇年）まもなく、三代藩主粛公の時代に一坪の領地も加えられず、一石の加増もないのに、突然二五万石から三五万石へと持高の増加を主張して幕府の承認をえた。（中略）

ご三家といっても尾張は約六二万石、紀州は五五万石をこえているのに、水戸は二五万

石にすぎず、その代り江戸に近く、参勤交代の義務はまぬかれている特権はあるにせよ、何かと肩身の狭い思いだったとみえ、実力のともなわぬ三五万石の看板をだして肩をはり、せのびをしつづけた苦労は、結局農民にしょわされた」

これはたとえてみれば、高額納税者ランキングに載りたいがために、自分の所得を水増ししたために多額の課税を受けるようなものである。軍役その他の幕府のための支出は石高に応じて負担するのが原則だったから、水戸藩の窮乏はさらに強まった。

水戸藩の有名な貧乏物語はこの二代と三代の藩主の見えっ張りに起因しているのであるが、そこからさらに思わぬ副産物がもたらされることになる。

貧乏学者というルサンチマン（怨念）に満ちた潜在的反逆者の群れである。

光圀の彰考館設立は、学術奨励という良き伝統を残した反面、学業さえ優秀なら身分が低くとも石高の多い修史員になれるという「出世の夢」を下級藩士に与えてしまった。そのため、他藩よりも多くの藩士子弟が出世のバイパスを求めて学問を志すようになったが、当然、彰考館の修史員の数は限られている。そこで数少ない定員を巡って、芥川龍之介の『蜘蛛の糸』さながらのサバイバル・ゲームが繰り広げられることになるのである。

山川菊栄は、明治中期に出版された高瀬真卿《しんけい》『水戸史談』のこんな証言を引用している。

「内藤君［内藤耻叟《ちそう》］曰く、役人になれば鰻《うなぎ》が食われるが、役人にならなければ鰻串を削らねばならぬ。食うと削ると、これ政権争奪の原因なりと。穿《うが》てりというべし」（同前、［ ］内は引用者注。以下同じ）

水戸藩はいつの時代も内部抗争が激しく、常に党派に分かれて暗闘を繰り返していたが、その原因の一つは、貧乏学者の数が多く、彼らが定職を得ようと権力者に接近を試みたため、召し抱えられた者とそうでない者との間に激しい対立が生まれたことにある。

党派闘争を過激にしていた原因はもう一つあった。江戸と水戸との対立である。すでに述べたように、水戸藩は江戸に近いということで参勤交代を免除される代わりに、江戸の藩邸に藩主が常に滞在し、常駐スタッフを置いておかなければならなかった。これを「定府」という。その結果、江戸と水戸の二重財政となり、負担が増したが、それ以上に厄介だったのは、江戸スタッフと水戸スタッフの間で激しい反目が生まれたことである。山川菊栄はこんな証言を拾っている。

「江戸育ちと水戸育ちでは同じ水戸藩士でもまるで違いました。江戸育ちはおしゃれで、気どっていてイキで（中略）袂《たもと》に両手を入れてつき袖をしてシャナリ、シャナリとやってこられたりすると、こっちは田舎侍《いなかざむらい》同士、顔を見合わせて、ふき出すのをこらえるのがやっとでした。向うは向うで、ヤボな百姓然とした田舎侍をみて、おかしくて堪らなかった

でしょうが」（同前）

このように、水戸藩は、貧乏という爆弾の上に「都会者と田舎者の対立」というもう一つの爆弾が乗り、ただでさえ、一触即発の危険きわまりない状態にあったのだが、幕末に至って異国船の近海出没という火がつけられたため、藩論は真っ二つに割れて大爆発を起こし、その爆発は全国に尊王攘夷運動というかたちで波及することとなったのである。

同時に、この時代のオイディプス王であるところの烈公・斉昭はテーバイの災厄の犯人探しに乗り出さざるをえなくなるのである。

烈公・斉昭の藩主就任に対する藩内対立

第二代将軍の弟を先祖に戴く水戸藩の政治的ポジションは、フランスのオルレアン親王家のそれとよく似ている。

親王家のプリンスは常に王位（将軍位）継承権を有するが、王位（将軍位）に即《つ》けるのは本家の血統が途絶えた場合に限られるから、どうしてもというのだったら、革命や軍事クーデターに乗じて暴力的にこれを奪い取るしかない。それがいやなら、もう一つの権力である「思想」に訴えて、王や将軍の正統性を徐々に否定していくことになる。

ガストン・ドルレアンが一七世紀のフロンドの乱で、またフィリップ・エガリテ（平等公フィリップ・ドルレアン）が一七八九年の大革命で、それぞれ試みたのは前者であり、水戸光圀がチャレンジしたのは後者である。

ただ、いずれにしても、事が成就するまでは、耐え難きを耐え、忍び難きを忍び、ときには数世代にもわたる長い屈従の時間を過ごさなければならないが、そうなると、当然、正統王家や将軍家に対するルサンチマンが蓄積されてくる。

このように、親王家というのは、その本質からしてルサンチマンを溜め込みやすい家系であるのだが、烈公・斉昭はそうした親王家の一員であるばかりか、第八代水戸藩主・徳川斉脩《なりのぶ》（諡・哀公《あいこう》）の弟という、二重にルサンチマンが溜まる位置にいたのである。では、この徳川斉昭とはいかなる人物であったのか？

徳川斉昭、諡・烈公は寛政一二（一八〇〇）年三月一一日、江戸は小石川の水戸藩邸で生まれた。父は第七代水戸藩主・徳川治紀《はるとし》（諡・武公《ぶこう》）。母は大納言・烏丸光祖《からすまるみつもと》の次男・烏丸資補の娘で、側室であったが、治紀の正室が男子を残さずに亡くなったため、事実上の正室となったのである。

治紀と烏丸資補の娘の間には、長男・斉脩、次男・頼恕《よりひろ》、三男・斉昭、また他の側室との間に四男・頼筠《よりかた》が生まれたが、次男・頼恕は讃岐高松藩松平家の、四男・頼筠は常陸宍戸藩松平家のそれぞれ養子に入ったので、文化一三（一八一六）年に治紀の死去で斉脩が第八代水戸藩主となると、斉昭は江戸藩邸で「部屋住み」の身となった。おそらく、斉脩が病弱で子供を残さずに死ぬ恐れがあったため、斉昭は血のスペアーとして取り置かれたのだろう。しかし、その点を考慮に入れてもなお、この「部屋住み」という身分は斉昭の人格形成に大きな影響を与えないわけにはいかなかった。斉昭は「構造的」にルサンチマンの人となりやすかったのである。

過激な攘夷論者の希望の星だった斉昭

では、その斉昭はどのような幼年時代を送ったのか？

斉昭は幼名を敬三郎といい、元服後は父の偏諱《へんき》をもらって紀教《としのり》と名乗ったが、藩主就任後は斉昭となる。本書では斉昭として記述することにする。

幼年時代のエピソードとして伝えられているものは、後の傍若無人ぶりからすると意外なほど少ない。強いて挙げれば、四歳のときに「乳母は要らないから、近仕の侍をつけてくれ」と言ったことぐらいだが、これなど、「好色な女嫌い」という斉昭の後年の傾向を窺《うかが》わせる逸話かもしれない。

このほか、九歳で始めた射撃に異常なほどの関心を示し、一日に千発発射したというエピソードもある。これは後年、大砲の鋳造に乗り出したり、追鳥狩《おいとりがり》と称して鉄砲の発射訓練を行ったりと、飛び道具好き、メカ好きの一面を垣間見せている。

しかし、斉昭の幼年時代で特筆すべきは、なんといっても七歳で水戸学の俊英・会沢正志斎について儒学を学びはじめたことだろう。この恩師との出会いによって斉昭の一生は決定づけられたからである。

では、会沢正志斎とはいったいどんな学者だったのだろうか？

会沢正志斎は水戸藩士・会沢恭敬《やすたか》の長男として天明二（一七八二）年、水戸に生まれた。先祖は農民で曾祖父の代に餌差《えさし》（鷹狩りのために小鳥を捕らえる職業）となり、父の代に士分に取り立てられたにすぎない。一〇歳で儒学者・藤田幽谷《ゆうこく》の弟子となるや、彰考館のエリートコースを駆け登り、二五歳で斉昭の侍読《じどく》（教育係）となった。

文政八（一八二五）年に著した『新論』はひそかに筆写され、尊王攘夷運動のバイブルとして志士たちに広く読まれた。恩師・幽谷の路線を忠実に受け継いで、強烈な尊王攘夷思想を特徴としている。口語訳で具体的にサンプルを示してみよう。

「謹んで思うに、神国日本は太陽のさしのぼるところであり、万物を生成する元気の始まるところであり、日の神の御子孫たる天皇が世々皇位につきたもうて永久にかわることのない国柄である。本来おのずからに世界の頭首の地位にあたっており、万国を統括する存在である。（中略）しかるにいま西の果ての野蛮なるものどもが、世界の末端に位置する下等の存在でありながら、四方の海をかけめぐり、諸国を蹂躙《じゅうりん》し、身のほど知らずにも、あえて貴いわが神国を凌駕《りょうが》せんとしている。なんたる驕慢《きょうまん》さであろうぞ」（『日本の名著　29　藤田東湖《とうこ》』中央公論社、「新論」より）

現代の北朝鮮のニュースのように、大真面目なのに笑いを誘う夜郎自大な文章だが、当時はこのエモーショナルな文体が若者たちの心を鷲掴《わしづか》みにしたのである。

ところで、『新論』のユニークさは、儒教は一衣帯水の中国からきた思想で、「忠孝を明らかにし、もって帝に仕え祖先を祀ることを教えたもので、天照大神の不朽の教えと大同小異である」（同前）から容認できるが、仏教は夷狄《いてき》のインド人の宗教であるから、断固排斥すべきとした点にある。

「仏法がわが国に入ったとき、朝廷ではわが国には祭祀の法があるから、蛮人の神を拝すべきではないという議論があった。ところが逆臣蘇我馬子は私にこれを信奉し、聖徳太子などと結託して寺院を建立した。それ以後、僧侶がしだいにふえ、さかんに仏説を宣伝したので、民心は神の道から離散してしまった。（中略）ここにいたって人民はインドがあるのを知っていても日本のことは忘れ、僧侶があるのを知っていても君父のことは忘れた。（中略）忠孝がすたれ人間の志が分離したこと、実に極端であった」（同前）

一読ただちに理解できるように、会沢正志斎は、日本近海に西洋の船舶が出没するようになったから「攘夷」に目覚めたのではない。「尊王」思想を飛鳥時代にまで溯って純化していった結果、インド人の宗教である仏教は排斥すべしという結論に至ったのであり、そこから演繹《えんえき》して、インド人の同族である西洋人も「攘夷」しなければならないという思想が生まれたのである。ある意味、「論理的」な尊王攘夷ということになる。

斉昭は七歳のときからこうした攘夷思想を毎日のように吹き込まれたのだから、どうしたって「洗脳」されないわけにはいかなかった。かくて、会沢正志斎が教育係としてついてから数年にして、江戸・小石川の水戸藩邸には、世にも面妖な「尊王攘夷」思想の権化たる若きプリンスが誕生することになるのである。

しかも、この尊王攘夷のプリンスの周囲には、会沢の恩師・藤田幽谷の兄弟弟子である水戸学者が何人もおり、それぞれ過激な思想を注入して、斉昭を党派の「希望の星」とするつもりでいた。すなわち、幽谷の息子で彰考館の俊英・藤田東湖、後の水戸彰考館総裁・豊田天功《とよだてんこう》などの過激派である。いずれも低い身分から学問一つで身を起こした連中で、藩の上級武士たちに激しい憎しみを抱いていた。斉昭は、「一点突破全面展開」を可能にしてくれる唯一の存在として、彼らから大きな期待をかけられていたのである。

だが、尊王攘夷に凝り固まったこのプリンスが、学者たちの望み通りに思想を実行に移せる機会があるかといえば、これはゼロに等しかった。斉昭は三〇歳まで「部屋住み」の身にすぎなかったからである。哀公・斉脩は病弱で世子をもうける可能性は少なかったものの、予想を超えて生きながらえていたので、「部屋住み」の斉昭が政治の前面に飛び出すチャンスはなかなかやってこなかった。

斉昭の水戸藩主相続と藩政改革

だが、文政一二(一八二九)年の五月、ついにそのときがやってきた。斉脩の病状が悪化し、余命数カ月という診断が下されたのである。

斉昭と会沢・藤田らの過激派一党は色めきたったが、思わぬ伏兵が現れた。江戸家老の榊原淡路守《あわじのかみ》らの重臣たちが、斉脩の妻である峰姫《みねひめ》の弟、つまり将軍・家斉《いえなり》の二一番目の息子である清水恒之允《つねのすけ》(後の徳永斉彊《なりかつ》)を藩主に迎えようと策動を始めたのだ。その理由は、家斉の息子を藩主に押し戴けば、水戸藩の積年の赤字が解消されるほどの永続金(助成金)が出るだろうというものである。げんに、峰姫が輿入《こしい》れしてからは永続金が倍増して持参金で赤字が消えたばかりか、幕府への借金も帳消しになったではないか?

九月に入り、斉脩危篤の知らせが水戸に届くと、清水恒之允擁立派に機先を制されるのではないかと危惧した藤田東湖らの斉昭擁立派は、ついに決断を下す。幕府への届け出なしに江戸藩邸に大挙して押しかけることに決めたのである。江戸藩邸にいた斉昭擁立派の江戸彰考館総裁・青山延于《のぶゆき》からも、清水恒之允擁立派の動きが急であるという知らせが届く。もう一刻の猶予も許されない。かくて、幽谷門下生を中心とする四十余人は、文政一二年一〇月一日の夜、無届けで水戸を出発した。頭首として、一万石の水戸家老・山野辺家の長子・義観《よしみ》が選ばれた。この無断上京の集団は後に「南上《なんじょう》の忠士」と呼ばれた。

「南上の忠士」の主だった者を挙げれば、藤田東湖、会沢正志斎、後の彰考館総裁・杉山復堂らの幽谷門下生。それに東湖と並んで「三田」と称された戸田忠敞《ただあきら》、武田耕雲斎《こううんさい》がいた。いずれも死を覚悟しての「南上」である。彼らは一〇月三日の夜遅くに江戸藩邸に着き、青山延于たちに迎えられた。

では、彼ら斉昭擁立派と清水恒之允擁立派が江戸藩邸で大バトルを展開したのかというと、幸いにもそうはならなかったのである。

「東湖らが江戸に着いた翌日、つまり十月四日の夜、問題の藩主斉脩がこの世を去ったあとに、遺言状なるものが発見され、家老共に宛てた一通には、自分の没後は、弟の斉昭を養子として藩政を譲りたい、と幕府へ申し立てるようにとあった。遺言状がものをいうのは今も昔も変わりがない。三十三歳で亡くなった斉脩の別の遺書には、徳もなかったのだから、諡も先君のような立派なものはいらない、短命の者にふさわしい哀の字をという願いが記されており、そのとおり哀公となった。すべてが遠慮深くつつましい生涯であった」

（瀬谷義彦『新装　水戸の斉昭』茨城新聞社）

こうして、文政一二（一八二九）年一〇月一七日、養子手続きの完了を待って斉昭が第九代水戸藩主の座に就いたのである。すでに三〇歳になっていた。

では、ルサンチマンの塊である斉昭とその擁立派の学者たちはいったいどのような改革路線を打ち出したのだろうか？

天保元（一八三〇）年に開始されたために「水戸の天保改革」と呼ばれるこの改革は、そのほとんどが藤田東湖が斉昭の藩主就任の一〇日後に送った封事（献策を書いた密封した手紙）に従っている。内容は大きく三つに分類される。

第一は、特権的地位を利用して賄賂政治をほしいままにして酒池肉林に走り、藩財政を悪化させ、農民を困窮させた旧清水恒之允擁立派の罷免。

第二は、彼らに代わって身分や出自にかかわりなく優秀な人材を登用すること。

第三は封事を奨励して、下からの献策を積極的に取り入れることである。

東湖はこれを「言路洞開」と呼んだが、採用された改革案のほとんどが藤田や会沢のものだったから、斉昭擁立派の「独裁のススメ」ということであり、「自分たちの思い通りにさせろ」という婉曲《えんきょく》的な表現にすぎなかった。斉昭としても藩主に就任できたのは彼ら「南上の忠士」のおかげなのだから、その意見に従うのは当然であった。

かくて、就任間もない文政一二年の末から早くも大粛清人事が開始され、江戸と水戸の両執政（家老）と彼らの腹心が一斉に罷免され、閑職に追いやられたのである。

いっぽう、「南上の忠士」たちはというと、外見的なバランスを取るために、彼らも逼《ひっ》塞《そく》、つまり停職の処分が加えられたが、その期間はわずかに三カ月。あくまで形だけのものにすぎず、謹慎が明けた天保二年からは「南上の忠士」たちが次々に登用されて、郡《こおり》奉行や御用調役という重要な役職に就いたのである。

だが、「諸生派」あるいは「俗論派」と呼ばれた旧清水恒之允擁立派も負けてはおらず、引くと見せて徐々に反撃を開始した。その構図は、民主党政権誕生時に起こったことと似ている。民主党政権は、官邸主導という旗印のもと、官僚機構を無視する構えを見せたが、実際には、分厚い官僚の層に跳ね返されて、何の成果も生むことなくすべては元の木阿弥に帰した。官僚組織というものは、自己保存のために税金の不断の摂取を必要とする巨大な生命体であり、扱い方を誤ると、獣性を丸出しにしてキバを剝《む》くのである。

水戸藩でも、斉昭の天保の改革に対する抵抗勢力の巻き返しは強烈で、天保二年の刷新人事で取り立てられた「南上の忠士」たちは数年すると閑職に追いやられてしまった。

斉昭自身は生まれついての政治家で、抵抗勢力の巻き返しにも一定の理解を示していたが、「南上の忠士」たちは改革の速度が遅い、粛清が手緩《てぬる》いといって不満を溜め込みはじめた。とくに藤田東湖は封事が正しく実行されないから改革ブレーンを降りると言いだした。慌てた斉昭は慰留に努め、東湖を江戸の近侍（秘書課長）に取り立てたのを皮切りに、軍奉行、江戸通事御用役、御用調役とトントン拍子に出世させ、天保一一（一八四〇）年には側用人という水戸藩ナンバー・スリーの地位にまで昇進させた。

こうした「南上の忠士」たちは抵抗勢力から「天狗派」と呼ばれたが、時がたつにつれて、他称が自称に変わり、幕末には、党派は「天狗党」として結集するに至るのである。

こうした「天狗派」と「俗論派」「諸生派」の対立は一見すると改革の是非を巡るそれのよ

うに見えながら、その実、元貧乏学者と元利権派という「金」を巡る階級対立を内包していたので、妥協は成り立たなかったのである。

質素倹約を強要し、藩士たちも悲鳴をあげた「天保の改革」

とはいえ、両党派の対立という不安材料を抱えながらも、斉昭の天保改革はそれなりの成果を生んでいった。それらを、計画倒れのものも含めて列挙してみると以下のようになる。

①質素倹約・贅沢追放
②飢饉・救貧対策（稗倉《ひえぐら》と常平倉《じょうへいそう》の設置）
③神武陵修復の建議
④蝦夷地《えぞち》開拓の建議
⑤鹿島・行方《なめがた》両郡一二万石の水戸藩下賜建議
⑥半知借上《はんちかりあ》げ（藩士の俸禄の五割カット）
⑦経界の義（水戸全領検地）
⑧土着の義（藩士の土着と未開拓地の開墾奨励）
⑨学校の義（藩校・弘道館および郷校の設置）

⑩総交代の義（定府制の廃止）
⑪追鳥狩（大規模軍事訓練と鉄砲斉射）
⑫毀鐘鋳砲《きしょうちゅうほう》（廃寺と神社新設を推進し、寺院の釣鐘や仏像を潰して大砲を鋳造）

これらの改革は、大きく、藩のリストラ（①⑥⑩）および利益構造の創出（②④⑤⑦⑧⑨）という「内憂」に対する系列と、尊王攘夷という「外患」に対する系列（③⑪⑫）に大別できるが、実際にはこの二つは連動していた。というのも、斉昭と東湖の描いた設計図では、まず藩の財政を健全化させて内憂を克服した後、それを日本全国に広げて「外患」に備えるという二段階プログラムになっていたからである。

しかし、計画するは易く、実行は難しの伝で、藩のリストラに乗り出した段階で斉昭は抵抗勢力の猛烈な巻き返しに遭遇した。

すなわち、長年の部屋住みで耐乏生活には慣れていた斉昭は質素倹約は当然と考え、羽二重などの他藩からの輸入品の着用を禁ずる一方、綿服着用を義務づけ、食事も一汁一菜の粗食主義を強要、酒を出す宴会や三味線や琴の演奏も禁止したから、上級藩士たちの全員がこれはたまらぬと悲鳴をあげはじめたのである。しかし、斉昭は苦情はまったく無視して、内裏雛《だいりびな》、鯉幟《こいのぼり》、正月の松飾りなどの質素化を推し進めたばかりか、江戸に住んでいた藩士の多くを水戸に帰し、さらには、藩士全員の俸禄を五割カットした。その結果、激しいデフレ効果が現れ、藩は富裕化するどころか一層窮乏化したのである。

「天保十一年水戸を訪ねた佐賀藩士の永山武貞は、正月だというのに水戸の町は質素そのもの、水戸の郊外の農村に足を踏み入れると、農民の服装は乞食にひとしく、富家でも障子は粗末な黒っぽい紙を使っている有様だといい、『けだし一藩の俗、然《しか》りとなす』と評した」（同前）

こうした状況に耐えかねた藩内の上級士族たちは、天保一〇年一〇月、極めて珍しい強《ごう》訴《そ》事件を引き起こした。番頭（代々水戸藩に仕えた譜代の重臣）以下七〇人が連書して、半知借上げを中止するか、さもなければ、翌春の斉昭の水戸帰藩を中止するかどちらかにしてくれと強く訴えたのである。

これに激怒した斉昭は、署名した重臣たちを処分したばかりか、水戸帰藩を強行し、いよいよ本格的な改革に乗り出したのである。

では、新たな利益構造の創出という課題はどうなったかというと、台風被害や冷害飢饉の対策として農民たちに稗を蓄える稗倉と米価調整用の米倉である常平倉をつくらせたことは藩内での餓死者を最低限の水準に止めることに貢献し、「斉昭名君伝説」の形成に与《あずか》って力があった。しかし、蝦夷地開拓と鹿島・行方両郡一一万石の水戸藩下賜の建議は、幕府からすげなく却下されたどころか、天保一五年に斉昭が幕府から隠居・謹慎を命じられる原因の一つともなったのである。

これに対し、経界の義（水戸全領検地）、土着の義（藩士の土着と未開拓地の開墾奨励）、学校の義（藩校・弘道館および郷校の設置）はなんとか実現にまでこぎつけて、改革の成果と数えられるようになる。すなわち、これまで新田開発が進んで農地が拡大した結果、貧富の格差が広っていたが、全領検地により、富農層からの徴税が可能になり、藩の財政は少なからず改善したし、また藩士に未開拓地の開墾を奨励し、土着させたことで、新たな領地が獲得されたのである。さらに、藩校・弘道館および郷校の設置で、学問さえ獲得できれば立身出世も夢ではないという上昇志向を植え付けることができた。ただし、これにより、学者間の派閥抗争は一段と激化し、幕末の殺戮《さつりく》合戦の伏線を用意することになる。

尊皇攘夷を巡る幕府との対立

このように、藩のリストラと利益構造の創出という「内憂」対策は、成功したものもあり失敗したものもありという具合で、功罪あい半ばするが、では、「外患」に対する特効薬として提起された尊王攘夷はどうなったかというと、これが斉昭にとって大きな躓《つまず》きの石となったのである。

天保八（一八三七）年二月一二日、斉昭は徳川家康が征夷大将軍に任命された日にことよせて、江戸詰めの武士全員に武具着用の上、小石川藩邸に集合するよう命じ、「追鳥狩」と銘打った軍事セレモニーを強行した。以後、「追鳥狩」は年中行事化し、天保一一年には水戸の千束原《せんぞくはら》でさらに規模を拡大して総勢二万人余が参加する一代軍事ページェントが催された。東湖は、このときの模様を『常陸帯《ひたちおび》』で「陣鉦《じんがね》・陣太鼓の音、鉄砲のひびき、千軍万馬の前後に馳せちがうありさまは実に勇壮なもの」と描写しているが、この軍事演習が幕府の強い疑念を呼び起こすことになるのである。

とはいえ、「追鳥狩」だけなら幕府としても黙認することもできたかもしれない。だが、もう一つの毀鐘鋳砲については黙っているわけにはいかなくなったのである。

天保一一年、上級藩士の反対を押し切って水戸に帰った斉昭は、七歳のときから会沢正志斎に吹き込まれた「尊王攘夷思想」をいよいよ実行に移すべく、仏教弾圧を開始。多くの寺を廃寺に追い込んだ挙句、神仏習合的色彩の強かった水戸の東照宮から仏教色を一掃して純粋な神道神社に変えた。さらに一挙両得とばかり、藩内の寺院の釣鐘と仏像を徴発するとこれを常磐神社の境内で鋳潰して大砲に鋳直し、助川に築いた海防城や海岸の陣屋にこれを据え付けたのである。さらに、神崎に反射炉を建造させ、本格的な大砲鋳造に乗り出した。

もっとも、この青銅製の大砲はごろりと一回転させるだけで二分金一枚の費用がかかるところから「ごろり二分」と徒名されたほど重い代物で、まったく使い物にならなかったのだが、その巨大さゆえに幕府のスパイである庭番の注目を引くことになったのである。

かくて、天保一五(一八四四)年五月六日、水戸から江戸に召喚された斉昭は、幕府から隠居・蟄居《ちっきょ》謹慎を命じる処分を言い渡されることとなる。

罪状は以下の通り。

「一　鉄砲連発のこと。

二　表向き財政困難を幕府にも訴えているが、実際にはそうではあるまい。

三　松前（北海道を指す）の領有を今以て希望しているやに思われること。

四　許可なく浪人共を召し抱えたこと。

五　御宮（東照宮）の祭儀の方式を改めたこと。

六　寺院を多く破却したこと。

七　学校（弘道館）の土手を高く築いたこと」（瀬谷義彦、同前）

ときに斉昭、四五歳。

われらが慶喜は、父親と同じく会沢正志斎から、例によって強烈な尊王攘夷思想の洗礼を受けている最中だった。そこにきて、突然の父親の隠居・蟄居謹慎処分である。

少年の心に「幕府は悪人」という強い思い込みが刻印されないはずはなかったのである。

斉昭、蟄居謹慎、慶喜の将軍擁立を画策

ルサンチマンの人であった徳川斉昭はまた「ドーダ、ドーダ、おれさまは凄いだろう！」というドーダ人間でもあったから、幕府から隠居・蟄居謹慎を命じられても、殉教者のよ

うなある種の「喜び」をもってこれを迎え入れた。弾圧こそ自己の正当性の証明であると感じたからである。

よって、隠居・蟄居謹慎中であるにもかかわらずますます意気軒昂、弘化二(一八四五)年に老中首座が水野忠邦《ただくに》から阿部正弘《まさひろ》に代わると、ひそかに策動を開始し、息子の七郎麿すなわち後の慶喜を一橋家の跡取りにするよう働きかける。

一橋家というのは、御三家という血のスペアーだけでは将軍家の血筋が途絶えることを恐れた第八代将軍・吉宗《よしむね》が次男・四男を別家させて設けた親藩の一つで、田安《たやす》家、清水家と合わせて御三卿と呼ぶ。家格は御三家に次ぎ、石高は一〇万石とされたが、家臣団はなく、幕府からの出張組が家臣を務めていた。第一一代将軍・家斉は一橋家の出身であったが、家斉が子沢山だったこともあり、幕末には将軍家と御三卿の当主が一橋家系で占められるという事態となった。

とはいえ、肝心の一橋家の当主はいずれも短命で、弘化四(一八四七)年に第八代当主・昌丸《まさまる》も継嗣を残さずに死去したため、斉昭はチャンス到来と見て、将軍継嗣となる可能性の大きい一橋家に七郎麿を押し込むことにしたのである。幸い、七郎麿は第一二代将軍・家慶《いえよし》にかわいがられていたこともあり、数えで一一歳のとき、めでたく一橋家を相続することとなった。同年一二月に元服すると徳川慶喜と改名。従三位左近衛中将・刑部卿《じゅさんみさこんえのちゅうじょうぎょうぶきょう》に任ぜられた。

ペリー来航と斉昭の復権、次期将軍への策謀

慶喜の運命が大きく変わったのは、嘉永六（一八五三）年六月三日、アメリカ東インド艦隊司令長官ペリーが浦賀沖に来航してからである。ペリーはアメリカ大統領フィルモアの親書を幕府に手渡すと、翌春の来航を約して浦賀を去ったが、幕府にとってのこの「青天の霹靂《へきれき》」は慶喜の父・斉昭にとっては「予言の実現」であったため、世間の注目は、俄然、謹慎中の「水戸の隠居」の上に集まることとなったのである。

果たせるかな、斉昭は謹慎を解かれて七月に幕府から海防参与を命じられると、待ってましたとばかりに海防の大本に関する意見一〇条を建議し、かねてよりの念願だった「副将軍」格として幕政に参画しはじめた。幕府がこの年の八月から品川沖に台場の築造を開始し、大船建造の禁を解いたのは、斉昭の建議に沿ったものである。

斉昭の幕政介入はさらに過激化する。斉昭は、病弱で奇行の見られた将軍世子・家定《いえさだ》では未曾有の国難を乗り切れまいと説いて、将軍・家慶の死期が迫る前に慶喜を家定の世子としてかつぎ出そうと画策したのである。

その応援団となったのが、斉昭の海防思想に深く影響されていた越前（福井）藩主・松平慶永《よしなが》（後の春嶽《しゅんがく》）と薩摩藩主・島津斉彬《なりあきら》であった。二人は、家慶薨去《こうきょ》の発表を受けると、江戸城で会合し、慶喜擁立工作を開始する。

ところが、この慶喜擁立工作に対して、幕府首脳は慎重な姿勢を崩さなかった。慶喜が

将軍になった暁には、斉昭がいわゆる「副将軍」として勢力を拡大することへの恐れもあったが、最大の理由は第一三代将軍となった家定の意向にあった。家定に親しく接した朝《あさ》比《ひ》奈《な》昌広《まさひろ》（閑水《かんすい》）の手記には、家定が慶喜に対して激しい嫉妬心を感じていたという証言がある。

「慶喜が、『水戸の御育ちの、御賢明のと云う訳』であったからでなく、たんに『御美麗』であったゆえだという。そして、朝比奈は興味深いエピソードを手記に残した。それは、大奥勤めの女性の間に、すこぶる美男であった慶喜を『賞誉せしもの』があり、幼年時に疱瘡《ほうそう》（天然痘《てんねんとう》）にかかり、満面に痘痕が残ったため、『御美麗とは申しあげ難』かった家定が、激しく嫉妬したというものであった」（家近良樹『幕末維新の個性　1　徳川慶喜』吉川弘文館）

いかにもありそうな話である。というのも、この時代、大奥は好色将軍・家斉によって規模が拡大されて以降、隠然たる権力機構と化し、将軍の跡継ぎ問題が起こるたびに、その影響力を行使するようになっていたからだ。大奥に暮らす将来の側室候補たちからすれば、どうせなら、醜男の将軍よりも美男の将軍の方が「いいに決まっている」わけで、慶喜が一橋家当主として江戸城に入ってからというもの、「慶喜さん素敵！」という声が日々高くなっていたのである。将軍・家定がこれに嫉妬したというのもむべなるかな、である。

では、当事者たる慶喜はこの慶喜擁立工作にどのような反応を示したのだろうか？『徳川慶喜公伝1』（前掲）は、記録に残る慶喜の最初の手紙を引用して、次のように経緯を記している。

「大名・旗本の有志が公を西城に仰がんとして、其周旋一方ならざれども、公御自身にありては、さる御心はおはしまさず、よし他の勧めありとも、固く辞譲らんの決意なりき。(中略)十二日公は書を烈公に呈し、『此節世上にて、私を御養君の思召もあらせらるゝやに取沙汰する由承りぬ。天下を取る程気骨の折るゝ事はなく候。骨折る故にいやと申すには候はねども、天下を取りて仕損ぜんよりは、天下を取らざる方大に勝るべし(中略)』と申上げられ、又『一橋家にてさへ、吾が器量には過ぎたり、まして己れ天下を取らば、これ天下滅亡の基なり』と申上げたる事もありき」

こうした息子の謙虚そのものといえるような態度に接して、「オレがオレが」のモーレツ・オヤジたる斉昭はどう感じたのか？　息子ながら、さすがは先祖・義公・光圀の謙譲の血を引く偉い奴と思ったのだろうか？　そんなことはあるまい。なぜなら、斉昭にとって慶喜は天下取りのためにトロイの城壁の中に送り込んだ木馬であり、木馬が勝手に天下は取りたくないなどと言い出してはいけないからである。

実際、烈公は慶喜を天下取りを狙う豪胆な殿様に育てるため、かなり大胆なスパルタ教育を施してきたつもりであった。

たとえば、伝えられるエピソードに次のようなものがある。

幼年時、読書嫌いの慶喜を罰するため、養育係が人さし指に艾《もぐさ》のお灸をすえたが、それでも慶喜が平然としているので、斉昭に訴えたところ、斉昭は「そは捨置くべきにあらず、余が命なりと申し聞かせ、座敷牢をしつらへ押籠め置き、食膳をも与ふまじきぞ、疾《と》く試みよ」（渋沢栄一『徳川慶喜公伝4』東洋文庫、平凡社）と言ったので、養育係は命令通り慶喜を座敷牢に閉じ込めた。さすがの慶喜もこれには参って以後は読書に励むようになったという。

また、斉昭は息子たちの寝相が悪いのも心配し、「武士は枕に就きても行儀正しくするものぞ」（同前）と命じていたので、意を汲んだ近侍がこんな挙に出た。

「近侍の人々も烈公の仰せを承りて、公の枕の両側に剃刀の刃を向けて立て置き、『是れ御覧あれ、此通りに刃を向けて候へば、御寝相の悪くて漫《みだり》に寝返りなどなさるれば、忽《たちま》ちに御頭にも疵を被らせ給ふべきぞ、唯々此剃刀の立ちたる間にて静に寝返りもなさせ給へ、必ず負傷どもせさせ給ふな』と教へ戒むるにぞ、公は幼心にも、いかでかさる事あるべき、我睡らば彼等は必ず之を取除けんとは推知し給ひしかども、さすがに刃の間に枕する事の心地よからねば、自然に寝相も正しくならせ給へり」（同前）

野望なき将軍候補・慶喜と、幕府と対立する斉昭

このように、モーレツ・オヤジによるスパルタ教育を受けたにもかかわらず、若き慶喜には天下取りという野望はなかなか生まれなかったようだ。

その原因はというと、後の慶喜の決断を予感させるようなクールな洞察がすでに備わっ

ていたためらしい。『徳川慶喜公伝1』はこう述べている。

「公の声望の年と共に加はるにつけて、其謙退も亦弥《いよいよ》加はれるなり。公は事に触れて、幕府奥表《おくおもて》の様を察し給ふ毎に、『是実に衰世の兆なり、斯かる様にては、如何なる人ありとも、改革など思ひもよらず。余たとひ余儀なく本宗を承け継ぐ事ありとも、手を下すべき望もなし』とて、深く退避せられしに」

このほか、大きな辞退理由として、大奥問題というのがあった。『徳川慶喜公伝』を執筆するさいに、編者の渋沢栄一や執筆者の歴史学者たちが、疑問点を直接、慶喜に問いただしたやりとりを筆記した『昔夢会筆記　徳川慶喜公回想談』（渋沢栄一編、東洋文庫、平凡社）には、こんな談話が収録されている。

「予がかく御養君となることを嫌いしは、当時の幕府は既に衰亡の兆を露わせるのみならず、大奥の情態を見るに、老女は実に恐るべき者にて実際老中以上の権力あり、ほとんど改革の手を著《つ》くべからず。これを引き受くるも、とうてい立ち直し得る見込み立たざりしによれり。されば予は真実御請はせざる決心なりしなり」

大奥権力、恐るべし！　幕政人事は大奥の「老女」によって壟断《ろうだん》されていたのである。

しかし、それにしても、いま一つの疑問が残る。「慶喜追っかけ」が生まれるほど大奥には慶喜待望の声が高まっていたはずなのに、なにゆえに慶喜は大奥の老女たちを恐れたのかというものである。

この大奥問題を解く鍵はまたしても斉昭にある。斉昭は、かねてより、幕政停滞、財政逼迫の原因は大奥にありと主張して、大奥の大リストラを提言していたのだ。斉昭という男は、精力絶倫で、肉体的な面ではたいへんな女好きであったが、精神的な面では完全なセクシスト（性差別主義者）であり、諸悪の根源である贅沢はすべて大奥からきていると見なし、大奥の老女が政治に影響力を及ぼすなどもってのほかと考えていた。だから、その影響力をそぐためには、大奥に予算を与えず、リストラを迫るのが一番と提唱していたのである。この大奥大リストラ提案は当然ながら、老女たちの猛反発を呼んだ。

「此時家定公の生母本寿院（堅子、於美津の方、跡部氏）を始め、奥向に勢力を張れる婦女等は皆烈公を忌むこと甚しければ、公の西丸に入るを喜ばざるは疑ふ所なし」（『徳川慶喜公伝1』）

ことほどさように、大奥において斉昭は蛇蝎《だかつ》のように忌み嫌われており、当然、息子である慶喜にも反発は波及していたから、「慶喜追っかけ」が生まれた反面、慶喜アレルギーも強まっていたのである。

ちなみに、一橋家の当主として江戸城内に屋敷を与えられた慶喜は、嘉永六（一八五三）年、一七歳で一条忠香《ただか》養女・延《のぶ》と婚約、安政二（一八五五）年には一九歳で延改め美賀子《みかこ》と結婚していた。

それはさておき、息子のこうした謙虚な態度を見た斉昭が深追いは得策ではないと判断したためか、世子問題は一時的に沙汰《さた》止《や》みとなる。

しかし、これを機に形成された松平慶永、島津斉彬、それに宇和島藩主・伊達宗城《だてむねなり》、徳島藩主・蜂須賀斉裕《はちすかなりひろ》らの慶喜擁立派（一橋派）は将軍・家定の健康が思わしくないのを横目で睨みながら、幕府内に同調者を獲得しようと務めるが、これがかえって譜代大名と高級幕僚たちの反発を呼び、紀州藩主・徳川慶福《よしとみ》の擁立を狙う「紀州派（南紀派）」の成立を促す結果となる。

かくて、安政年間は、二つの党派が、将軍後継問題ばかりか、開国・鎖国、尊王・佐幕という問題を巡っても激しく対立するに至るが、その対立をより根深いものにしたのが、これまた他人のリアクションを考慮しない、斉昭の傍若無人、独断専行の言動であった。すなわち、ペリー再来航が迫る緊迫した状況下において、斉昭は、義兄（姉・鄰姫《りんひめ》の夫）である京都宮廷の関白・鷹司政通《たかつかさまさみち》に書簡を送り、幕府の採ろうとしている外交方針を弱腰外交と決めつけ、皇国への侮蔑であると断罪したが、これが議奏《ぎそう》の東坊城聡長《ひがしぼうじょうときなが》を通して孝明《こうめい》天皇に伝えられたため、宮廷は天皇から下級公家まで水戸藩的な攘夷思想に染まり、斉昭への信頼を強めていったのである。

一方、こうした京都への情報漏洩に神経を尖らせていたのが、斉昭を海防参与として招いた老中・阿部正弘だった。阿部は情報が京都に筒抜けになることを恐れて斉昭に相談を持ちかけることをやめた。すると、この措置に怒った斉昭は海防参与を辞任すると言い出し、おおっぴらに幕政を批判しはじめたのである。

しかし、それでも阿部が老中首座にとどまっていた間はまだよかったが、安政二年に開国派の堀田正篤《まさひろ》（後の正睦《まさよし》）が老中首座に就くに及んで、斉昭は幕府にとって「目の上のたんこぶ」的な存在と化す。とりわけ、下田に着任したアメリカ総領事・タウンゼント・ハリスが通商条約の締結と、大統領の親書奉呈のための江戸行きを認めるよう幕府に要望するようになると、斉昭は幕政批判を一段とグレード・アップさせたばかりか、京都への情報漏洩を加速させたので、堀田正睦としても、この「副将軍」の策動を黙視しているわけにはいかなくなったのである。

では、堀田はどのようにして、斉昭の口を封じようとしたのか？　どうやら、再度の弾圧近しの噂を故意に流して、斉昭の周辺から圧力をかけさせようとしたらしい。

「いち早く、こうした動きを察知し、対策を講じたのが一橋慶喜であった。彼は、幕閣の意を汲んで、安政四年五月八日付で母に手紙を送り、父斉昭が幕政へ参与することを辞するように協力を求めた。そして、この母をも動員した慶喜の忠告が功を奏して、斉昭は、閏五月十一日、家臣をもって幕政参与の罷免を願い出る。その結果、七月二十三日に斉昭の幕政参与辞退が正式に聴許となる」（家近良樹、前掲書）

当時、慶喜は二一歳。若年にもかかわらず、「無知な味方ほど危険なものはない。賢明な敵の方がはるかにまし」（ラ・フォンテーヌ）という英知は持ち合わせていたようである。

いずれにしろ、これにより、少なくとも表面上は、斉昭は安政の幕政からは退き、慶喜が政治の前面に登場してくることになったが、幕政からは手を引いても斉昭の意気はなお軒昂で、安政四年の暮れには、幕府が遣わした勘定奉行・川路聖謨《かわじとしあきら》と目付・永井玄蕃頭《ながいげんばのかみ》に対して、「備中［堀田正睦］・伊賀［松平忠固《ただかた》］に腹切らせ、ハルリスの首を刎《は》ぬべし」（『徳川慶喜公伝1』）といきまいた。

これには堀田正睦も憤慨し、明けて安政五（一八五八）年正月元旦に慶喜が賀正のために登城すると、斉昭の件について厳重注意を促し、父親の暴走を防ぐように命じた。

驚いた慶喜は翌日小石川の隠居所に赴くと、父親に向かって懇々と説諭を始め、京都への情報漏洩や川路と永井に対する暴言、さらには前回処分を受けたときの軽挙など罪状を並べ立て次のように厳しく諫めた。

「畢竟《ひっきょう》父上は御自らの赤心をのみ頼み給へど、世には讒構《ざんこう》もあるものを、御遠慮もなく嫌疑に触るゝ事のみ申し立てらるゝは、御家の為、又御身の為然るべからず」（同前）

斉昭も息子からこれほどまでに激しく叱責されるとは思ってもみなかったので、「もはや為すまじきぞ」（同前）と答え、いったんは拒否した堀田正睦への詫び状も文明夫人の勧めもあって渋々したためた。慶喜は四日に川路と永井と岩瀬忠震《ただなり》を呼び付けると、かくかくしかじかであると説明したあと、烈公の詫び状を手渡し、自分の能装束を取り出して「もう使っていないものだから、陣羽織でも小袴でも作れ」と頒ち与えたので、三人は感激して帰り、以後、慶喜派に加わることになるのである。

「慶喜さん、やるじゃないか！」と快哉《かいさい》を叫びたいところであるが、実際、こうしたことになると、慶喜の理路整然ぶりは際立っており、何人といえども、その鋭利な論理には承服せざるをえないのである。だからこそ、慶喜擁立派が生まれたわけだが、しかし、一橋派にとって一つおおいに困惑すべきことがあった。それは、慶喜の思想というものが皆目摑めないことであった。斉昭の息子なのだから同じように尊王攘夷の権化なのか、それとも父親と息子は別人ということで、開明派に属するのか？

一橋派にしてみると、斉昭とある程度同じ思想の持ち主でなければ担ぐ意味がないが、斉昭と同じく極端に過激な尊王攘夷思想の持ち主であったら、それはもっと困ることになる。そこで、松平慶永は安政五年四月に直接手紙を書き、思想傾向を問いただすことにしたが、これに対し、慶喜は翌日さっそく返事をしたため、差しあたって、昨今の政治情勢に対して定見はないと答えたのである。

なんとも率直な意見吐露と言うほかないが、こうした点こそが、慶喜を幕末最大の「謎の人物」に仕立てる原因となったのではないかと思われる。

なぜなら、常人は、慶喜ほどの人物に定見がないはずがないから、きっと何かを隠していたにちがいないと邪推し、その真意を探ろうとして想像を巡らすのだが、実際のところ、慶喜には本当に定見などなかったのである。つまり、慶喜があまりに率直に考えを述べてしまうと、その結果、常識的な陰謀家たちは落語の「こんにゃく問答」の如き深読みをしてしまい、ひとり相撲を取るはめに陥るのである。

このように、一橋派ですら、慶喜の真意が奈辺にあるのかを見抜くのが難しかったくらいだから、斉昭憎しに凝り固まった紀州派の目には、慶喜はとてつもなく腹黒い悪党、斉昭を上回る大奸物《だいかんぶつ》と映ったのである。

日米修好条約調印と「安政の大獄」

とはいえ、安政五年二月に、老中・堀田正睦が日米修好通商条約の勅許《ちょっきょ》を得るために宮中に参内《さんだい》しながら、斉昭からの情報漏洩で攘夷思想に凝り固まってしまった孝明天皇の拒絶にあうまでは、状況は一橋派優位のうちに推移していたと言ってもいい。

ところが、堀田の江戸帰着直後、紀州派の実力者である彦根藩主・井伊直弼《いいなおすけ》が老中首座を越えて大老に就任するや形勢は一気に逆転する。井伊直弼は、宮廷工作を打ち切ると、安政五年六月一九日に突如、日米修好通商条約の調印に踏み切ったからである。そして、時を置かずに将軍世子を徳川慶福とする決定を行った。紀州派のクーデターである。

この強引な中央突破策に真っ先に反応したのが慶喜だった。六月二二日に井伊直弼に面会を申し込むと、翌日、御三卿の一人である田安慶頼《よしより》をともなって登城し、舌鋒鋭く大老を責めつけた。

ただし、慶喜が大老を非難したのは、将軍世子を徳川慶福と決したことでもなければ、勅許を待たずに条約に調印したことでもなかった。許せないとしたのは、次の一点であった。

「さらば何故に即日にも御使を上京せしめざるぞ、たゞ一片の宿次奉書にて、届け放しの有様なるは何たる不敬ぞや、天朝を軽蔑し奉ること其罪重大なり」（『徳川慶喜公伝1』）

この独特の論法にも、後に慶喜が鳥羽・伏見の戦いで犯す「敵前逃亡」を解く鍵があるのではないだろうか？　すなわち、慶喜の思想の第一は、父の斉昭とは異なって、「いささかも攘夷のない尊王」なのである。尊王だけが、慶喜を支える思想的バックボーンなのである。

それはまた、将軍世子の決定に関して、慶喜が示したとされる次のような反応にもよく表れている。

「彦根側の史料（「公用方秘録」）によると、この日、慶喜から、将軍継嗣の件について問われた直弼は、慶福に決定の旨を伝えると、慶喜は『御血筋』からいっても、慶福の『御様子』からいっても、それが妥当だと『御一笑』して同意したという」（家近良樹、前掲書）

翌日の二四日、今度は、斉昭が徳川慶篤《よしあつ》と徳川慶恕《よしくみ》とともに不時登城（決められた登城日以外の登城）して大老に条約調印を面詰し、慶喜を将軍世子にせよと迫ったが、例によって斉昭の詰問は礼を失した激烈なものだったから、大老はこれを冷静に受けとめた風を装いながら、その実深く恨んで報復を決意した。そして翌二五日、予定通り、将軍世子を徳川慶福にすることを発表した。

かくて、後に「安政の大獄」と呼ばれる大弾圧が開始されることになるのである。すなわち、幕府は、七月五日に、斉昭に謹慎、徳川慶恕と松平慶永に隠居・謹慎、慶喜に登城禁止を命じると、これを皮切りに、朝廷が条約調印の責任者の排除を求めた勅諚《ちょくじょう》と添書を水戸藩に送るのにかかわったとして水戸藩士・鵜飼幸吉《うかいこうきち》らの逮捕を命じ、関係者の一網打尽を目指したのである。ちなみに松平慶永は、この謹慎以降、「春嶽」の号を用いるようになる。

翌安政六年には、弾圧は勢いを増し、尊王攘夷派の逮捕・処刑が相次いだばかりか、首謀者と見なされた斉昭には国許《くにもと》永蟄居、徳川慶恕には差控《さしひかえ》、慶喜には隠居・謹慎が命じられた。

このように、安政の大獄において、慶喜は過激な父親のとばっちりを受けるかたちで政治の舞台から一時退場を余儀なくされたわけだが、しかし、それは同時に、斉昭というありがた迷惑な「看板」との決別を意味しており、ここから名実ともに「慶喜」の時代が始まることになるのである。

「桜田門外の変」と慶喜の政権復帰

日本の歴史を見渡して、テロリズムが劇的な効果を上げて歴史の流れを逆転させてしまった例として、万延元（一八六〇）年の三月三日、雪の降りしきる桜田門外で起こった井伊大老の暗殺事件を挙げることができる。というのも、幕府には井伊大老の路線を継承して、開国を推し進めるような有力な人材がいなかったからである。すべてを独断専行で推し進めていた井伊大老が暗殺されたら、それで終わり。井伊時代の強引な政策はもはや進めようがなかったのだ。

その結果、井伊大老の弾圧を受けた尊攘派の一斉復活という事態にあいなり、この年の四月下旬には徳川慶喜と松平春嶽が赦免され、九月には二人の謹慎が解かれる。

では、安政の大獄の最大の被害者たる斉昭はどうなっていたかというと、こちらは謹慎が解けぬまま八月一五日に心筋梗塞で死去した。九月に慶喜の謹慎が解けたのは、この斉昭の死によって慶喜を将軍に擁立しようとする陰謀再燃の恐れが消えたからだといわれる。

いずれにしろ、斉昭の死が慶喜を「父の名」から解放したのはまぎれもない事実で、これにより、ようやく慶喜は慶喜自身として行動することが許されるようになる。そして、慶喜の謹慎解除と同時に、かつての一橋派の大名たちの運動が活発となる。

その筆頭に立ったのが、かつて慶喜擁立の中心人物だった島津斉彬の異母弟で、薩摩藩の事実上の藩主となっていた島津久光《ひさみつ》であった。久光は文久二（一八六二）年四月、多数の藩士を引き連れて上洛すると、慶喜を将軍後見職に、春嶽を大老にそれぞれ就任させるよう朝廷に働きかけ、幕府にもこれを認めさせることに成功したのである。

ただし、大老への就任を依頼された春嶽は、越前松平家は親藩ゆえ大老が出された先例がないという理由で就任を固辞したため、新たに創設された政事総裁職に就任した。実際、春嶽は就任するや、大老的な手腕を振るって、参勤交代緩和令、衣服改革令、殿中儀礼・献上物廃止令などを矢継ぎ早に発して、幕政改革を推し進めた。

朝廷と幕府の橋渡し役を務める慶喜

では、慶喜の就いた将軍後見職とは何であったかというと、井伊大老暗殺によって生じた幕府と朝廷との二重権力状態を解消するため、二つの権力の間に立って調整を行うのが職務であった。つまり、「幕府国」と「朝廷国」という二つの国があるとすると、慶喜は「幕府国」の外務大臣として「朝廷国」との外交交渉に携わるよう要請されたのだ。

具体的に言うと、勅語《ちよくご》を掲げて攘夷実行を求めてくる朝廷に対し、攘夷は不可能とする幕府の立場から落としどころを探るのが将軍後見職の任務であったが、この問題に対する慶喜自身の考えはどうだったかというと、これが、意外や明確な開国論者であった。

それは「家庭教師」として長らく慶喜を指導してきた『新論』の著者・会沢正志斎の思想的転向を反映したものと思われる。元祖・尊王攘夷の会沢正志斎は晩年に至って、開国論に「転向」を遂げていたのだ。

だが、いざ江戸にやってきた使節・三条実美《さねとみ》との交渉が開始されると、慶喜は、開国論から一転して「奉勅攘夷」を受け入れる側に変わる。どうやら、攘夷実行期限の先送りをしていけば、朝廷も最後は攘夷の不可能性に気づくだろうと考えたようだ。そして、将軍・家茂《いえもち》からの奉答書が提出されて翌年に将軍上洛が決まると、慶喜は先発要員として一二月一五日に江戸を出発することとなる。

こうして、慶喜の活躍の舞台は京都に移るわけだが、後から考えると、慶喜にとって、この上洛は決定的な意味を持つ。なぜならこれにより、慶喜は完全に「京都の人」になり、幕府との関係が薄くなるのに反比例するように、朝廷、とりわけ孝明天皇との関係が緊密になっていくからだ。

そして、こうして出来上がった孝明天皇との関係こそが、その後の慶喜の謎の多い行動を解く鍵となる。なぜなら、水戸藩の伝統を受け継いで、攘夷ではなかったが強烈な勤王家であった慶喜にとって、天皇こそは第一義的に忠誠を誓わなければならない存在であり、将軍と秤《はかり》に掛けたら天皇の方が断じて重いのである。

だから、孝明天皇が断固として攘夷を貫徹せよと主張すれば、たとえ自分は開国論者であろうとも、また、幕府の方針が開国だろうとも、天皇の意思は絶対であり、これに背くことは不可能ということになるのだ。

こう考えれば、文久三（一八六三）年五月八日に京都から江戸に戻った慶喜が居並ぶ老中や幕府役人を前にして、攘夷を命じる勅旨を伝達し、断固開国を主張する幕府役人と激論を戦わせた挙句に将軍後見職の辞任を朝廷と幕府に申し出て、自宅に引き籠ってしまったことも、また孝明天皇と将軍・家茂から辞意の撤回を命じられると意外にあっさりとこれに従ったのも容易に理解できる。孝明天皇に謁見したとたん、慶喜は勤王家として生きるという選択を行ってしまったのであり、「幕府国の外務大臣」というよりもむしろ「朝廷国の外務大臣」として交渉をまとめあげようと心に誓ったのであろう。

では、慶喜は、「朝廷」の攘夷と「幕府」の開国をどうやって妥協させようと考えたのか？　朝廷の求める箱館・長崎・横浜の三港鎖港ではなく、江戸に一番近い横浜のみを鎖港とするという横浜一港鎖港論である。こうすれば、攘夷という朝廷の主張も実現された格好になるし、開国という幕府の方針にも背かないというわけだ。

かくて、慶喜はこの一港鎖港論の線で国論を統一すべく幕府人事の改造に着手する。鎖港反対派の小栗忠順《ただまさ》や浅野氏祐《うじすけ》を罷免する一方で、一港鎖港派の老中・板倉勝静《かつきよ》の登城を再開させ、家茂に横浜鎖港交渉の開始を宣言させたのである。そして、いよいよ、自らが京都に赴いてこの線で朝廷を説得しようとした矢先、思わぬアクシデントが京都で起こったため上洛は延期となる。文久三年八月一八日に、薩摩藩と会津藩が中川宮《なかがわのみや》と組んで起こしたクーデター（文久の政変）で、長州藩兵が京都から追放され、三条実美ら尊王攘夷派七卿が長州へと落ちのびたのである。

これにより長州藩の久坂玄瑞《くさかげんずい》らが画策した孝明天皇による攘夷親征は中止となり、幕府首脳が数日前に決定した横浜鎖港を撤回したため、横浜一港鎖港で国論の統一を図ろうとした慶喜としてはなにやら梯子を外された格好になったのである。

だが、文久の政変で過激な尊王攘夷派が追放されたとはいえ、外国人を妖怪のように恐れる孝明天皇や朝廷首脳が一気に開国に傾くわけはない。かくて、ふたたび幕府と朝廷が対立をしはじめたため、またもや慶喜の出番となる。再上洛が決定した将軍・家茂に先立って、文久三年一一月二六日、慶喜は、海路で江戸を出発することとなったのである。

こうして足掛け六年にも及ぶ慶喜の京都生活が始まるのだが、この六年間の慶喜をどう捉えるかで、幕末という時代の歴史観もまたずいぶんと変わってくる。すなわち、幕末史を慶喜という変節漢によって振り回された迷走の連続と見なすことも十分に可能だが、われわれとしては、むしろ、慶喜の行動や決断をすべてこれ「勤王」という一元的観点から照射すると、そこに首尾一貫した流れが現れてくるのではないかという仮説を立ててみたいのである。

というわけで、歴史年表を横に睨みながら、以下、慶喜という端倪《たんげい》すべからざる人物の内的論理を逐次辿り直してみることにしよう。

孝明天皇の信頼と「廷臣」としての使命

まず歴史年表に現れてくるのは、文久三年一二月晦日《みそか》の朝議参預拝命である。これは、島津久光の建議により設置された朝廷・幕府・諸藩による合同会議で、慶喜のほかに京都守護職に就いている会津藩主・松平容保《かたもり》、松平春嶽（この時点では政事総裁職は辞任していた）、前宇和島藩主・伊達宗城、前土佐藩主・山内容堂《ようどう》（豊信《とよしげ》）、それに朝廷側から関白・二条斉敬《なりゆき》、右大臣・徳大寺公純《きんいと》、内大臣・近衛忠房《このえただふさ》、中川宮らが参加していたが、文久四年一月からは慶喜の建言によってこれに島津久光も加わることとなったのである。

参預会議の議題は、長州に落ちのびた七卿の処分と横浜鎖港問題であったが、このうち、会議が紛糾したのは後者の問題だった。というのも、文久三年七月の薩英戦争によって攘夷が不可能なのを悟った久光が会議で開国派に回り、松平春嶽と伊達宗城もこれに同調した結果、横浜鎖港派の慶喜はにわかに孤立するに至ったからだ。

そのうえ、なんとしたことか、上洛した将軍・家茂に対し、孝明天皇から、無謀な攘夷は避け、武備充実を第一にせよという勅諭が下ったのである。実はこれ、久光と薩摩藩が用意した密奏をもとにしたもので、薩摩藩による朝廷の遠隔操縦の成果であった。

この朝廷工作を後から知った慶喜は激怒する。久光を会議に加えるよう図ったのは自分であり、また薩摩藩には朝議を覆すような魂胆はないとして周囲を説得して回っていただけに、久光の振る舞いは許せないと感じたのである。孝明天皇の真意が攘夷にあるのは明らかである以上、久光の一存で横浜鎖港という既定路線を変更させてはならないのだ。

だが、どうやればいいのだろう？　久光の根回しにより、参預会議において横浜鎖港派は少数派に転落しているから、もし多数決に持ち込まれたりしたら、負けるのは明らかである。となったら、特別の手段に訴えるほかはない。

かくて、元治元（一八六四）年三月に入ると、慶喜は突然、参預辞任を表明し、久光らもこれに続くように促した。こうして、参預会議をあっという間に解体に追い込んだのである。

あまりにも鮮やかな手腕であった。久光と薩摩藩は茫然自失したが、覚醒するや、慶喜を最悪の奸物と見なすに至る。以後、幕末の政治は、慶喜対薩摩藩という潜在的な敵対関係を軸に推移してゆくことになる。

実際、参預会議解体に続いて慶喜が打った手は非常に見事で、薩摩藩からすれば敵ながらあっぱれと言うほかないものだった。すなわち、元治元年三月二五日、慶喜は将軍後見職を辞すると同時に新設の禁裏御守衛総督《きんりごしゅえいそうとく》・摂海防禦指揮《せっかいぼうぎょしき》という地位に就いたのである。

では、慶喜が極秘のうちに事を運んで、突如就任に及んだこの禁裏御守衛総督・摂海防禦指揮とはいかなる職分のポストであったのか？

それは字面からすれば、京都守護職・京都所司代と重なる職制であるように思われる。事実、伊達宗城などは、慶喜はこの二つを廃してから参預会議参加の諸侯を追放する魂胆ではないかと疑った。しかし、実際には、慶喜の意図はもっと深いところにあったと考えるべきである。この点について、家近良樹は『人物叢書　新装版　徳川慶喜』（吉川弘文館）で重要な指摘を行っている。

「ところで慶喜の新ポストへの就任に関する先行研究に共通しているのは、将軍が江戸に帰ったあと、同職が京都にあって幕府を代表する（将軍名代に等しい）存在となったと見なすことである。このことは、もちろん間違いではない。しかし、より重要なことは、慶喜が強く望んで就いた禁裏御守衛総督・摂海防禦指揮が、徳川政権ではなく、朝廷がまず任命し、幕府がそれを追認したことからも明らかなように、『朝臣』職の色合いが、とにかく濃いポストであったことである。（中略）忠誠を尽くす直接の対象が、将軍から天皇へと大きく変わったことには、やはりそれなりの意味を見いださねばならない。すなわち、そこに、幕府本体から距離をおきたいという慶喜の意思が読み取れるのである」

まさにその通りと言うほかはない。要は、この時点で、慶喜ははっきりとした意図に基づき、仕えるべき主人を将軍から天皇へと切り替えたのである。われわれは先ほど、将軍後見職は「幕府国の外務大臣」だと言ったが、禁裏御守衛総督・摂海防禦指揮はさながら「朝廷国の外務大臣」に相当すると言える。

以後、慶喜は、幕末の京都において、孝明天皇に仕える実力派の「廷臣」として、使命の達成に努めることになるが、その基本方針は大きく二つに要約できる。

一つは、薩摩藩を筆頭とする外様《とざま》雄藩の影響力の排除。もう一つは幕府の開国派官僚からの離脱である。そして、この二つの方針を貫いている思想は、幕府が早晩瓦解するであろうことを予想して、天皇を中心とした諸侯の集団指導体制を確立し、自分がその議長に納まることであった。

その第一歩として打ち出されたのが、京都御所の警備を諸侯の引率部隊ではなく、幕府の交代寄合《よりあい》にするというプランである。このプランは朝廷によって裁可され、御所の警備は禁裏御守衛総督・摂海防禦指揮（慶喜）、京都守護職（松平容保）、京都所司代（容保の実弟である桑名藩主・松平定敬《さだあき》）の三者が率いる、いわゆる一・会・桑（一橋家・会津藩・桑名藩）の部隊に任されることになった。

第二は、孝明天皇の強い意向を実現するために、上洛した将軍・家茂に対して、天皇から改めて大権を委任するという勅書を手渡すかたちで、横浜鎖港に念を押すと同時に過激尊攘派の七卿の処分を迫り、天皇の意向を無視しようとする雄藩と幕府の開国派をともに牽制しようとしたのである。

〝慶喜応援団〟の暴走と長州藩との対立

こうした慶喜の方針を受けて動いたのが川越藩主・松平直克《なおかつ》である。松平直克は、松平春嶽に代わって政事総裁職に就いていた数少ない慶喜派の一人で、将軍に先立って江戸に戻ると、横浜鎖港の実行を幕府首脳に迫り、帰府した将軍・家茂には横浜鎖港反対派を切るように強く進言したのだが、折あしく、三月末に水戸藩の過激尊攘派「天狗党」が武田耕雲斎を頭目として筑波《つくば》山で挙兵し、横浜鎖港の即時実行を武力によって要求したことが命取りとなる。つまり、松平直克は天狗党の挙兵を是認したばかりか、これを一つの圧力として利用しようとしたため、幕閣の激しい怒りを買ったのである。表面的には、処分は両派痛み分けというかたちで出されたが、幕閣はいくらでも代置がきいたのに対し、慶喜派は直克一人しかいなかったため、直克の政事総裁職罷免により、幕府内部の足掛かりを完全に失ってしまったのだ。

いつの時代でも、応援団の暴走というのは、かならず当事者を危機に陥れるものと決まっている。ラ・フォンテーヌが『寓話』の中で、「賢い敵は怖くない。怖いのは愚かな味方だ」と言っている通りである。天狗党の挙兵はこの例にもれず、最後は慶喜をも拘束することになる。

しかし、幕末という時代は極めて流動的で、思わぬアクシデントで形勢が一気に逆転してしまうことが少なくなかった。元治元（一八六四）年七月、天狗党の挙兵と直克の暴走で足元がかなり怪しくなっていた慶喜を救うような重大事件が発生したのである。尊攘過激派・長州藩兵の上洛である。

前年の文久の政変のさい、都落ちした七卿とともに、尊攘派の巣窟と見なされた長州藩兵も会津藩兵によって京都から追放されたが、これを不服とする長州藩は元治元年六月五日に起こった新撰組による池田屋襲撃事件をきっかけに挙兵を決意、福原元僴《もとたけ》、益田親施《ちかのぶ》、国司親相《くにしちかすけ》の三家老を筆頭にして「藩主の冤罪《えんざい》を帝に訴える」という名目で大挙して上洛したのである。そして、久坂玄瑞らが中心となって朝廷工作を開始、長州勢の入京許可と京都守護職・松平容保の追放を訴えた。

このとき、長州が取った戦略は思いのほか巧みだった。というのも、上洛の目的は、文久の政変のさいに強引な拘引《こういん》・逮捕を行い、池田屋事件でも裏から新撰組の糸をひいていた松平容保と会津藩兵への報復が主であって、他の藩は一切関係がないと訴えたからである。これは、態度を決めかねていた諸藩や朝廷の尊攘穏健派にもアピールした。というのも、長州と会津がまともにぶつかり合えば京都が火の海となることは明らかなので、ここは会津を犠牲にしてでも長州の復権を認めた方が得策、という流れが支配的になっていたからだ。

そして、そうした流れの筆頭にいたのがわれらが慶喜だったのである。

慶喜は、長州の尊攘派は水戸学の弟子筋ということで、長州にはかなりのシンパシーを抱いていた。文久の政変についても自分が江戸にいてかかわりを持たなかったこともあって恩情的な処分に傾いていた。主要敵は薩摩だと思い定めていたので、長州は朝廷にとってはむしろ味方と考えていたのである。

だから、長州藩兵の大挙上洛についても、朝廷の会議では、理を尽くして説得し、朝敵とならないよう、京都から退去させるのが得策という議論を展開していた。骨の髄からの勤王家である慶喜は禁裏(御所)を戦乱に巻き込むのは絶対に避けるべしという立場に立っていたのである。

だが、慶喜は勤王家であるがゆえ、天皇と自分の意見が異なれば、当然ながら、天皇の意見を優先せざるをえない。慶喜にとって天皇の命令は絶対なのである。

かくて、慶喜は決心を固める。孝明天皇が長州討伐の勅命を下すと、それまで敵対関係にあった薩摩藩に対して、近衛忠房を通じて働きかけを行い、西郷隆盛《たかもり》から協力の確約を得る。こうして、慶喜を中心にして、長州が攻撃を仕掛けてきたら会津と薩摩の藩兵で御所を死守するという方針が確立されたのである。

七月一九日、会津藩兵の警固する蛤《はまぐり》御門《ごもん》に長州藩士が発砲して「禁門の変」の戦端が切られた。慶喜は薩摩藩の小松帯刀《たてわき》が驚嘆したほどの水際立った統率力を発揮し、親長州派による天皇の御所外への連れ出しも寸前のところで阻止した。かくて、戦闘は一日で終了し、長州は「朝敵」の汚名を着せられて歴史の表舞台から一時的に姿を消すことになるのである。

幕府の慶喜への〝踏み絵〟としての天狗党の切り捨て

だが、あまりに水際立った統率ぶりは、逆に、慶喜に対する各方面からの警戒心を呼び起こす結果となった。

なかでも強い猜疑《さいぎ》心に駆られたのは幕府の譜代大名たちだった。第一、慶喜は尊王攘夷の元祖で、副将軍として振る舞おうとしたばかりかクーデターを企てたという噂のあった斉昭の息子ではないか？　息子が父親と同じようにならないという保証がどこにあるのか？　しかも、ただでさえ政治の中心が京都に移り、幕府の影響力が衰えてきているところにもってきて、慶喜は朝廷の「外務大臣」どころか「総理大臣」のような役割を演じはじめている。どうにかして彼に掣肘《せいちゅう》を加えなければならない。

こうして、幕府の「慶喜封じ込め作戦」が始まった。具体的には、慶喜の護衛部隊という名目で京都に滞在していた水戸藩士を国許に帰して幕府の人員二〇〇人と差し替えると同時に、慶喜を江戸に召喚する目的で老中が率兵上洛するというかたちをとった。

とくに、一二月の老中・松前崇広《たかひろ》の率兵上洛は、京都を目指して西上《せいじょう》を開始した天狗党に慶喜が同調するような動きを少しでも見せたら、直ちにこれを弾圧するという強烈な威嚇のもとになされた措置だった。つまり、慶喜に対して、天狗党を取るか幕府を取るかの究極の選択を迫ったのである。

では、このとき慶喜をどちらを選んだのか？

慶喜は泣いて馬謖《ばしょく》を斬るの伝で、天狗党をはっきりと幕府に対する賊徒と断定し、朝廷に願い出て、会津藩兵や加賀藩兵からなる追討軍を組織した。さらに京都にいた実弟の昭武にも出陣を命じ、一二月三日に京都を進発すると、大津を経て梅津に本営を置いた。

それを知った天狗党は、頭目・武田耕雲斎、および藤田東湖の息子・藤田小四郎《こしろう》らが鳩《きゅう》首《しゅ》協議した結果、慶喜・昭武と一戦を交えることはとうてい不可能と判断、鯖江《さばえ》で加賀藩に全員で投降することを決めた。こうして、慶喜は幸運にも自ら手を下さずに事態の収拾を図ることができたのである。

投降した天狗党八二八人の運命はというと、加賀藩から幕府軍に引き渡され、不潔極まりない極寒の鰊倉《にしんくら》に一カ月半閉じ込められた後、三五二人が斬首、ほかは遠島・追放というなんとも重い処分であった。慶喜応援団たる天狗党の無残な最期は、山田風太郎の『魔群の通過　天狗党叙事詩』に迫真のリアリズムによって描かれている。

それはさておき、誰しも、天狗党に対する慶喜のこうした断固たる処置に関しては、いったいどうしてこのような決断を下したのかとその心理を忖度したくなるだろうが、われわれの「慶喜＝朝廷の総理大臣説」からすると、答えは意外に簡単である。

禁門の変で戦乱の怖さを骨身にしみて味わった孝明天皇に対する配慮である。すなわち、天狗党が上洛したら、迎え撃つ幕府軍との間に戦端が開かれることは確実だから、なんとしてもこれを阻止しなければならない。それには自分が追討軍の先頭に立つほかないと慶喜は考えたのである。

もちろん、幕府の武力によって迫られての苦渋の決断という面はあるにしても、それ以上に、孝明天皇を脅えさせてはならないという「勤王の志」が強烈に働いており、これが天狗党追討を決意させたのだろう。慶喜にとって、天皇と比べたら、天狗党八二八人の命など鴻毛《こうもう》よりも軽いのである。

そして、こう考えることでようやく、元治元年から慶応元（一八六五）年にかけて大きな問題となっていた長州征伐に関する慶喜の態度も理解できるようになる。

慶喜が、薩摩、会津、桑名、肥後などの諸藩から、さらには孝明天皇自身からも征長総督への就任を懇請されたにもかかわらず、これを断固として拒否、京都にいつづけることを選んだのは、もし自分が京都を離れ、孝明天皇を一人にしておいたら、薩摩をはじめとする勢力が朝廷の親薩摩勢力を使って天皇を取り込んでしまうかもしれないと恐れたからなのだ。

孝明天皇はどこまでも自分が、自分だけが守るというのが「勤王の志士ナンバー・ワン」たる慶喜の決意だったのである。

天皇を巡る三つ巴の権力闘争

禁門の変で長州と尊王攘夷派が駆逐された結果、京都は三つの勢力の鼎立《ていりつ》状態となった。

一つは、衰えたとはいえ、いまだ法的暴力を有する幕府権力。第二は、長州勢駆逐の実動部隊の主体となった一・会・桑（一橋家・会津藩・桑名藩）の京都治安維持部隊。第三は、一・会・桑に寝返って長州排除に貢献した薩摩藩兵。

この三つの勢力が、軍事・警察力を持たない朝廷の権威のもとで激しい主導権争いを演じたのが、慶応元（一八六五）年と慶応二（一八六六）年の慶応前期であったが、それぞれの勢力も決して一枚岩ではなく、主戦派と慎重派に分かれて内部でも暗闘を繰り返していたから、政治情勢はグループの順列組み合わせで複雑に変化した。

そうしたバランス・オブ・パワーの上に乗りながら、大きな問題が起きるたびに主導権を握って慶応前期の政局を巧みにリードしていったのがわれらが慶喜だった。

すなわち、慶喜は、天狗党鎮圧という踏み絵を踏んで幕府主戦派の疑惑をかわしたかと思うと、第一次長州征伐においては総督・徳川慶勝《よしかつ》が打ち出した妥協的解決策（①長州藩主親子に伏罪書を書かせ、②京都出陣を指揮した三人の家老に切腹を命じ、③三条実美らの五卿を長州藩から転居させる）を巡って、薩摩サイドの介入を巧みに遮断するという離れ業を演じる。つまり、大久保利通《としみち》が関白・二条斉敬や中川宮に働きかけて出させた勅書（上記の解決策のペンディング）を一・会・桑の圧力で撤回させると、将軍上洛を強く求める御沙汰書《おさたがき》を朝廷から出させることに成功したのだ。これにより、幕府でも主戦派の意見が通り、将軍上洛が決定する。

といっても、慶喜が積極的に動いたのは将軍を第二次長州征伐に出発させるためではなかった。一・会・桑の勢力を結集して薩摩の影響力を排除しつつ、妥協策の範囲内で長州征伐に決着をつけようとしたのである。

ところが、いざ将軍・家茂が上洛し、慶喜の敷いた路線で解決を図るべく、長州藩主親子と岩国藩（長州支藩）主の吉川経幹《きっかわつねまさ》に対して上坂（大坂城入城）を命じると、長州勢は上坂を拒否して徹底抗戦の構えを見せた。おかげで、慶喜のソフトランディング路線は破綻し、家茂は心ならずも長州再征の許可を天皇に要請せざるをえなくなる。

こうして、慶応前期は、長州再征を巡って三つの（それぞれ主戦派と穏健派がいるから正確には六つの）勢力が互いに相手を牽制しあって主導権争いを繰り広げる複雑な様相を呈することになるが、そのさい、どのグループからも強く警戒されたのが、ほかならぬ慶喜だった。というのも、この間に起こったある事件を通して、孝明天皇に対して真に影響力を行使できるのは慶喜だけであることがいよいよ明らかになってきたからだ。

事件とは、慶応元年九月一六日、英仏蘭米の四カ国公使を乗せた艦隊が兵庫沖に現れて、①天皇による条約の承認、②大坂開市・兵庫開港の即時実施、③税制改定という三要求を突き付けたことだった。大坂にいた老中の阿部正外《まさとう》が兵庫に出向いて交渉したが、四カ国公使が強硬だったため、在坂老中たちは勅許を得ぬまま幕府単独での開港もやむなしという結論に傾いた。

孝明天皇に「開国」を決意させた慶喜

これを知るや慶喜は激怒し、阿部老中を激しく詰問した。兵庫開港に反対というのではなく、朝廷の承認なしに事を運ぼうとしたのがけしからんというわけである。いかにも勤王家ナンバー・ワンの慶喜らしい反応である。

しからば、慶喜はどうすればいいと言ったのだろうか？ 自分が朝廷に赴いて孝明天皇を説得し、条約勅許を勝ち取ってみせると主張したのである。そして、なんと、同時代の全員が驚愕したことに、慶喜はこれに見事成功したのである。

では、いったい、どんなアクロバティックな手口を用いて条約勅許を得たのだろうか？

「公［慶喜］等は前議を固執して之に反対し、且《かつ》決答の期限（七日）も迫れることとなれば、速に勅裁を賜はるべしと切言せり。関白以下困じ果てゝ稍《やや》退散せんとしければ、公色を作《な》して、『斯かる国家の大事を余所に見て退散せらるゝ事やある、某《それがし》不肖ながら多少の人数を有せり、此まゝには済《す》まし難し』といへるに、関白已《や》むことを得ず再び出座せり。（中略）公は其失言を制しつゝ、『斯くまで申上ぐるも御許容なきに於ては、某は責を引きて屠腹《とふく》すべし、某の一命は固《もと》より惜む所にあらず、されど某にして命を絶たば、家臣の輩は各方に対して如何《いか》やうの事を仕出ださんも知るべからず、其御覚悟ある上は存分に計らはるべし』とて座を起たれしに、関白もさすがに悟る所やありけん、暫く退座して合議すべしといへり」（渋沢栄一『徳川慶喜公伝3』東洋文庫、平凡社）

要するに、慶喜が条約勅許を請求したにもかかわらず、二条関白らが結論を出さぬまま退席しようとしたため、慶喜は、国家の一大事を前にして退席するとはなにごとかと怒りはじめ、ダメなら自分は切腹するほかないが、もし切腹したら、家臣がどんな振る舞いに及ぶか保証の限りではないぞ、その覚悟はできているのかと恫喝《どうかつ》したのである。そして、結局、次のような結果となったのだ。

「関白・山階宮《やましなのみや》・賀陽宮《かやのみや》・以下一旦御前を退きて協議を凝らしたるも詮方《せんかた》なければ、各《おのおの》当惑の姿なりしが、此時天皇は勅書を関白・賀陽宮に下し給ふ、『一橋中納言等願の通り、御免の方然るべし』との御旨なりき」（同前）

凄い！　慶喜は、日米修好通商条約問題が持ち上がって以来、条約勅許を一貫して拒みつづけてきた孝明天皇を特異なパフォーマンスと恫喝を用いて説得し、ついに目的を達したのである。それもこれも、孝明天皇との間に強い信頼関係を築いてきたからにほかならない。

しかし、こうしたかたちで天下に明らかになった慶喜と孝明天皇との太いパイプは、ほかの勢力に強い疑念を起こさせることになる。俗な言い方をすれば「玉《ぎょく》」は完全に慶喜に握られていると感じたのである。

とりわけ、警戒心を強めたのは薩摩の主戦派である西郷隆盛と大久保利通だった。雄藩連合を実体とした朝廷権力の確立を目指し、開国も朝廷主導で行おうと思ってきた彼らは、慶喜は幕府サイドの人間と思い込んでいたこともあり、突然の条約勅許は幕府権力の再確立に通じると判断したのである。そして、慶喜の剛腕に対する警戒心は、もし慶喜が幕府権力と結びついたら大変なことになるという恐怖を生みだし、長州藩への接近を導くことになるのである。

とはいえ、安政五（一八五八）年以来、最大の政治案件となっていた横浜鎖港問題が、条約勅許というかたちで決着し、兵庫を除く横浜・箱館・長崎の三港の開港が正式に決まって日本が開国に向かって動き出したことの影響は大きかった。幕府と慶喜の関係も修復され、老中には小笠原長行《ながみち》と板倉勝静という慶喜寄りの人物が登用され、主戦派だった阿部正外、松前崇広《たかひろ》が老中職を離れた。しかし、主戦派が一掃されたわけではなく、幕閣にはなお慶喜に警戒心を抱く人物が名を連ねていた。

また、朝廷内部においても慶喜の恫喝じみた強引なやり方に反発を抱く公卿も現れ、孝明天皇の信頼に対するやっかみも生まれてきた。

一言で言えば、条約勅許問題で慶喜が突出したことが、逆風を招く結果となったのである。

長州征伐と第一四代将軍の薨去

このように、英仏蘭米の四カ国公使の兵庫来航によって思わぬかたちで条約勅許がなされたことで、政治の焦点はふたたび長州再征問題に移ったが、ここでは思いきり簡略化して、その骨子だけを大摑みにまとめてみよう。

事態を錯綜させた原因は、長州再征が誰にとっても「したくない戦争」であったことである。

まず幕府サイドだが、膨大な経費を要する長州再征は、窮乏している財政から見て、できればなしで済ませたいというのが本音だった。この点は、京都の警備だけで手一杯の一・会・桑とて同じであったが、しかし、慶応元年に幕府の新方針が決まり、長州側が大坂まで来ないなら、中間点の広島で双方の代表が協議を行うという対長州宥和《ゆうわ》策が打ち出されると、双方の意見が対立しはじめる。とりわけ、大目付の永井尚志《なおゆき》以下三人の幕僚が広島で長州藩の宍戸備後助《ししどびんごのすけ》を訊問したにもかかわらず、長州側から誠意ある回答を引き出せなかったことに対して、一・会・桑が激しく反発し、長州の再訊問を主張したことから、事態は思わぬ方向へと発展してゆく。

ではなにゆえに、一・会・桑が幕府の弱腰を非難したのだろうか？

一つは、長州勢が起こした禁門の変は天皇に対する「反逆」である以上、あいまいなかたちで処理するのは長州を増長させるという認識が三者に共有されていたこと。第二は、慶喜が、より強硬な松平容保に同調することで、一・会・桑の分裂を避けようと努めたことである。

しかし、結局、将軍・家茂の裁定で「再訊問」は見送られ、①長州藩の石高の一〇万石減削、②長州藩主親子の蟄居隠居・永蟄居、③三家老の家名断絶という幕命を伝達するため、老中・小笠原長行を広島に派遣することが決まった。ところが、小笠原が広島について幕命に対する誓書を期限内に提出するよう長州藩に命じても、長州がこれを無視したため、幕府としてはメンツが立たなくなり、長州侵攻を決意せざるをえなくなる。小笠原は、九州方面の征長軍指揮のため、海路で小倉《こくら》に向かう。京都でも、第二次長州征伐に向けて準備が進められ、孝明天皇から将軍・家茂に対して追討の勅命が発せられる。

かくて、慶応二（一八六六）年六月七日、幕府軍艦と伊予松山藩兵が長州領を攻撃したことで第二次長州征伐の火ぶたが切られたのである。

結果は誰でも知っているように、高杉晋作《しんさく》の組織した奇兵隊の活躍などもあり、幕府軍の惨敗。とりわけ、小倉口の戦いは、指揮官の小笠原長行の無能さもあって全線にわたって壊滅状態となった。

おまけに、七月二〇日、将軍・家茂が脚気衝心《かっけ》のため大坂城で薨去。出陣した諸藩は次々に解兵して帰藩、小笠原も軍艦で小倉を離れた。取り残された小倉藩は八月一日、城に火を放って退却した。かくて、第二次長州戦争は、長州の全面的勝利に終わり、幕府崩壊はさらに加速することとなるのである。

王政復古を目指す慶喜

さて、この間、京都では七月二〇日の家茂薨去を受けて、政局はどのように動いていたのだろうか。家茂薨去で最も打撃を被ったのは、われらが慶喜だった。

家茂薨去の直後から始まった次期将軍選びにおいて、慶喜は老中の板倉勝静と小笠原長行、松平容保、松平春嶽、松平定敬、徳川慶勝、二条関白、それに孝明天皇など推薦者も多く、最有力候補ではあったが、生前の家茂や水戸藩関係者、さらに和宮《かずのみや》、天璋院《てんしょういん》らは、田安家当主・亀之助《かめのすけ》や尾張藩主・徳川義宜《よしのり》などを推していた。ただ、反慶喜派も、他に優れた人材がいないことは認めており、慶喜やむなしという結論に傾いてはいた。

では肝心の慶喜本人はどうだったのかというと、繰り返し述べているように、少なくとも主観的には「朝廷国」の総理大臣兼外務大臣という認識を持っており、朝廷を主体とした新国家樹立を構想していた。だから、この時期に将軍となることは矛盾も矛盾、大矛盾と考えたのである。

こうした慶喜の将軍位辞退の真意について、『昔夢会筆記　徳川慶喜公回想談』（前掲）は次のような慶喜の発言を拾っている。

「最初の考えは、今も話した長州の方を緩め、私は家［徳川宗家］を継いで、そこで将軍職は受けずにいて、天下の事をひとつ大改革をやろう、とてもこれではいかぬ、こういう見込みであった。その大改革というのは、王政復古……、いわゆる王政復古だが、しかしこれは今日王政に復すといえば何でもないような話だが、その当時にあっては、王政復古と口には言うけれども、また考えてみると、あの時分の堂上方の力ではとてもおできなさらぬ。そこで諸侯等が寄り集まったところで、とても行くわけではない。さらばと言ってなんぼ役に立つと言っても、諸藩の者とか浪士とか、そんな者を引き上げてやったところが、とても運びがつかない。王政復古とはいうものの、どうこれをしたらよいか、そこに大変苦心がある」

要するに、慶喜の心は王政復古と決まっており、そう決まった以上、将軍となることは絶対にありえなかったが、しかし、どうやって王政復古にもっていくかについては皆目見当がつかなかったというのである。

事実、慶喜はこのころ、腹心の原市之進《いちのしん》に次のように内心を打ち明けている。

「されば予もこの間に思い運《めぐ》らす節ありて、密かに原市之進を召して衷情を語り、『板倉・永井の両人には、先年の御養君一件をもって辞とせしも、実を云わば、かかることはいずれにてもよし。ただ熟《つらつら》考うるに、今後の処置は極めて困難にして、いかに成り行くらん思い計られず。いずれにしても、徳川の家をこれまでのごとく持ち伝えんことは覚束なければ、この際断然王政の御世に復して、ひたすら忠義を尽さんと思うが、汝の所存はいかに』と問えるに、市之進は『御尤もの御存寄《ぞんじより》なれども、もし一著を誤らば非常の紛乱を招くべし。第一かかる大事を決行するに堪うる人の候や。今の老中等にては、失礼ながら仕果たせらるべしとも思われず。また人材なきにあらざれども、今の御制度にては、俄《にわ》かに軽輩を登庸して大事の局に当らしめ難し。さればむしろ力の及ばん限り、御祖先以来の規範を御持続ある方よろしからん』といえり。かかる次第なれば、予もいまだ政権奉還をこの際に決行するを得ずして、遂に板倉〔勝静〕・永井〔尚志〕を召し、『徳川家を相続するのみにて、将軍職は受けずとも済むことならば、足下等の請に従わん』といいしに、それにてもよしとの事なりしかば、遂に宗家を相続することとなれり」(同前)

すなわち、慶喜が王政復古を考えていると打ち明けると、原市之進はお考えごもっともではございますが、軽々しく他言したりなさったら大変なことになりましょうと諫め、第一、そうした決心を実行しようにもそれだけの人材があるとは思えません、また、いまの制度では、身分は低いが実力のあるものを登用することは困難ですから、いっそ、徳川宗家を相続して事に当たったほうがいいのではないでしょうかと忠告したので、慶喜もなるほどと思い忠告に従ったということなのである。ところで、こうした決断に猛反対したのが、慶喜の腹心のひとりにまで出世していた渋沢栄一である。渋沢は『徳川慶喜公伝3』(前掲)で、珍しく「著者」として介入して、「所感」を述べている。渋沢は宗家相続の話を聞くと、いたく憂慮したが、それはかつて薩摩藩の内情を知るために西郷隆盛を訪ねたときに、西郷の口から、幕府がこのようなていたらくでは何事もできないだろうから、当面、雄藩連合で行って政治の一新を図るべきだと聞かされていたからである。

「是等の説を思ひ合はせて、斯かる人々に疎《うと》まるゝ幕府を、公の相続し給はんこと甚だ不利なり、世間の人々は、幕府の同情を天下に失ひたるは、其罪諸有司にありとのみ思ひ居れるに、さしも賢明の声誉ましますの御相続とありて、若《も》し其施政輿望に副《そ》はざらんには、非難は必ず公の一身に集まるべし、さりとて公の賢明も声望も、今の如き幕吏を以てしては、百事御心に任すべくもあらず、結局失敗に了《おわ》りて、責一人に帰すること必定せり、宜しく他の親藩より幼少の人を選びて宗家を継がしめ、公にはいつまでも輔佐の位地に立ち給ふべし、(中略)御相続は却《かえっ》て幕府の滅亡を促すものなりと確信しければ、原市之進に就いて此意見を披瀝《ひれき》したるに、『足下《そっか》の言ふ所如何《いか》にも道理あれば、御前に出でゝ申上ぐるやうに』との事なりしが、公には御事繁くて拝謁の機会を得ざる中に、御相続は既に内定して進言するを得ざりしかば、余が失望・落胆・不平・不満やるかたなかりき」

数カ月後、パリ万博に慶喜の弟の昭武が派遣されることになり、渋沢はその随行を命じられてフランスに渡り、慶喜は大切な知恵袋を失う。歴史に「もし」はないが、このとき、慶喜が宗家相続に反対する渋沢の意見を聴取していたら、また、渋沢がフランスに行かずに慶喜の側近としてとどまっていたとするなら、あるいは歴史は大きく変わっていたかもしれない。渋沢もそんな思いに駆られて、この大著を世に問うことを決意したにちがいない。

それはさておき、宗家相続・将軍職拒否という慶喜の決断に対して、歴史家はこれを慶喜の政略、つまり、将軍職就任を拒否しているうちに、反慶喜派も最後は折れて、挙国一致の雰囲気のうちに将軍職に就くことができるだろうという「深慮遠謀説」を採ることが多かったが、これまで詳しく見てきたように、慶喜の将軍職就任拒否は、その王政復古計画からして、まさに本心からのものだったのである。

第二次長州征伐と幕府の内部分裂

では、宗家相続の直後に慶喜が下したもう一つの決断、すなわち、第二次長州征伐に将軍名代として自ら乗りだすという決断に関してはどのように説明をつけたらいいのだろうか？ 少し時間を溯ってこの問題を再検討してみよう。『徳川慶喜公伝3』によれば、慶喜は次のように考えたらしい。

「もはや寛大の処分を言ふべき時にあらず、仮令屈服せしむること能はずとも、せめては侵略せられたる土地を奪ひ還《かえ》し、境外に出でたる長兵を斥攘すること肝要なり、然らざれば何を以てか面目を保つべき、暫く将軍家の喪を秘し、自ら御名代として征途に上らば、一軍の士気を振作せんこと必ずしも難事にあらず」

しかも、近代主義者である慶喜には、必勝の信念だけではない、必勝の作戦もあった。それは、諸藩の藩兵に頼るのではなく、旗本・御家人を中核として幕兵で部隊を固めたうえ、「万石以下の士は、悉《ことごと》く銃隊に編して遊撃隊と名《なづ》け、万石以上の者亦之に倣《なら》はしめ、且随従の士人等は、銃手の外無用の雑人・従者等を一切省略せしむ」（同前）というものであった。つまり、銃士隊を主力とした部隊編制で、その数は、渋沢栄一が組織した一橋家の一三六七人を中心に、幕兵一三大隊を加えた合計五、六〇〇〇人の精鋭部隊であった。

渋沢栄一は、同書でこんな感慨を述べている。

「著者は時に一橋家の勘定組頭なりしが、俄に御使番格に進められ、供奉の命を蒙りたれば、一身を君国に致すは此時なるを喜びながらも、嚮《さき》には攘夷を唱へて長藩を景慕したる者の、今は其討手に加はるを思ひ、感懐殊《こと》に深かりしを記憶す」

いっぽう、この慶喜の決断に戦慄したのが、長州と同盟を結びつつあった薩摩藩であった。薩摩、とりわけ大久保利通（西郷隆盛は鹿児島に帰藩中）は慶喜の手腕がただものでないことを知悉《ちしつ》しているので、第二次長州征伐が慶喜主導で行われたら、今度は長州は確実に負けると判断したのである。そうなったら、長州と手を組んで討幕に立ち上がるという目論見はあえなく潰《つい》えるはずだ。ここはなんとしても、長州征伐再開を阻止しなければならない。

かくて、山階宮、正親町三条《おおぎまちさんじょう》前大納言など薩摩系の宮・公卿を使っての猛烈な朝廷工作を開始し、孝明天皇に解兵の勅書を出すように慫慂《しょうよう》したが、慶喜に対する信頼篤い孝明天皇は「朕は解兵すべからずとの決心なれば、速《すみやか》に進発して功を奏すべし」（同前）と言って解兵を拒否し、進発の勅書を八月八日に慶喜に下したのである。かくて、慶喜は京都を発し、大坂で一泊後、広島に向かって進発することとなった。

ところがである。

七月末の小倉口での戦闘に小笠原長行の軍が惨敗し、九州諸藩も小倉藩を除いて戦線から離脱したという知らせを受けた老中・板倉勝静が大坂から上洛し、八月一一日に出陣間際の慶喜に幕軍の惨状を伝えると、慶喜は突然、考えを変えたのである。すなわち、翌一二日、慶喜は、松平容保と松平定敬、板倉勝静を呼んで緊急会議を催し、一三日には二条関白に対して出陣中止の朝命降下を要請したのだ。これにはさすがに二条関白も、また孝明天皇も驚き、不快感を伝えた。

「関白乃《すなわ》ち国事掛を召集して会議せる後、賀陽宮と共に之を奏上しけるに、御気色悪《あ》しく、『内願の旨は御採用遊ばされ難し、速に当月四日の御沙汰の如く追討の功を奏すべし』との勅諚なりければ、関白は即夜之を公に伝へたり」（同前）

ところが、慶喜は、今回だけは孝明天皇の意向に従わず、一五日に続いて一六日にも参内し、天皇が物陰で耳をそばだてているところで、九州の戦況を詳しく報告した後、征長の兵を解き、大小の大名を召集して「天下公論の帰著する所によりて進退せんとす」（同前）と述べたので、さすがの孝明天皇も解兵の勅許を与えるほかはなかったのである。ではいったい、なにゆえに慶喜は、突然、出陣を中止したのだろうか？

その心をうかがうことのできる資料が、岩倉具視《ともみ》の伝記である『岩倉公実記』にある。

二条関白に対して慶喜はこう語ったというのである。

「九州諸藩の情勢を探るに、既に徳川家を棄つるものに似たり、故に心算齟齬《そご》して必勝の利なきを知る、之を喩《たと》ふるに去る七日の夜の暴風雨の如し、木を折り屋を発《あば》き、翌朝に至れば秋気荒涼、又見るべきものなし、九州の形勢殆ど之に近し、因《よ》りて速に大樹の喪を発して征長の兵を罷《や》め、諸大名を召して長州の処分を議定せんと欲す」(『徳川慶喜公伝3』)

おそらく、九州で諸藩が幕府を見捨てて次々に解兵したという知らせを受けたとき、慶喜はまざまざと幕府崩壊のイメージを思い浮かべたにちがいない。もはや、幕府もこれまでだと瞬間的に悟ってしまったのだ。だからこそ、幕府の一元支配に代えるに諸大名による「天下公論」すなわち議会をもってしようと咄嗟《とっさ》に口に出したのである。あまりに頭良すぎる慶喜ならではの先走り的反応と言うほかない。

しかし、慶喜以外の者は、こうした幻視能力を持ち合わせていなかったので、その突然の変節を激しくなじることになる。

とりわけ、慶喜の強力なリーダーシップのもと陣営を整え、出陣の準備を済ませていた会津藩兵と桑名藩兵は不満を爆発させた。それでも、桑名藩は松平定敬がなんとか家臣団の説得に成功したが、京都守護職・松平容保を支えてきた会津藩は家臣団が強力だったこともあり、突然の出陣中止に怒り、なだめにかかった容保を強く突き上げて朝廷に再出陣の勅命を発するように働きかけた。

しかし、いったん下った勅命は覆らず、以後、会津藩は慶喜に対して強い不信感を抱えるようになる。

かくて、一・会・桑の勢力は、一・桑と会に分裂したのである。

では、幕府はどうだったのだろうか？

もとから一部で根強かった反慶喜の感情が主戦派の間で爆発し、うまく運ばなかったすべてが慶喜のせいにされた。すなわち、慶喜は己の名誉欲のために将軍・家茂の出陣を主張して家茂を鬱状態に追い込み死に追いやったが、いざ自分が出陣となると、急に怖くなって心変わりしたという説がまことしやかに囁かれたのである。

しかし、慶喜の変節で最大の被害を被ったのは、朝廷内の慶喜派、すなわち二条関白と中川宮である。これまで二人は慶喜を庇《かば》いつづけ、慶喜の意図に沿った勅書を孝明天皇に書かせてきたが、慶喜の変節を境に、二人に対して、朝廷内から激しい非難が上がったのである。中でも、これまで頭を押さえ付けられていた大原重徳《しげとみ》や中御門経之《なかみかどつねゆき》らの尊攘派はここぞとばかりに二人を責め立てた。その結果、九月四日には、二条関白と中川宮が、それぞれ関白職と国事扶助の職務について辞表を提出し、自宅で謹慎することとなったのである。

反対に大きく息を吹き返したのが、薩摩藩の主戦派だった。慶喜率いる銃士隊が出撃準備を整えているのを見て、もはや長州との連合もこれまでと観念していた大久保は、敵失による絶好のチャンス到来と見て、討幕への動きを活性化する決意を固めたのである。

だが、幕末の情勢はここからさらに二転、三転する。そして、その大転換の中心にいたのは常に慶喜だったのである。

慶喜の第一五代将軍就任と「尊王開国」志向

慶応二（一八六六）年一一月二七日、孝明天皇から将軍宣下《せんげ》の内示が慶喜に伝えられた。慶喜は迷った挙句これを受け入れ、改めて、一二月五日、天皇から慶喜に征夷大将軍職就任が宣下された。

しかし、それにしても、あれほどに将軍職就任を拒んでいた慶喜がこの期に及んで、なぜ受諾したのだろうか？

この謎を解く第一の鍵は、慶喜の「尊王開国」という当時にあってはかなり特殊なポジションにあった。つまり、尊王攘夷でもなく、佐幕開国でもない、尊王開国である。これは、以後慶喜が歴史の岐路に立つたびに、選択の吟味を行う、思考の枠組みのようなものなので、少し説明を加えておこう。

まず、選択が、尊王と佐幕の二者択一である場合、慶喜が選ぶのはどんな場合も、尊王である。自分が幕領八〇〇万石、旗本三万騎の頂点に立つ将軍であるという自覚はまったくない代わりに、天皇は命に代えても守るという、極めて特殊な尊王将軍であった。

次に選択が攘夷か開国かである場合は、これは言うまでもなく断固とした開国派であった。横浜鎖港問題を巡る騒動で横浜鎖港を是としたのは箱館・長崎二港の開港を孝明天皇に認めさせるための方便であった。

だから、尊王攘夷派が慶喜を自派の星と仰いだのは誤解も誤解、大誤解であった。

一方、誤解という点では佐幕派も負けていなかった。御三家の出身だから佐幕というのはこれまた誤解も誤解、大誤解であり、慶喜こそは絶対に将軍に選んではいけない人物だったのである。

その慶喜が将軍になったのだから、これは異例の将軍にならざるをえない。たとえば、慶喜は将軍宣下以降、鳥羽・伏見の戦いに敗れて逃げ帰るまで、一度も江戸城に居住することはなかった。それどころか、将軍の京都における居城である二条城にさえ、慶応三年に腹心の原市之進が暗殺されて、身に危険が迫るまで住もうとはしなかった。一言で言えば、慶喜は幕府の官僚機構から完全に切れていた将軍だったのである。

将軍職受諾の第二の鍵は、慶喜がいわゆる親政を行った将軍だったことにある。条約の勅許獲得や大政奉還などの重要な決定は老中などと相談することなしにすべて彼一人で下した。しかし、これは、独裁的権力に基づくというよりも、慶喜の単独行動と言う方が正確であり、老中以下の幕臣および諸藩はその真意が理解できぬままあっけに取られながらその行動を見守っていたのだ。

幕藩体制は一家の父長を頂点とする直系家族システムに基づいていたため、実際の父長の権威というよりも家族構造そのものに内在する順送り型権威によって運用されていた。かくて、将軍の単独行動は官僚組織の機能不全をもたらすだけとなり、崩壊はさらに早まったのである。

しかし、そんなことは、慶喜からすると、とっくに織り込み済みのことであった。幕藩体制は早晩、崩壊すると見たからこそ、官僚機構を見限って単独行動に移り、別の道を模索していたのである。

では、その別の道とは何か？

天皇を頂点とする合議制の中央集権国家である。もちろん、その天皇制中央集権国家の宰相の地位には自分が座るのが一番いいが、しかし、絶対的にそれにこだわるというのではない。やらなければならないのは、幕藩体制を天皇制に切り替えることである。そのためには、自分が将軍の位置にあるのがベストである。将軍職就任はこのような思惑のもとなされたのである。極論すれば、慶喜は大政奉還するために将軍となったのである。

こう考えたときに初めて慶喜が将軍職就任後に行った幕政改革の意味が理解できる。すなわち、経費節減を目的とした官僚組織の再編を謳《うた》いながら、その実、あまり熱心ではなかったこと。腐った組織は再構築不可能とふんでいたからである。次に、フランスの協力を得て行った軍政改革だが、西南雄藩との内戦を見越しての準備にしては徹底性に欠けていたこと。慶喜は旧来の軍事組織を再利用せず、別建てで近代的軍事組織の創設を試みたが、うがった見方をすれば、その新組織は大政奉還後に天皇制国家の軍隊に転用できるフレキシビリティーを備えていなければならない、ということになる。

問題は、その新設軍隊のための金をどうするかということである。開国して貿易で資金をつくる。これしかない。

慶喜が将軍職就任後に真っ先に手がけたのが兵庫開港問題であったことは、こうした道筋で考えたときにようやく理解できる。

孝明天皇の崩御と薩摩藩の反発

ところが、慶喜がこの問題について、孝明天皇の説得に乗り出そうとしていた矢先の一二月二五日、その孝明天皇が天然痘にかかって、急死してしまったのである。

これは慶喜にとって大きな痛手だった。孝明天皇との間に築かれていた信頼関係がご破算になり、新天皇との間で一から関係を構築しなければならなくなった。

とはいえ、兵庫開港問題に限って言えば、異人恐怖症の篤かった孝明天皇に比べて、幼帝は先入観がなかったので、説得はたやすく、見通しは明るかった。事実、慶喜は喪が明けるとすぐに行動を開始し、翌慶応三（一八六七）年三月五日に兵庫開港の勅許を朝廷に奏請する。

ところが、これが思わぬ反発を呼ぶのである。というのも、慶喜は島津久光以下の有力者に対して、開港奏請の是非に関する意見書の提出を求めておきながら、回答期限以前に奏請を強行してしまったからである。

この独断専行は、雄藩とくに薩摩藩の激しい反発を呼び起こした。それまで、慶喜と薩摩藩との関係は慶喜の側近・原市之進と薩摩藩家老・小松帯刀との交流によって改善が進み、薩摩藩主戦派の大久保利通や長州藩を焦らせていたのだが、これにより、対薩摩関係は元に戻って、大久保らの台頭を許したのである。

すなわち、大久保は西郷隆盛と協力して、島津久光、松平春嶽、山内容堂、伊達宗城の四侯を上京させて、薩摩、越前、土佐、宇和島の四藩連合の力をもって慶喜に対抗しようとした。ここに、幕末の権力争いは慶喜対大久保・西郷の知恵比べという様相を呈してきたのである。

第一ラウンドを制したのは慶喜だった。慶喜は、四侯との間で、兵庫開港問題と長州藩の処遇のどちらを優先するか論争になったさい、驚異的な粘りと強引さを発揮し、前夜から引き続いて行われた朝議を終始リードして、五月二四日、ついに二案同時勅許にこぎつけたのである。

これにより、朝廷、すなわち、幼い明治天皇を掌握しているのが慶喜であることが明らかになったが、その結果、大久保と西郷は、もはやこうなった以上は、長州と協力して武装蜂起するしかないと決意を固め、具体的な挙兵計画を練りはじめたのである。

こうして、幕末の政治情勢は一気に流動化し、八月の京都には薩摩と幕府（より正確には会津藩）の激突は不可避という噂が流れるに至った。

もっとも、薩摩藩内部では大久保・西郷の突出を遺憾とする声も大きく、決して一枚岩の団結を誇っていたわけではないのだが、外部からは今度こそ薩摩はやる気だと見えたのである。

大政奉還と慶喜の深謀遠慮

そんなときに長崎から上京してきたのが、土佐藩の実権を握る後藤象二郎《しょうじろう》だった。

後藤は武力対決必至の緊迫した情勢に驚き、内乱回避のための窮余の一策として、大政奉還を慶喜に働きかけ、その後の政権の受け皿として、朝廷内に公議機関を設置することを土佐藩の前藩主・山内容堂に提案した。後藤の提案は容堂に受け入れられて藩論として採用され、これに薩摩が加わって薩土盟約が締結されたのである。

武装蜂起路線だった薩摩の大久保と西郷が、この土佐藩の大政奉還のアイデアに乗ったのは、慶喜がこれを受け入れることは一〇〇パーセントないと信じ、拒否回答があり次第、それを口実に朝敵として倒幕に立ち上がるというプランが出来上がっていたからである。

薩摩藩では、その後も、大久保・西郷ら主戦派と穏健派との対立があり、挙兵路線も浮上したり沈んだりしていたが、甲論でも乙論でも武力で押し通すという点では一貫していた。

こうした薩摩側の動きは、慶喜の耳にも届いていた。それまで住んでいた若州《じゃくしゅう》屋敷（小浜藩邸京都屋敷）から、居城を警備が堅固な二条城に移したのが、そのよい証拠である。慶喜のもとには、さらに、土佐藩が大政奉還の建白書を提出するという情報も上がってきていた。若年寄の永井尚志からこれを聞いた慶喜は大いに興味を示したらしく、永井から後藤象二郎に対して建白書の提出が促された。後藤はこれを受けて建白書を提出しようとしたが、再度挙兵路線に傾いた西郷の説得に時間がかかり、結局、一〇月二日に改めて永井から提出の督促があったため、一〇月三日に、あの歴史的な建白書の提出がなされたのである。

家近良樹は『幕末維新の個性1　徳川慶喜』（前掲）でこうした経緯を鑑みて、慶喜は提出以前に建白書の内容を知っていたとして、次のように述べている。

「ここからは、慶喜が土佐藩から正式に建白書が提出される前に、大政奉還をかなりの程度で決断したらしいという至極単純かつ重要な事実が明らかとなる。そうでなければ、このような要請が幕府側によってなされるはずはないからである」

ことほどさように大政奉還の提案は、慶喜にとって、渡りに船だったわけだが、それでもなお、慶喜は受け取ってから一〇日ほどは悩みに悩んだらしい。だが、いかにも慶喜らしいのは、その悩みというのが、運命を共にするであろう幕臣の行く末のことではなく、大政奉還によって生じるかもしれない混乱のことであった点である。しかも、その混乱というのが、大政奉還しても、受け皿になるべき人材がどこにもいないからというのであった。『徳川慶喜公伝4』（前掲）には次のように慶喜の心境がつづられている。

「公が我手によりて幕府を葬り、政権を朝廷に返し奉らばやと思召されけるは、一朝一夕にあらず、既に宗家相続の際にも、はた将軍職御請の際にも、之を断行せんとの志ましましゝが、さるにても如何にして其実を挙ぐべきかについて、定見を有し給はざりき」

というのも、皇族も公家も、また、諸大名も力足らずであるが、かといって、実力のあるものは、下層の武士にしかいないので、これを抜擢するのは困難であると思っていたからである。ところが、土佐藩から出された建白書を見ると、これだという提案がなされていた。

「土藩の建白出づるに及び、其中に、『上院に公卿・諸大名、下院に諸藩士を選補し、公論によりて事を行はゞ、王政復古の実を挙ぐるを得ん』とあるを見て大《おおい》に喜ばれ、『容堂も亦此言をなせる上は、此説によらば素願を達するに足らん、今は政権奉還の好機会なり』とて、之を腹心の老中板倉伊賀守・若年寄格永井玄蕃頭に告げられしに、二人も、『今は余儀なき次第なり、然《し》か思召さるゝ上は、御英断遊ばされて然るべし』と申す」（同前）

これに対し、慶喜はもしこれを幕臣たちの会議にかけて衆議に決しようとしたら、事態はいたずらに紛糾するだろうから、まず事を決してから、しかる後に幕臣たちに知らせることに決したと述べたのである。

この慶喜の決定に対し、後の歴史家には、慶喜が大政奉還後も徳川家に新政府を組織するよう命じられることを見越してことを進めたにちがいないという者がいるが、これは事実に反すると、『徳川慶喜公伝』の記述者（おそらく渋沢栄一その人）は強調する。なぜならば、土佐藩が提出した建白書は坂本龍馬《りょうま》の起草したそのままのメンバーが記されており、慶喜はそこでは内大臣とされていたに過ぎない以上、政権の再委譲はありえないからである。たしかにその通りだろう。慶喜は底意なしに、文字通り、大政奉還を行ったのであり、渋沢栄一が慶喜の伝記を書いた意図もまさにこの点にあるのである。

かくて、一〇月一二日、慶喜は土佐藩に大政奉還を決断したことを伝え、在京の幕臣たちを二条城に集めて決意を告げると、翌一三日には在京諸藩の重臣に同様の決意表明を行い、翌一四日には朝廷に書面で大政奉還を願い出たのである。その翌日、勅許が下り、ここに二五〇年を超える徳川幕府の政治は終わりを告げたのである。

この決断は日本の歴史において終戦の詔勅に劣らぬ衝撃を各方面に与えたが、最も大きなショックを受けたのは、大久保・西郷の薩摩主戦派だった。大政奉還を慶喜が拒否するという前提が崩れてしまったことで、挙兵の論拠も消えてしまったからだ。そのため、大久保らは作戦の練り直しを余儀なくされ、しばらくの間、京都では蜂起なしという楽観論が支配的になる。

だが、執念深い大久保はまだあきらめてはいなかった。朝廷が勅許した大政奉還の詔《みことのり》を読み返して、これを字義通りに強引に理解すれば、慶喜と旧幕勢力を排除できると考えたのである。というのも、詔は抽象的な言葉で人心一新を謳っているにすぎないから、先手を制してクーデターを行って勅書を下してしまえば彼らの排除は可能だと見たのである。

さらに、大久保にはクーデターを急がねばならない理由があった。大政奉還以来、慶喜の株が大いに上がり、慶喜と徳川家に朝廷が政権を再委譲するという説が既定路線のように囁かれていたからである。事実、これにより、大政奉還断固反対だった会津藩と桑名藩などはその矛先を収めていたのである。慶喜自身は再委譲の可能性を否定するのに必死であったが、周囲は再移譲間違いなしと見ていたのである。

大久保利通のクーデター計画

では、大久保は、この窮地をどのようにひっくり返したのか。

一二月の上旬に薩摩での根回しを終えて上洛した大久保は、薩摩と土佐だけでは弱いと判断し、クーデター計画に旧幕の親藩である尾張藩と越前藩、それに長州征伐において巧みに立ち回って長州藩の窮地を救った広島（安芸）藩を加えて、中立勢力も味方しているというかたちに持っていこうとしたのである。

しからば、大久保はどのような論拠でこの三藩、なかんずく、尾張と越前という親藩を説得したのだろうか？

政権再委譲論が流布するなか、もしその通りになったら、会津と桑名の反革命勢力が実権を握り、せっかくの慶喜の大英断が水泡に帰すと脅したのである。言い換えれば、革命の穏健派に対し、反革命の恐怖をかきたてることで、より過激な革命に踏み込ませたのである。

この大久保の、言わば、大政奉還の大義論は思いのほかよく効いた。というのも、一二月九日に薩摩・土佐・尾張・越前・安芸の五藩が御所を制圧し、摂関制と幕藩制の廃止、および王政復古が宣告された際、会津藩と桑名藩という、言わゆる反革命勢力は直ちに反撃に出なかったからである。もし、クーデターが薩摩と土佐の二藩だけだったら、即座に反応したに違いないが、尾張と越前という親藩が加わっていたため判断に迷いが生じたのである。

では肝心かなめのわれらが慶喜はどうだったのだろうか？

なんと、越前藩の松平春嶽から、クーデター計画の詳細を三日前に教えられながら、それを自分の胸の中に収めて誰にも漏らさず、結果的にクーデターを成功に導いたのである。

「公聴き了りて、『余は既に政権を返上し、又軍職の辞表をも上りたることなれば、朝廷に於て王政復古の御処置あるべきは当然の事なり、今更驚くべきにあらず』と宣ひて、辞色をも動かし給はず。且之を会桑などに聞かしめば、ゆゝしき大事もや惹き起さんと思召しければ、固く胸中に秘して語らせ給はず、唯板倉伊賀守のみを召して、『此上は何事も朝命の儘《まま》に服従せんこと、従来諸大名が幕府の節度を奉じたるが如くなすべし、是れ余が君国の為に尽す所以なり』と仰せられしに、伊賀守も暗涙を押へて、『斯くありてこそ天下治平・御家万歳なるべけれ』と申したりとぞ」（同前）

なんという偉大さ！　なんという私心なき朝臣！　徳川慶喜こそ明治維新の第一の功労者であり、すべては彼のこのときの決断によっているのである。最晩年に至り、唯一やり残した事業として『徳川慶喜公伝』の編集執筆を決意した渋沢栄一にとって、この一行を記したときこそ、主君の無念を晴らしたと感じ得た瞬間だったにちがいない。

しかも、慶喜の偉大さは、これだけではなかった。クーデター決行と同時に勅許された長州藩主親子の官位回復と入洛許可にいきり立った会津・桑名藩士たちが薩摩との全面対決を主張するのをなだめ、それが不可能と見るや、彼らをクーデター派から隔離するため、彼らと幕臣たちを引き連れて、大坂に下ったのである。ときに一二月一二日のことであった。

この間、朝廷では、慶喜と旧幕の取り扱いを巡って激論が戦わされていた。辞官・納地問題と呼ばれる問題である。

王政復古にあたっては、慶喜は内大臣の官位が与えられることが暗黙の了解となり、また徳川家の所領八〇〇万石についてはとくに言及がなされていなかった。しかし、新政府の運営に早くも心をくだいていた大久保としては、この二点についての処分を断行しない限り、新政府の発足は危ないと考えていた。新政府内で慶喜に実力を発揮されたのでは何のために革命を起こしたのかわからないし、また、徳川家の所領を没収しない限り新政府の財源は捻出できなかったからである。

そこで大久保は、王政復古の大号令の直後に小御所で行われた会議で、慶喜に内大臣を辞退させた上で、徳川家を一般大名並みの地位に降格させ、幕領を没収して新政府の財源とする提案を行ったのである。

ところが、この厳しすぎる提案には各方面から猛烈な反対の狼煙《のろし》が上がった。その急先鋒に立ったのは、土佐藩の山内容堂と後藤象二郎だった。二人は大久保が展開する、慶喜の忠誠はなお疑わしいから、辞官・納地を課してその忠誠を試すべきとする議論に真っ向から反対し、王政復古がなったのは慶喜がそれを受け入れたからであり、その決断は高く評価しなければならないとしたのである。その上で、徳川家と慶喜を報復的に排除するようなことがあってはならないと、その擁護を強く訴えた。

結局、会議は結論の出ないままに散会になったが、その後、日を追うごとに土佐藩の融和論が優勢になり、さすがの大久保も妥協を余儀なくされた。強引に押し通せば新政府の内部で孤立するばかりか、薩摩藩においても地位が怪しくなると危惧したからである。

慶喜が会津藩と桑名藩の藩士および幕臣を引き連れて大坂城に籠ったことは、大久保らの過激路線にとってさらに、痛手となった。というのも地政学的に見て、京都というのは大坂を軍事的に制圧されたら手も足も出せなくなることは明らかだったからである。兵庫開港問題があれほどに紛糾したのもまさにこの地政学的問題にかかわっていたからである。

かくて、大久保も岩倉具視の意見を容れて、問題の先送りに同意し、慶喜との交渉は松平春嶽と徳川慶勝に任されることとなった。

こうして状況は一種の膠着《こうちゃく》状態に陥ったが、客観的に見て、運命の天秤は慶喜の方に傾いているかに見えた。松平春嶽と徳川慶勝の交渉によりほぼ妥協が成立し、慶喜は内大臣を辞退するが、徳川家の領地返上に関する項目は削除されることが決まり、春嶽と慶勝が下坂することが朝廷に了承されたからである。

慶応三年も押し詰まった一二月二六日、二人の使者が下坂して慶喜との話し合いが持たれ、新政府の予算は全国諸藩が石高に応じて引き受けることで合意が成立、慶喜は随行のみを引き連れて再上洛することとなり、二人の使者は大晦日に帰洛し、慶喜の奉命書を朝廷に提出した。これにより、慶喜が新政府内で重要なポスト（議定職）を占めることが決定的となり、大久保らの策動は止《とど》めを刺されたかに見えた。それどころか、情勢は大久保らの薩摩主戦派にとって圧倒的に不利となり、フランス革命のテルミドールの反動のようなクーデターに進展してもおかしくはない事態となったのである。

薩摩藩江戸邸の焼き討ちと、旧幕軍への朝敵の勅命

だが、このとき、江戸では状況を一気にひっくり返すようなとんでもない事件が起こっていたのである。

タイムマシンで時間を溯って、一二月二三日の江戸に現れてみよう。しばらく前から江戸では、謎の浪人たちが、殺人、押し込み強盗、放火などの無差別犯罪に手を染めていたが、江戸警備を任された庄内藩兵が彼らの後をつけていくと、いずれも三田にある薩摩藩邸に入っていくのが確認された。二三日の夜、庄内藩の巡邏《じゅんら》兵屯所《へいとんじょ》に向けた発砲事件が発生したので幕府はこれを薩摩藩の犯行と断定、二四日から二五日にかけての夜に薩摩藩邸を焼き打ちさせたのである。

事件の第一報は二八日に大坂城にもたらされた。大坂城に待機していた会津・桑名の藩兵は快哉《かいさい》を発して出陣準備に取り掛かり、もう誰にも止めることはできなかった。この期に及んで、さすがの慶喜も堪忍袋の緒が切れたと見え、激しい口調の奏聞書を書き上げると、正月二日の夕刻、戦闘開始を命じる。ただし、いかにも慶喜らしく、戦闘は兵庫沖に停泊中の薩摩藩の軍艦に対する幕府軍艦の砲撃と大坂の薩摩藩邸への攻撃に限定されてい

た。つまり、戦いの相手はあくまで新政府を壟断しようとしている薩摩藩であり、朝廷のある京都に戦火を拡大する意図はないというのが慶喜の本心だったのである。

一方、京都でも大久保と岩倉具視の間で激論が交わされていた。

これを千載一遇のチャンスと捉え、旧幕軍との全面戦争を主張する大久保と、旧幕軍の実力を恐れ、全面戦争回避を模索する岩倉との間で意見が分かれていたからだ。結局、大久保の説得が成功し、旧幕軍を朝敵とする勅命が発令された。慶応四（一八六八）年一月三日のことである。

したがって、この一月三日に、鳥羽・伏見の街道で旧幕軍と薩摩藩兵との間で戦闘が起こり、薩摩藩の鉄砲隊の攻撃を食らって旧幕軍が全面崩壊するという事態が生じたのはあくまで偶発的な事件に過ぎなかった。少なくとも、旧幕軍の認識ではそうだった。というのも、鳥羽伏見街道を進んでいた旧幕軍は上洛予定の慶喜の先遣隊であり、ほとんど戦闘準備をしていなかったからである。

だが、意図はどうであれ、大規模な衝突が起こってしまった以上、あとは戦争の論理がまかり通ることとなる。そう、勝てば官軍なのである。事実、鳥羽・伏見大勝の知らせを受けた岩倉は慎重論を捨て、朝敵征伐の錦の御旗を征討大総督に任命された議定《ぎじょう》兼軍事総裁・仁和寺宮嘉彰《にんなじのみやよしあきら》親王に与え、全面的倒幕へと舵を切ったのである。

慶喜の戦闘回避と幕府瓦解

そして、この朝敵認定は、われらが慶喜の戦闘意欲を一気にくじくことになった。一番起こってはいけないことが起きたのである。

かくて、日本の歴史において前代未聞、空前絶後の珍事が起こることとなる。

一月六日の夜一〇時、慶喜は老中・板倉勝静、松平容保、松平定敬ら、ごく少数の者だけを連れ、旧幕軍の将兵には一言も告げずに大坂城を離れ、大坂湾に停泊中の幕府軍艦・開陽丸に乗船すると、一気に江戸を目指したのである。

大坂に置き去りにされた旧幕軍は総大将の敵前逃亡とあっては戦意まったく上がらず、大坂城も簡単に落城となった。

一方、慶喜はというと、江戸城に入るや、旧幕臣たちが入れ替わり立ち替わり主戦論を展開するのに耳を貸さず、フランス公使ロッシュの再挙の勧告にも応じず、さまざまなてづるに縋《すが》って朝敵処分解除を模索したが、それも不可能と悟るや、征討大総督軍が東上するなか、二月一二日には江戸城を出て、上野寛永寺で謹慎生活に入ったのである。

このあと、よく知られているように、三月一三、一四日の両日に持たれた陸軍総裁・勝《かつ》海舟《かいしゅう》と大総督府参謀・西郷隆盛との会談によって江戸城総攻撃は回避され、四月四日に江戸城に入った東海道先鋒隊総督の橋本実梁《さねやな》によって慶喜の死罪免除が告げられ、水戸への退去と謹慎が命じられたのである。

七月一九日、船で水戸を去って二三日に駿河清水港に上陸した慶喜は、宝台院に籠って謹慎生活を続けた。

明治二（一八六九）年九月、謹慎解除となると元代官屋敷を住居として長い隠居生活に入る。ときに三三歳、現代の男だったらこれからという時期の晩年の開始であった。

以後、慶喜は趣味人として人生を謳歌しているに見えたが、実際のところは、心が晴れなかったにちがいない。朝敵という汚名が晴らされていないのだから。

だが、明治一〇（一八七七）年の西南戦争で西郷隆盛が自害し、翌年に大久保利通が暗殺されると、政治の風向きが変わる。慶喜が維新の真の功労者だという見方が現れはじめたのである。明治一三年、慶喜は正二位に叙され、復権が確定した。さらに、明治三〇年には東京に転居し、翌年にはついに明治天皇との会見が実現したのである。

勤王家ナンバー・ワンを自任していた慶喜にとって、もう思い残すことはなかったが、さらに大きな喜びがもたらされる。明治三五年、公爵位が叙勲されたのである。

最晩年には渋沢栄一の組織した『徳川慶喜公伝』編纂委員会による「昔夢会」に必ず出席し、虚心坦懐に史実と心境を語った。そして初出原稿が上がると、付箋をつけて訂正意見を記し、初校ゲラにも目を通したが、その最中の大正二（一九一三）年一一月二二日、風邪をこじらせた肺炎で世を去った。享年七七。葬儀は水戸家の伝統にのっとった神式で行われ、遺骸は徳川家の菩提寺ではなく、谷中《やなか》墓地に葬られた。

徳川の将軍であるよりも一勤王家でありたいと願った慶喜らしい最期であったと言うほかはない。

徳川慶喜 年表

一八三七年	九月	水戸藩第九代藩主・徳川斉昭の七男として、江戸・小石川の水戸藩邸にて誕生（幼名・七郎麿）。
一八三八年		生後七カ月で水戸に移転し、その後九年間、水戸で育つ。四歳から弘道館にて会沢正志斎らに学問・武術を教授される。松平昭致と名乗る。
一八四七年	九月	一橋家を相続のために江戸に移転。
	一二月	徳川慶喜と名乗る。
一八五三年	六月	黒船（米国代将マシュー・ペリー総督）来航、開港を要求。第一二代将軍・徳川家慶が薨去。将軍継嗣問題で一橋派と紀州派（南紀派）が対立。
一八五五年		一条忠香の養女・美賀子と結婚。

一八五八年　井伊直弼の裁定で、将軍世子は徳川慶福（後の第一四代将軍・家茂）に決定。
六月　井伊直弼、日米修好通商条約を結ぶ。安政の大獄始まる。慶喜は登城禁止となる。

一八六〇年　三月　井伊直弼が暗殺される（桜田門外の変）。
八月　父・斉昭死去。
九月　徳川慶喜の謹慎が解除される。

一八六二年　薩摩藩の介入により、徳川慶喜が将軍後見職に、松平春嶽は政事総裁職に就任。

一八六三年　将軍・家茂の上洛に伴い、慶喜も京へ。

一八六四年　慶喜、将軍後見職を辞任。禁裏御守衛総督に就任。禁門の変で抗戦の指揮をとる。
慶喜、第一次長州征伐に参加。
慶喜、安政五カ国条約締結の勅許を得るために奔走。

一八六六年　第二次長州征伐。

	八月	慶喜、第一五代将軍に就任。中央集権国家体制を目指し「慶応の改革」を行う。
	一二月	慶喜、征夷大将軍に就任。
一八六七年	一〇月	大政奉還。
	一二月	王政復古の大号令。朝議で慶喜に対し、辞官・納地を決定。
一八六八年		戊辰戦争勃発（〜一八六九年）。
		鳥羽・伏見の戦いの渦中、慶喜は江戸に退却。新政府軍に朝敵とされる。上野寛永寺にて謹慎。江戸開城。
	七月	水戸での謹慎を経て、静岡にて謹慎。
一八六九年		謹慎を解かれ静岡にて隠居。写真・狩猟・投網・囲碁・謡曲など趣味に没頭。
一八九七年		東京・巣鴨に転居。
一八九八年		明治天皇に拝謁。
一九〇一年		東京・小石川区に転居。

一九〇二年　公爵に叙せられ、徳川慶喜家を興す。貴族院議員に就任。

一九一〇年　家督を七男、徳川慶久に譲り、隠居。

一九一三年　一一月　急性肺炎にて死去。

徳川慶喜（一八三七〜一九一三年）の生きた時代

徳川幕府最後の将軍（第一五代）、徳川慶喜。生まれた一八三七年を年号で言うと天保八年。天保から慶応の江戸時代を生き、明治を経て、一九一三（大正二）年に亡くなっている。江戸幕府征夷大将軍在任は一八六六〜六七年。その間に起きた事件によって徳川慶喜の名は日本の歴史に深く刻まれることになった。

一八六七年　大政奉還
一八六八年　鳥羽・伏見の戦い（以後、戊辰戦争と呼ばれる内戦の状態が一八六九年まで続く）
　　　　　　江戸開城

慶喜が政権を朝廷に返上し大政奉還がなされると、明治新政府は王政復古の大号令を発した。将軍の地位は返上したものの、「最大の大名」である慶喜の力を新政府も無視できない、しないであろうという見方が大勢であったのに反して、王政復古の実情は薩摩藩、長州藩ら討幕派が朝廷を制圧し、慶喜を排除した形での新政府樹立であった。討幕派は内大臣の職にあった慶喜に辞官納地を求めた。これに対して旧幕軍が挙兵し、鳥羽伏見の戦いが起きる。兵数は旧幕軍一万五〇〇〇、政府軍五〇〇〇であったとも言われるが、装備の洋式化が進んでいた政府軍が大勝利を収める。

慶喜は旧幕府軍を指揮する立場であったが、形勢不利が伝えられた段階で、「千兵が最後の一兵になろうとも決して退いてはならぬ」と軍に厳命しながら大坂から開陽丸で江戸に退却する。じつはこの時、朝廷は慶喜追討令を出し、旧幕府は朝敵とされていた。

敗走後は寛永寺に籠っていた慶喜はやがて身柄を静岡に移され、そこで謹慎生活を送った。謹慎を解かれた後も新政府に参加することはなかった。趣味の世界に生きるなど、穏やかな余生を送ったと言われる。一九〇二（明治三五）年には公爵、貴族院議員に念じられ、その一〇年あまり後に死去。

鳥羽・伏見の戦いに話を戻すと、「敵前逃亡」ともとれる江戸への退却を日本史上の謎とする歴史家もいる。

その謎を解く一つの鍵とされるのが、慶喜が朝敵とされたことだという。敗走後は旧幕臣たちが主戦論を進言するも耳を貸さず、朝敵処分解除の道を模索していたという。それが叶わず、寛永寺に籠ったとも。

そして、慶喜の出自である水戸藩の伝統も重要とされている。ドラマ「水戸黄門」でも有名な水戸光圀に由来する水戸学からの影響も指摘される。慶喜は攘夷ではないが熱烈な勤王家であった。朝敵という処分はなにがあっても受け入れがたかったのではないか。ちなみに一八九八（明治三一）年には明治天皇との会見も果たしている。

もう一点、当時の世界状況に注目してみることも必要かもしれない。フランスとイギリスが日本における貿易の覇権を争っていた。幕府側、つまり慶喜に肩入れしたのがフランスであり、薩摩・長州を援助したのがイギリスであった。慶喜はフランスからの援助を受けて横須賀製鉄所や造・修船所を設立し、軍事顧問団を招いて軍制改革を行ってもいる。慶喜の弟・昭武は一八六七年のパリ万博に慶喜の名代として派遣され、その後、留学生活に入る。余談だが……昭武に随行した渋沢栄一は、フランスで資本主義の何たるかを学び、明治政府下で多くの株式会社を設立した。

旧幕府軍と討幕派の戦いに話を戻せば、これを列強の代理戦争と見ることもできるのではないか。歴史に「if」は禁物だとしても、慶喜は内戦状態が際限なく世界規模に拡大するのを危惧し、戦いを止める手段を探った可能性も捨てがたい。

畢竟、武家政権の時代の巻き引き役となった徳川慶喜を、明治維新の功労者と見る向きもある。

(文責・集英社 学芸編集部)

あとがき

本書は、私にしては珍しく、編集先行の一冊である。

以前から親しくしていた集英社ビジネス書編集部の佐藤絵利さんが西洋や日本の歴史上の人物に題材を取ったビジネス書を企画され、私になにかアイディアはないかと話されたのがそもそものきっかけである。

私は『渋沢栄一 上・算盤篇』『渋沢栄一 下・論語篇』(文春文庫)や『小林一三 日本が生んだ偉大なる経営イノベーター』(中央公論新社)、あるいは『明治の革新者 ロマン的魂と商業』(ベスト新書)など、明治・大正・昭和期のビジネスマンの列伝も書いているし、また『社長のためのマキアヴェリ入門』(中公文庫)という本もあるから、まんざらビジネス書と無縁ではない。

それどころか、子供のころに家に本と呼べるような本が一冊もなかったので『日本経済新聞』の「私の履歴書」を愛読していたという出自のなせるわざなのか、「フランス文学者」という看板を掲げながらも、ビジネスにかかわった偉人たちから目が離せないのである。

だから、佐藤さんから歴史上の人物を題材にしたビジネス書と言われたときに、すぐに、後世に残るような歴史的決断を下した政治家をテーマにした列伝なら、ビジネスマンも我が身にひきつけて読むことができるのではないかと閃いた。政治でもビジネスでも、国や会社が絶対的な危機に見舞われたときに、リーダーが敢えて嫌われ者を買って出て、「最適」な判断を下すことができるか否かが、その国や会社の存亡を決めるという点では変わりないからである。

では、こうした「本当は偉かった嫌われ者リーダー論」としてどんな人物を取り上げたらいいのだろう。列伝というのは、テーマの設定が大事であることはもちろんだが、どんな人物を選んだのか、その人選の妙が問われるジャンルだからである。

また、「本当は偉かった嫌われ者リーダー論」と謳うからには、偉かった本当の理由というものを深く掘り下げなければならない。案外、その点が知られていないことが少なくないのだ。

こんな風にいろいろとアイディアが浮かんだとき、私の心はもう決まっていた。「『本当は偉かった嫌われ者リーダー論』、それ、おもしろしろいんじゃないか?」と思ったのだ。

しかし、それにしても、問われるのはどんな人物を選ぶかという選択である。

まず、ド・ゴールとリシュリューは絶対に外せないと思った。

第二次世界大戦でフランスがナチス・ドイツに敗北したときに、事実上たったひとりでロンドンに亡命政権を打ち立て、最終的にフランスを戦勝国の列に加えるのに成功するという離れ業を演じたばかりか、戦後、アルジェリア危機に際して再登場し、暗殺の危険を顧みずに断固アルジェリアの独立を認めてフランスを国論の分裂から救ったと英雄という点でド・ゴールは「本当は偉かった嫌われ者リーダー」としてまったく異論がない。

また、リシュリューは自らカトリックの枢機卿でありながら、フランスを国王中心の国家にするという大目標のために、三十年戦争において、あえてプロテスタント側に立って介入するという「パワー・ポリティクス」の先駆を成すと同時に、国内諸公の大反対を受けながら地方長官制という中央集権制を打ち立てたという功績から見て、これまた「本当は偉かった嫌われ者リーダー」のトップに立つ。

それでは、他にどんな人物を選ぶべきか？

本当のところはナポレオン三世といきたいところだが、私はすでに『怪帝ナポレオン三世』（講談社学術文庫）を書いている。そこで、ナポレオン三世の懐刀としてパリ大改造を指揮し、フランス最大の観光資源である「花の都パリ」をつくりながら、貧しい民衆を郊外に追いやり、革命を不可能にしたと奸物として非難されるセーヌ県知事ジョルジュ＝ウージェーヌ・オスマンはどうだろう？　オスマンは厳密な意味でのリーダーではなく、独裁者ナポレオン三世に仕えた能吏にすぎないが、独裁者を巧みに操ってパリ大改造という前人未踏の偉業を成し遂げたのだから、「本当は偉かった嫌われ者リーダー」に加わる資格は十分にある。また独裁的権力者のもとで大きな改革を成し遂げたサブ・リーダーという点ではビジネスマンにも参考になるだろう。

というわけで、フランス関係から三人。あとは、フランス以外から選びたいが、誰か適当なリーダーはいないかと探していたときに目についたのが、意外なことに「台湾の国父」と言われる蔣経国だった。蔣経国は中華民国総統・蔣介石の長男であり、戦後の台湾で特務（秘密警察）のリーダーとして国民に蛇蝎のように嫌われながら、第六代総統に就任して全権を掌握するや、自らのイニシャティブで台湾化と民主化に踏み切るという、人類の歴史においても先例のない「善政」を実行した人物だからである。では、この奇跡のような「聡明な独裁者」はどのような経路から生まれたのか？　この疑問こそが列伝の四人目として蔣経国を選んだ理由であるが、その答えについては本編を読んでいただきたい。

さて、最後の五人目としては誰を選んだらいいか？

それは徳川慶喜しかない。

明治維新は、衆目の一致するところ、最少の流血で贖《あがな》われた近代の革命であるが、その最大の功労者は、皮肉ではなく、徳川慶喜であったと言わざるを得ない。徳川慶喜は、この時代最高の勤皇家でありながら、あえて一五代将軍となり、自らの手で徳川幕府を葬ったのだから。徳川慶喜があのとき、官軍の無血入城という選択肢を取らなかったら、日本の内乱は間違いなく一〇年は続き、あるいは英仏のどちらかによる植民地化という可能性も有り得たのである。そう、日本で「本当は偉かった嫌われ者リーダー」を選ぶとしたら、徳川慶喜しかいないのである。

かくて、列伝を構成する五人がそろったわけだが、この選択には、当然、異論のある方はおられるかもしれない。選択がフランスに傾いているのはいたしかたないにしても、もっと選ぶべき人物はほかにいたのではないかという意見が出るのは当然である。

ところで、列伝というジャンルの目的の一つは、じつは、こうした「ああでもない、こうでもない」という議論百出を導き出す、その叩き台となること、それ自体にあるとも言える。よって、読者として想定している歴史好きのビジネスマン諸氏から列伝の人選についてご意見をお寄せいただけたら、それだけで、本書の目的はすでに半ば達したことになるのである。

最後になったが、企画の立ち上げから上梓まで、いろいろとお世話いただいた集英社ビジネス書編集部の佐藤絵利さんに、この場を借りて深い感謝の言葉を伝えたい。佐藤さんがいなければ、そもそも本書は成立していないのだから。

二〇一九年一一月二〇日　古希の誕生日を直前にして。

鹿島　茂

初出

●『青春と読書』

●「嫌われ者リーダーの栄光　決断の瞬間」二〇一二年三月号～二〇一三年十一月号

●「嫌われ者リーダーの栄光　決断の瞬間（続）」二〇一五年六月号～二〇一五年十一月号

単行本化にあたり、加筆・修正を行いました。

文庫版あとがき

このたび、二〇一九年一二月に集英社から出た『本当は偉かった嫌われ者リーダー論』が、『嫌われ者リーダーの栄光』と改題して日経ビジネス人文庫から再版されることになった。

この間、わずか三年しか経っていないが、世界は激変したと言わざるをえない。

すなわち、単行本が出た直後に中国・武漢で発生したコロナ禍がまたたくまに全世界に広がり、世界の政治と経済を回復不可能なほどに変えてしまった。

アメリカではトランプ政権に代わってバイデン政権が二〇二一年一月に誕生し、また、ロシアではスターリンの再来と思い込んだプーチン大統領が二〇二二年二月にウクライナに侵入し、泥沼の戦争に入り込んでいる。

いっぽう、日本では、安倍元首相が旧統一教会信者二世の青年によって二〇二二年九月に殺害されて以来、岸田政権の迷走が続いて支持率が急降下、経済の分野では、アベノミクスの後遺症による円安で日本の経済も先行き不透明の中にある。

つまり、ひとことでいえば、世界中が過渡期にあるわけだが、この過渡期は単なる過渡期ではなく、「長い二〇世紀（一九一八年の第一次世界大戦終了からの一世紀）」が終わり、真の意味での二一世紀が始まろうとしている「一〇〇年に一度の過渡期」であると認識すべきである。私の考えでは、世紀は年号とともに変わるのではなく、変化するのに一五年から二〇年のタイムラグを伴う。これを歴史学では、長い一九世紀、長い二〇世紀などと呼ぶ。よって、世界はいま「長い二一世紀」のとば口にあることになるのだが、果たしてこの「長い二一世紀」は今後、どのように展開してゆくのだろうか？

環境問題ひとつをとっても、二〇五〇年までは確実に続く世界人口の増加という負荷に地球環境が耐えられるのか、それともカタストロフィーが訪れるのか、予断を許さない状況にある。

こんなときこそ、国家百年の計を見据えた、嫌われ者となることを厭わないリーダーが現れてきてほしいものだが、そのような場合に国民がリーダーを選ぶ参考となるのは、やはり歴史しかないだろう。歴史の再検証によってのみ、後から顧みて「本当は偉かった」と評価できるようなリーダー像はかたちづくられるのである。

こうした意味において、本書がいささかなりとも読者の参考になれば幸いである。

文庫化に当たっては、日経BPの桜井保幸さんにお世話いただいた。この場を借りて感謝の言葉を伝えたい。

二〇二二年一二月二一日　鹿島　茂

本書は、二〇一九年一二月に集英社から発行した『本当は偉大だった嫌われ者リーダー論』を改題、文庫化したものです。

nbb
日経ビジネス人文庫

嫌《きら》われ者《もの》リーダーの栄光《えいこう》

2023年2月1日　第1刷発行

著者
鹿島 茂
かしま・しげる

発行者
國分正哉

発行
株式会社日経BP
日本経済新聞出版

発売
株式会社日経BPマーケティング
〒105-8308 東京都港区虎ノ門4-3-12

ブックデザイン
鈴木成一デザイン室
ニマユマ

本文DTP
マーリンクレイン

印刷・製本
中央精版印刷

Printed in Japan ISBN978-4-296-11705-5

nbb 好評既刊

How Google Works

エリック・シュミット
ジョナサン・ローゼンバーグ
ラリー・ペイジ＝序文

すべてが加速化しているいま、企業が成功するためには考え方を全部変える必要がある。グーグル会長が、新時代のビジネス成功術を伝授。

フランス女性は太らない

ミレイユ・ジュリアーノ
羽田詩津子＝訳

過激なダイエットや運動をせず、好きなものを食べて楽しむフランス女性が太らない秘密を大公開。世界300万部のベストセラー、待望の文庫化。

フランス女性の働き方

ミレイユ・ジュリアーノ
羽田詩津子＝訳

シンプルでハッピーな人生を満喫するフランス女性。その働き方の知恵と秘訣とは。『フランス女性は太らない』の続編が文庫で登場！

Becoming Steve Jobs 上・下

ブレント・シュレンダー
リック・テッツェリ
井口耕二＝訳

アップル追放から復帰までの12年間。この混沌の時代こそが、横柄で無鉄砲な男を大きく変えた。ジョブズの人間的成長を描いた話題作。

スノーボール 改訂新版 上・中・下

アリス・シュローダー
伏見威蕃＝訳

伝説の大投資家、ウォーレン・バフェットの戦略と人生哲学とは。5年間の密着取材による唯一の公認伝記、全米ベストセラーを文庫化。